JN412381

일계인 디아스포라의 문화적응과 정착기제

저자

임영언 전남대학교 세계한상문화연구단 연구교수, 사회학 박사

임채완 전남대학교 세계한상문화연구단 전 단장
전남대학교 정치외교학과 명예교수, 정치사회학 박사

Ajay K. Dubey Professor, School of International Studies Jawaharlal Nehru University

Uzi Rebhun Professor of Israel-Diaspora Relations Hebrew University

전남대학교 세계한상문화연구 6차 총서 03

일계인 디아스포라의 문화적응과 정착기제

2017년 6월 25일 초판 인쇄
2017년 6월 30일 초판 발행

지은이 | 임영언 · 임채완 · Ajay K. Dubey · Uzi Rebhun
펴낸이 | 이찬규
펴낸곳 | 북코리아
등록번호 | 제03-01240호
주소 | 13209 경기도 성남시 중원구 사기막골로 45번길 14 우림 2차 A동 1007호
전화 | 02-704-7840
팩스 | 02-704-7848
이메일 | sunhaksa@korea.com
홈페이지 | www.북코리아.kr
ISBN | 978-89-6324-560-7 (93300)

값 15,000원

• 이 저서는 2016년 대한민국 교육부와 한국연구재단의 지원을 받아 수행된 연구임 (NRF-2016S1A5B8925665)
This work was supported by the Ministry of Education of the Republic of Korea and the National Research Foundation of Korea(NRF-2016S1A5B8925665)

전남대학교 세계한상문화연구 6차 총서 03

일계인 디아스포라의 문화적응과 정착기제

Japanese Diaspora: Acculturation and Settlement

임영언 · 임채완 · Ajay K. Dubey · Uzi Rebhun

북코리아

총서를 펴내며

이 총서는 전남대학교 세계한상문화연구단이 2010년도 한국연구재단 대학중점연구소지원사업으로 선정된 "민족분산과 지구적 소통으로서 디아스포라 연구"라는 연구과제 중 제2단계 "동북아 디아스포라의 초국가적 성격"이라는 3년간의 연구과제 중 제1차년도에 해당되는 내용으로 지난 1년간 수행한 연구결과물을 엮어 책으로 출간한 것이다. 향후 연구소의 중점연구는 계속해서 제2단계 3년간 "동북아시아 디아스포라의 초국가적 성격", 제3단계 3년간 "디아스포라 공동체와 지구적 소통"이라는 주제로 총 9년간에 걸쳐 수행되며 연구결과물은 매년 총서로 출판될 예정이다.

본 연구단이 수행하고 있는 중점연구 제2단계의 연구목표는 한국, 중국, 일본 등 동북아 이산민족들의 현지적응과 정착기제를 초국가적인 관점에서 비교함으로써 이들 국가에서 발생한 이산민족의 보편성과 특수성을 규명하는 데 있다. 또한 이론적으로 베르브너(Werbner)가 정의한 '디아스포라의 위치(Place of Diaspora)' 개념과 초국가주의(Transnationalism)의 개념을 활용하여 탈영토적 '경계(Border)'에 걸쳐 사는 이주민들의 초국가적인 삶을 재해석하는 데 목표가 있다. 그리고 글로벌 동북아 디아스포라가 거주국에 정착하는 과정에서 부딪히게 되는 '물리적 경계(Boundary)'가 어떤 방식으로 그들을 타자화시키고 배제되는 심리적 경계로 고착화시켰는지, 그리고 모국에 대한 디아스포라들의 상상력은 어떻게 형상화되었고 다중정체성(Multiple-Identity)을 발현시켰는지를 밝히는 데 초점을 두고 있다.

구체적으로 제2단계 3년간 수행될 연구내용을 살펴보면, 제1년차에는 동북아 이산민족(해외 한인, 화인, 일계인)의 현지적응과 정착기제를 연구하였다. 모국을 떠난 동북아 디아스포라들이 이주지에서 현지사회로부터 경험한 배제와 타자화의 기제에 대하여 구체적인 사례와 자료수집을 통해 규명하였다. 또한 동북아 디아스포라 이주자들이 어떻게 현지에 적응해 나갔는지에 대한 현지적응 기제(Mechanism)를 상세히 밝혔다. 제2년차에는 해외 한인, 화인, 일계인의 다중정체성과 모국과의 연계성을 비교 연구하는 작업을 계획하였다. 본 연구 과제를 수행하기 위해 모국에 대한 동북아 디아스포라의 송금, 모국에 거주하는 가족 내지 친척과의 교류와 방문 정도, 모국에 대한 기대와 희망 등을 심층 조사할 것이다. 그리고 도상학(Iconography)의 관점에서 동북아 디아스포라가 갖는 '모국신화'와 '상징' 기제를 조사하여 모국에 대한 기억장치가 어떻게 각인되었고, 실제로 어떻게 작용하였는지에 대하여 분석하고, 연구과정에서 발굴한 자료들을 가공하여 문화콘텐츠로 개발할 것이다. 제3년차는 동북아 디아스포라의 사례를 통해 동북아 이산민족의 초국가적 성격에 대한 비교 연구를 진행할 것이다. 연구 수행을 위해 동북아 민족분산을 유형별(Typology)로 분류하고 이주의 보편성과 특수성을 개념화하는 이론 작업을 시도할 것이다. 또한 동북아 각국에서 국제이주를 유발하는 요인과 이주를 수용하는 요인이 무엇인지를 비교 연구할 것이다. 이러한 연구를 통해 궁극적으로 동북아 디아스포라의 초국가적 성격을 도출해 낼 것이며 동북아 3국 간의 민족분산의 유의미한 차이점을 도출하고 이를 민류학적인 개념의 틀로 설명하고자 한다. 2단계 3년간의 연구 성과는 아카이브 작업을 통해 '디아스포라 문화자원 DB'로 구축하여 후속연구에 유용한 자료를 제공할 것이다.

연구단은 지금까지 5차 총서로서 제1단계 제1차년도 연구총서는『코리안 디아스포라: 이주루트와 기억』,『화교 디아스포라: 이주루트와 기억의 역사』,『일계인 디아스포라: 초국적 이주루트와 글로벌 네트워크』등 총 3권으로 출판하였다. 제2차년도 연구총서는『코리안 디아스포라의 집단적 기억과 재영토화』,『화교 디아스포라의 집단적 기억과 재영토화』,『일계인 디아스포라의 초국적 공간 이동과 재영토화』등 총 3권으로 간행하였다. 제3차년도 연구총서는『코리안 디아스포라의 혼종성과 문화영토』,『화교 디아스포라의 혼종성과 문화영토』,『일계인 디아스포라의 혼종성과 문화영토』등 총 3권으로 출판하였다. 이상과 같이 제1단계 3년간의 연구총서는 연구단 5차 총서로서 총 9권으로 출간하였다. 이번에 출간하게 될 2단계 제1차년도의 연구총서는『코리안 디아스포라의 현지적응과 정착기제』,『화인 디아스포라의 현지적응과 정착기제』,『일계인 디아스포라의 문화적응과 정착기제』의 총 3권으로 출간되며, 향후 3년간 6차 총서로서 총 9권으로 출간될 예정이다.

중점연구 제2단계 제1차년도는 "해외 한인, 화인, 일계인의 현지적응(Acculturation)과 정착기제(Settlement) 연구"라는 주제로 비교 연구를 수행하였다. 본 연구소는 해외한인 연구팀, 해외화인 연구팀, 해외일계인 연구팀 등 3개 팀으로 구성하여 한·중·일 3개국을 중심으로 동북아 디아스포라의 새로운 정착지에서의 현지적응과 정착기제를 비교 분석하였다.

연구방법은 한인, 화인, 일계인의 3개국 사례연구팀을 조직하여 이들 해당 지역에 대한 현지조사를 통한 심층면접과 참여관찰을 진행하였다.

또한 이들 동북아 이산집단의 경험을 비교적 온전히 증언할 수 있는 면담자를 선정하여 이주민의 차별과 배제의 경험에 얽힌 구술자료를 수집하고 이를 채록하여 연구자료로 활용하였다. 이 연구는 먼저 국내에서 문헌연구를 바탕으로 현지 설문조사와 면접조사를 실시하였다. 국외 지역으로는 중국, 일본, 카자흐스탄, 동남아 싱가포르 및 말레이시아, 그리고 국내지역으로는 인천과 부산 차이나타운, 서울 동부이촌동 일본인타운 등을 방문하여 현지조사를 실시하였다. 중점연구의 세부팀별 연구성과 및 수집자료는 다음과 같다.

한인팀은 제2단계 1차년도의 연구과제로서 '해외한인의 현지적응과 정착, 그리고 차별 및 배제 조사'를 수행하기 위해 문헌연구와 현지방문 및 설문조사를 실시하였다. 문헌연구는 중국조선족, 재일한인, 고려인 등 해외한인의 현지 사회적응 및 차별에 관한 선행연구(논문, 단행본)를 검토하였다. 현지방문조사는 일본 오사카 이쿠노쿠 코리아타운을 방문하여 재일한인의 현지 적응과 차별에 관한 기초자료 수집과 설문조사 및 인터뷰조사를 진행하였다.

중국조선족의 현지적응 및 차별에 관한 현지조사는 현지 협력 연구원(중국 연변대 김홍매 교수)을 활용하여 기초자료 수집과 설문조사를 실시하였다. 중국조선족의 현지 사회적응 및 차별, 생활 만족도에 관한 기초자료 수집활동은 예산상의 문제로 현지 협력 연구원의 협조를 통해 간접적으로 진행하였다. 중국조선족에 관한 설문조사는 연변조선족 자치주－연길, 화룡, 용정, 도문, 돈화, 훈춘, 안도, 왕청 등－에 거주하고 있는 조선족을 대상으로 실시한 결과 250부를 회수하여 분석에 활용하였다.

재일한인의 현지적응 및 정착기제에 대해서는 오사카 이쿠노쿠 코리아타운－미유키모리, 쓰루하시, 이마자토 등－을 방문하여 재일한인의 현지 사회 생활상과 코리아타운의 공간적 특성 등을 살펴보았다. 먼저 미유키모리 상점가는 약 150여 개의 가게가 성업 중에 있었으며, 주로 재일한인 김치 및 반찬 가게, 식당, 한복점, 한류숍 등이 운영되고 있었다. 그리고 일부 일본인이 운영하는 가게와 식당, 마트 등이 함께 어우러져 있었다. 특히 상점가는 주말의 경우 수많은 일본인 관광객들이 몰려들어 '제2의 명동 거리'라고 부를 정도로 재일한인과 일본인의 공존·공생이 이루어지고 있는 장소였다.

가령 오사카 이쿠노쿠 코리아타운에 있는 '에덴다방'은 재일한인(2세) 할머니들에게 특별한 장소이다. 이곳은 재일 2세 할머니들이 주로 찾는 곳으로 오전 9시부터 정오까지 모여 토스트와 커피를 먹으면서 외로움을 달래고, 다양한 정보를 나누며, 한인의 정체성을 확인하는 장소로 이용되어 왔다. '에덴다방'을 운영하는 이복숙 사장은 한국 현대사의 질곡을 온몸으로 체험한 산증인이다. 이복숙 사장은 제주도 신촌이 고향으로, 1948년 4·3항쟁의 직접적 피해자이다. 4·3무장대 '이덕구' 사령관이 작은아버지였던 탓에 모국뿐만 아니라 일본에서도 자신의 정체성을 숨기고 살아야 했다.

미유키모리 상점가는 올드커머와 뉴커머가 공존하는 지역이다. 특히 2000년대 초반 한류가 급속히 확산되면서 한류스타 관련 상품을 판매하는 한류숍 운영이 급성장하였다. 이와 더불어 한국의 김치, 반찬, 음식 등이 유행하게 되었다. 한류의 확산으로 미유키모리 상점가는 올드커머와 함께 뉴커머들이 정착하게 되었다. 뉴커머들은 주로 김치 및 반찬 가게, 식당, 한류숍 등을 운영하고 있다.

오사카 이쿠노쿠에 거주하고 있는 재일한인의 현지 사회적응 및 차별, 그리고 생활 만족도와 관련하여 면접조사를 수행하여 총 13건의 구술자료를 수집하였다. 구술자료의 내용을 살펴보면, 현재 오사카 이쿠노쿠에 거주하고 있는 재일한인들은 한마디로 '갈등과 공생'의 끼인 존재로서의 삶을 살아가고 있다. 먼저, 재일 2세와 같은 고령자 층에서는 현지사회에서 이방인으로서의 자신의 정체성을 인정하고 있으며, 그 결과 현지사회의 불합리한 정책에 대해 적극적으로 주장하기보다는 주변 사람들을 통해 해결하고자 하는 성향을 가지고 있다. 재일 2세들은 자신들의 디아스포라적 삶과 경험에 비추어 자녀들의 주류사회 진출을 위해 포용적인 태도를 가지고 있다. 예컨대, 일본학교 입학, 일본인과의 결혼, 일본 국적 취득 등과 같은 예민한 사안에 대해 이들은 자녀들이 현지사회에서 성공할 수 있다면 허용하는 입장을 보이고 있다.

재일 3세의 경우는 다양한 유형의 입장을 견지하고 있다. 먼저, 재일한인의 민족정체성을 유지, 계승하는 데 적극적인 활동을 전개하고 있는 그룹이 있다. 이들은 소·중학교에서의 교육운동, 즉 민족학급 운영을 통해 재일동포 어린이들의 민족교육을 담당하고 있으며, 재일한인의 인권보장과 권익옹호를 위해 적극적으로 사회운동을 지향하는 이들도 존재한다.

또 하나는 '자이니치'로서의 정체성을 인정하는 그룹이다. 이들은 어디에도 구속되어 있지 않아 제3의 시각에서 자유롭고, 다양하게 생각하고 바라볼 수 있는 장점을 가지고 있다. 즉 이들은 '관조적인' 삶을 지향하고 있으며, 다양한 부문에서 사회적 관계를 형성하고 문화예술 활동에 적극적이다. 마지막으로 재일 3세들 중 일부는 일본사회에 적극적으로 진출하기 위한 수단으로서 귀화를 선택하고 있다. 이들은 현지사회에서 살아가는데 실제로 많은 어려움에 직면하게 되는데, 이러한 한계를 극복하고 주류사회에 편입하기 위해 귀화를 선택한다. 더불어 민족교육의 한계로 한국어 능력이나 한국에 대한 이해도가 현저히 낮다는 것 또한 귀화의 배경이 되고 있다.

오사카 이쿠노쿠 재일한인들은 현지사회의 차별과 배제 정책으로 주변인 내지는 경계인으로서 정체성을 유지하고 계승하기 위한 다양한 전략을 취해왔다. 먼저 재일한인들은 '민족학급'을 개설하여 민족정체성 교육을 실시하고 있다. 현재 오사카시립 소·중학교 가운데 106개교에 민족학급이 개설되어 운영되고 있다. 오사카시립 소학교에 개설된 민족학급의 재학아동 수는 1,020명이며, 중학교에 개설된 민족학급 재학생 수는 627명에 이른다.

오사카 지역 재일한인들은 다양한 부문에서 시민단체를 조직하여 자신들의 인권보호와 권익신장 운동을 벌이고 있다. 대표적으로 '코리아NGO센터'(http://korea-ngo.org)가 있다. 이 단체는 2004년 3월 27일에 재일한국민주인권협의회, 민족교육문화, 원코리아페스티벌실행위원회 등 3

개 단체가 통합되어 설립되었다. 주요 활동은 재일한인의 민족교육권의 확립과 다민족다문화 공생사회의 실현, 재일한인 사회의 풍부한 사회기반 창조와 동아시아에서의 코리안 네트워크 구축, 남북 및 일본 간의 시민 NGO 교류협력 사업의 전개와 시민사회의 상호발전 촉진 등으로 남북통일과 '동아시아 공동체' 형성에 기여하고 있는 것으로 나타났다.

오사카 대한기독교회는 재일 1~2세들의 안정적인 생활을 위하여 '노인대학'을 개설하여 운영하고 있다. 이와 유사하게 오사카 성공회 이쿠노쿠센터에서는 지역 재일한인 할머니들을 대상으로 매주 월, 수, 금요일에 점심을 제공하는 프로그램을 운영하고 있다. 오사카 이쿠노쿠 코리아타운에는 주로 제주도 출신자들이 집중 거주하고 있어, 매년 제주 4·3항쟁 희생자 위령제를 지내고 있다. 이와 같이 재일한인들은 현지사회에서 민족정체성을 유지하고 계승하기 위한 다양한 프로그램을 운영하고 있으며 현지 주민과의 공생을 위한 전략도 취하면서 현지적응과 정착에 노력하고 있는 것으로 나타났다.

그 밖에 한인팀 현지조사에서는 주로 오사카 이쿠노쿠 코리아타운에서 미유키모리 상점가, 쓰루하시 시장, 이마자토 등을 탐방하였다. 조사 내용은 재일한인의 이주과정 및 이주경로, 현지 사회적응 및 정착 과정, 차별 경험, 현지 생활 만족도, 민족교육 및 정체성 등이었다. 구술조사는 이복숙(에덴다방 운영), 윤영희(재일 2세), 이상호(김치 공장 직원), 이경일(재일 2세), 오광현(성공회 오사카 이쿠노쿠센터 총간사), 김홍종(노동자), 김광민(코리아NGO센터 사무국장), 박희환(재일기독교 오사카교회 부목사), 임고홍(재일 3세) 등을 대상으로 실시하였다. 도서 및 단행본 수집자료는 『재일한인의 역사』, 『오사카 이쿠노쿠의 역사와 문화』, 『4·3으로 떠난 땅, 4·3으로 되밟다』, 『성공회 오사카 이쿠노쿠센터 10주년기념집』, 『민족기금뉴스』, 『제주 4·3항쟁 66주년 희생자 위령제 자료집』 등이었다. 사진자료는 오사카 이쿠노쿠 코리아타운(미유키모리 상점가, 쓰루하시 시장, 이마자토 타운 등 150건), 오사카 이쿠노쿠 나카가와 소학교 민족학급 시업식 사진 20건, 제주도 4·3사건 66주년 재일본 제주 4·3사건희생자 위령제 사진 10건, 오사카교회 노인대학 사진 10건, 성공회 이쿠노쿠센터 복지활동 사진 10건, 코리아NGO센터 사진 5건 등을 수집하였다. 설문조사는 재일한인회 홍성협 부회장의 협력으로 도쿄 거주 재일한인을 대상으로 총 150부를 수집하여 이 책의 분석에 활용하였다.

화인팀은 제2단계 제1차년도의 연구과제를 수행하기 위해 문헌연구와 더불어 말레이시아와 인도네시아 지역 현지조사를 진행하였다. 현지조사는 모국을 떠난 화인 디아스포라의 현지적응과 정착기제를 탐구하기 위해 2014년 2월 8일부터 18일까지 말레이시아 쿠알라룸푸르, 인도네시아 자카르타 등을 방문하여 조사를 진행하였다.

현지조사는 구술조사와 설문조사를 병행하여 화인 디아스포라의 현지적응 실태 및 정착기제를 탐구하였다. 모국을 떠난 화인 디아스포라의 현지정착 실태를 분석하고, 나아가 모국을 떠난 이들이 현지사회로부터 경험한 배제와 타자화 기제를 파악하기 위해 구술조사와 설문조사를 실시하였다.

구술조사는 인도네시아에 거주하는 화인 디아스포라를 대상으로 진행하였으며, 총 11건의 녹취자료를 수집하였다. 구술조사에 참여한 연구대상자는 화상, 화인 전문가, 그리고 화인학교, 화인단체, 화인신문 등 다양한 분야의 관계자로서 현지 화인 디아스포라 사회를 이해하는 데 도움이 되는 인물을 위주로 선정하였다. 연구자는 구술조사 참여자에게 연구 목적을 충분히 설명한 후 반구조화 된 질문지를 사용하여 자유롭게 구술을 진행하였다. 구체적으로 인도네시아 화인 디아스포라의 현황과 사회생활, 현지적응 실태, 적응 과정, 현지인과의 갈등 등에 초점을 두고 구술조사를 진행하였다. 조사과정에서 연구자는 구술 내용뿐만 아니라, 참여자들의 반응과 표정, 조사가 끝나고 면접에서 느끼고 생각했던 내용을 메모하여 분석자료로 활용하였다.

동남아 화인 디아스포라에 대한 설문조사는 현지 연구조사 보조원을 통해 이루어졌다. 말레이시아에서는 2014년 2월 8일부터 5월 14일까지 200부의 설문지를 배포하여 119부를 회수하였고, 인도네시아에서는 2014년 2월 8일부터 3월 25일까지 200부의 설문지를 배포하여 144부를 회수하였다. 설문지는 화인 디아스포라 현지적응과 관련된 총 102개의 문항으로 구성되었으며, 설문내용은 현지 거주국에서의 적응실태와 삶의 만족도, 거주국으로부터 경험한 차별과 배제를 충분히 반영하였다.

또한 화인 집거지인 차이나타운을 방문하여 화인들의 현지적응 실태를 살펴보고, 나아가 그들이 소장하고 있는 사진이나 문헌자료 등을 수집하였다. 말레이시아에서는 주로 쿠알라룸푸르에 위치한 차이나타운을 방문하였고, 인도네시아에서는 주로 자카르타에 위치한 망가두아(Mangga Dua), 빤조란(Pancoran)의 차이나타운을 방문하여 화인들이 운영하는 상가, 식당, 서점, 그리고 화인 명절이나 축제 때 방문하는 사찰 등을 탐방하였다.

인도네시아에서 방문한 팔화학교는 가장 오래된 화인의 역사를 자랑하는 대표성이 있는 화인학교로서, 1901년에 설립되어 전성기를 누리다가 1966년 정부에 의해 강제 폐쇄되었다. 팔화학교는 1901년 중화회관이 설립한 학교이며, 중화회관학교 혹은 중화학교로 불렸다. 정부의 동화정책으로 인해 강제 폐쇄되었던 팔화학교는 폐쇄 42년 후인 2008년 인도네시아 화상들의 지원에 의해 재개되었다. 2014년 현재 팔화학교에는 초·중·고등학생 3,600여 명이 재학 중이며, 중국어뿐만 아니라 인도네시아어와 영어 등도 가르치고 있다. 이제 팔화학교는 단순한 화인학교가 아니라, 인도네시아 실정에 부합되는 '3중 언어학교'로 성장하였다.

다음은 화인들이 현지사회에 적응하고 주류사회에 진출하는 데 어떻게 그들만의 민족네트워크를 구축하고 있는가를 파악하기 위해 화인단체를 방문하였다. 화인단체는 화인사회가 성장하고 발전하는 데 중요한 역할을 담당해 왔다. 화인단체는 화인신문, 화인학교, 나아가 화인 네트워크를 구축할 수 있는 핵심 요인이다. 1900년 인도네시아에서는 첫 화인단체인 중화회관(中华会馆)이 출범하였다. 1958년 이후 인도네시아 정부가 강압적인 동화정책을 추진하면서 대부분의 단체가 해산되었다. 그리고 1998년 5월 이후 인도네시아 화인 디아스포라에 대한 제한이 점차 완화되자 화인의 권익을 보호하고 화인들이 주류사회로 진출할 수 있도록 지원하는 다양한 화인단체들이 설립되기 시작하였다. 1998년 이후에 설립된 인도네시아 화인단체는 500여 개로 그중의 객가연합총회가 인도네시아에서 가장 큰 화인단체 중의 하나이다.

마지막으로, 화인 디아스포라들이 상호 정보를 전달하고 화인사회 발전 양상을 보여주는 가장 중요한 매개체인 신문사를 방문하였다. 인도네시아의 경우, 2014년 현재 발간되고 있는 화인신문은 중앙신문 5개, 지방신문 3개로서 총 8개 정도이다. 그중 중앙신문은 '국제일보(国际日报)', '인도네시아성주일보(印尼星洲日报)', '천도일보(千岛日报)', '인도네시아상보(印尼商报)', '신보(讯报)' 등이 있다. 정부의 제한정책으로 화인신문은 40여 년 만에 재발간되었지만, 화인신문을 읽을 수 있는 독자의 감소, 광고 수입 감소와 중국어 기사를 보도할 수 있는 젊은 화인 인재의 부족으로 경영난을 겪고 있는 것으로 나타났다.

화인팀의 구체적인 자료수집 현황을 보면 구술조사는 인도네시아 화인 디아스포라를 대상으로 이주 역사, 정착과정, 현지적응 실태, 정착기제 등 인도네시아 현지에서 화인들이 경험한 편견과 차별에 대한 자료를 수집하였다. 구체적인 구술조사 대상은 천산부(陈善福, 20대/이민 3세대/사무용품 회사 운영), 루이쿤(卢一坤, 70대/이민 3세대/화인 작가), 저우수싱(周树兴, 60대/이민 3세대/화인객가박물관 담당자), 량룽성(梁荣升, 60대/이민 4세대/팔화학교 중국어 주임), 정첸(郑茜, 20대/이민 1세대/팔화학교 중국어 교사), Didi(40대/이민 7세대/NABIL 민족건설재단 담당자), 리스머우(李思谋, 이민 4세대/렌퉁서점 담당자), 구수윈(古淑云, 이민 3세대/인도네시아 객가연합회 담당자), 천더밍(陈德铭, 이민 4세대/인도네시아 비누스대학교 강사) 등이었다.

화인팀의 기초자료 수집은 도서 및 단행본으로 『모국에 대한 왕우산의 사랑(汪友山真诚热爱祖国)』, 『민주개혁시대의 정치 풍운(民主改革时代政治风云)』 등 8권, 신문자료로 국제일보(国际日报), 인도네시아성주일보(印尼星洲日报), 인도네시아상보(印度尼西亚商报) 등 9건, 사진자료로 인도네시아 화인문화공원, 객가박물관, 화예박물관, 팔화학교(八华学校), 롄퉁(联通)서점, 국제일보(国际日报), 화인단체 객가연합회(印尼客家联谊会) 관련 사진 300건 등이었다. 설문조사는 인도네시아 거주 화인을 대상으로 144부를 수집하여 이 책의 분석자료로 활용하였다.

일계인팀은 '일계인의 현지적응과 정착기제'라는 연구과제를 수행하기 위해 문헌연구와 더불어 요코하마 JICA 해외이주자료관 자료실, 가나가와 현 쓰루미쿠 NPO법인 ABC저팬, 시즈오카 현 하마마쓰 시, 나고야 오수 지역 브라질학교를 방문하여 현지조사를 실시하였다. 현지조사의 목적은 일계브라질인들이 모국을 떠나 해외 및 일본으로의 이주와 재이주를 거듭하고 있는 상황에서 그들이 이주사회에서 경험한 배제와 타자화 기제의 구체적인 사례를 수집하는 데 있었다. 즉 일계인 디아스포라 이주자들이 이주지에서 어떻게 적응해 왔는지 그들의 현지 정착과 타자화의 기제를 규명하는 데 목적이 있었다.

일본 현지조사 기간은 2014년 2월 17일부터 2014년 2월 26일까지 10박 11일간 일계인들이 집거하고 있는 가나가와 현 쓰루미쿠, 요코하마 해외이주자료관, 시즈오카 현 하마마쓰 시, 나고야 오수(大須) 지역 등을 방문하여 일계인 현지적응과 정착기제 관련 자료를 수집하였다.

일본인의 해외이주는 메이지 이후 해외로 진출하기 시작하면서 1970년대 초반까지 지속되었다. 1980년대 이후에는 일본기업의 노동력 부족으로 1990년 일본입국관리법이 개정되면서 30만명 이상의 일계인들이 일본으로 귀환하였다. 이들은 주로 군마 현 오이즈미 마치, 요코하마 시 쓰루미쿠, 시즈오카 현 하마마쓰 시, 나고야 시 오수 등지에서 주로 자동차 부품 조립, 전자제품 조립, 악기산업, 식품공장 등에서 노동자로 종사해 왔다. 2008년 리먼쇼크 이후 세계경제위기와 일본 경제불황으로 약 10만 명 정도가 브라질로 귀국하였고, 현재 20만 명 정도가 일본에서 생활하고 있다.

이러한 이유로 이번 조사는 일본 나고야 지역에서 생활하고 있는 일계인들을 중심으로 면접조사와 설문조사를 실시하였는데 연구 결과 유사한 이주경험을 공유하고 있는 한국 다문화사회에도 많은 시사점을 제공해 줄 것으로 생각된다. 현재 일본에서 생활하고 있는 일계인과 그 자녀들에게는 일본어 문제, 학업 성취와 학교생활 적응, 취업 문제 등이 가장 큰 문제로 대두되고 있었다. 그 이유는 학부모의 직업(장시간의 노동), 학생들의 일본어와 학력 부족, 그리고 데카세기에 따른 학습동기나 의욕 부족 등이 제기되고 있었다.

이번 현지조사는 일본의 동화정책(assimilation)과 이민수용정책(reception)이 요코하마 시 쓰루미쿠, 시즈오카 현 하마마쓰 시, 나고야 시 오수 지역 등에 거주하는 일계인의 이주와 정착 과정에 미치는 영향에 대하여 살펴볼 수 있었다. 이러한 연구 경향은 일본기업이나 정부의 일계인에 대한 일본어 강요와 교육 문제에서도 여실히 드러나고 있었다. 특히 이번 조사는 일계인 집거지역 중에서도 나고야 시에 거주하는 일계인의 현지적응과 정착 과정에서 언어교육 문제와 취업이라는 두 가지 문제점에 초점을 두고 살펴보았다.

현지조사는 일본 내 일계인을 대상으로 일계인의 이주와 정착과정을 고찰하고, 그들의 정착기제를 도출하는 데 있었다. 특히 일본 내에서도 일계인들이 가장 밀집되어 있는 요코하마 시 쓰루미쿠, 시즈오카 현 하마마쓰 시, 나고야 시 오수 지역에 거주하는 일계인을 중심으로 현지적응과 정착기제에 초점을 두고 고찰하였다. 연구 방법은 이들 지역을 대상으로 한 문헌연구, 설문조사와 수집자료의 분석, 현지 참여관찰 및 인터뷰조사 등으로 실시하였다.

연구 결과 일본 거주 일계인들은 1990년대 전후 이주하기 시작하여 비교적 짧은 일본 내 이민 역사로 인하여 일본어, 교육, 취업 문제 등 현지적응과 정착 등에 많은 어려움을 겪고 있는 것으로 나타났다. 특히 일계인들은 일본에 돈벌이 노동자(デカセギ)로 도일한 경우가 많아 언어 문제, 자녀교육 문제, 공장노동자에서 고령으로 인한 서비스산업(개호복지 및 도시락 산업 등)으로의 전업 등 정착 과정에 많은 어려움을 겪고 있었다. 또한 일본정부가 처음 일계인들을 수용하게 된 배경은 일본인 후손 2~3세로 언어와 문화적 차이를 해결할 수 있을 것이라는 강점이 작용하였지만, 이와는 반대로 일본-브라질 간의 문화적 차이로 인한 노동 가치와 일에 대한 개념의 차이로

양국 간의 상당히 큰 문화적 괴리가 존재하고 있음을 확인하는 계기가 되었다. 이러한 문제들은 일계인의 일본 사회적응을 방해하는 대표적인 요인들이었다.

그러나 이러한 일계인의 일본사회 정착 과정에서 가장 큰 역할을 수행하고 있는 것이 일계인 대상의 브라질교회이다. 이들 교회는 브라질 현지 노동자 모집－일본으로의 이주－일본사회의 정착을 위한 일본어 교육과 취업알선, 정신적인 케어 등 이들 간의 3자 협력을 적극적으로 추진하고 있었다.

연구 결과, 일계인의 이주와 정착 과정에 미치는 중요한 요인을 살펴보면 다음과 같다. 먼저 일본 이주 일계인 부모들의 일본어 부족은 일본인 및 일본사회와의 관계에 일정 거리를 유지하게 하는 에스닉 전략이자 적대적 환경에서의 생존전략으로 일본 사회와의 통합과 문화적응에 부정적 영향을 미치고 있었다. 즉, 학부모들이 일본어를 잘할수록 거주국 일본에 대한 소속감, 신뢰, 이민자 가족의 문화적응을 촉진하는 경향을 보였다. 그러나 반대의 경우, 일본사회에 반항적이거나 부적응의 정체성을 드러낸 것으로 나타났다.

다음으로 부모세대와는 달리 일본에서 태어난 일계인 2세들의 정체성은 일본인의 정체성에 가깝고 부모세대와의 의사소통이 큰 문제로 나타났다. 특히 도일 목적이 데카세기 노동자로서 일본에 정착한 일계인 1세들은 잔업과 식품산업 등에 종사하는 관계로 장시간 노동을 하기 때문에 일본어 부족 현상이 뚜렷하고 현실적으로 일계인 2세, 혹은 그들 자녀와의 의사소통이 더욱 어려운 것으로 나타났다. 이러한 현상들은 일계인 부모와 자녀들 간의 정체성과 동화를 둘러싼 문화적응의 갈등을 조장하게 되고, 부모들의 일본인 문화적응과 정체성에 대한 거부감을 더욱 확대시켜 브라질에 대한 향수병이나 상실감으로 이어지고 있었다. 결국 일본정부의 이민자에 대한 동화와 수용정책은 제도적으로 일계인 부모들에게 적대감정, 일계인 학생들에게 일본 문화적응을 강요하게 되면서 일본사회의 정착과정에서 일본정부와 긴장관계를 조성시키고 있는 것으로 나타났다. 현재 일계인 사회는 일계인 학부모들의 불완전한 일본 문화적응과 학생들의 완전한 동화 사이에서 움직이고 있다. 이러한 상황에서 일본에서 일계인 교회는 일계인 커뮤니티를 대신하여 일계인들의 이주와 정착에 매우 중요한 정착기제의 역할을 수행하고 있었다. 향후 연구에서는 일계인 1세의 동화정책에 따른 적응전략, 일계인 2세들의 브라질과의 관계 등에 주목할 필요가 있을 것이다.

구체적으로 일본 현지조사에 따른 자료수집 내용과 현황을 살펴보면 다음과 같다. 먼저 구술채록과 면담 대상은 나고야 오수 지역에 거주하는 일계인 시노다상과 마리아상, JICA요코하마 해외이주자료관 요시다상, 일계인교회 니시사요에상, 해외일계인대회 담당자 니시와키상, NPO ABC저팬 하시모토상, 일본 도토리대학 코지마 교수, 코리아NGO센터 김광민 대표, 니시 제퍼슨 일계 브라질 교회 주임목사, 나고야 브라질 학교 시노다상이었고 요코하마 해외이주자료관 방문 사진 촬영, 나고야 브라질 교회 방문(MY Brazil 앞), 오사카 이쿠노쿠 코리아타운 사진 촬영, 쓰루미쿠 국제라운지 방문 등으로 조사하였다. 일본 현지조사 결과의 중요한 성과는 일계인 대상 설문조사 120부, 인터뷰조사 10명, 사진자료 300장, 참고문헌 단행본 7권, 기타 낱장 자료 30여 장 등을 수집하여 분석자료로 활용하였다.

끝으로 연구단 총서가 발행되기까지 물심 양면으로 도와주신 모든 분들에게 감사드린다. 먼저 중점연구사업의 일환으로 동북아디아스포라 연구를 수행할 수 있도록 지원해주신 한국연구재단 관계자, 그리고 연구단이 주최한 각종 국내 및 국제학술대회에 참석하여 연구성과에 대한 발표자 및 토론자로 유익한 조언을 해주신 국내외 디아스포라 전문가 및 학자, 연구단 홍보에 아낌없이 지원해주신 언론·방송 미디어 관계자 여러분들께 진심으로 감사드린다. 또한 이른 아침부터 밤늦게까지 불철주야로 연구에 전념해준 전남대학교 중점연구소 공동연구원, 전임연구원, 대학원생 및 연구보조원들에게도 깊은 감사를 드린다.

2017년 6월

용봉골에서

세계한상문화연구단 전 단장 임채완

| 추천사 |

오늘날 우리 사회는 과학기술과 통신의 비약적인 발전으로 국경과 이념을 초월하는 글로벌시대가 되었으며, 이러한 시대적 흐름에 따라 세계 각국은 국가경쟁력 강화와 국력의 외연 확장을 위한 소중한 인적자원으로서 '디아스포라'를 주목하고 있다.

모국을 떠나 살아가고 있는 '디아스포라'는 다문화적이고 다언어적인 특성을 가지고 있어 정치, 경제, 문화 등 다방면에서 모국과 거주국 사이의 가교 역할을 하며 국제사회 속 모국의 영향력 확대와 국익을 돕는 유용한 민족자산이다.

우리 정부는 이러한 재외동포 디아스포라의 중요성을 인지하고 재외동포재단을 중심으로 재외동포가 민족적 유대감을 유지하면서 거주국에서 모범적인 구성원으로 정착할 수 있도록 물심양면으로 지원해 왔으며, 최근에는 720만 재외동포를 포괄하는 '글로벌 한민족 네트워크'의 발전을 위해 다양한 노력을 하고 있다.

그간 전남대학교 세계한상문화연구단은 글로벌 디아스포라 연구의 선도자로서, 2010년에 "민족분산과 지구적 소통으로서의 디아스포라 연구"라는 주제로 한국연구재단의 '대학중점연구소지원사업'에 선정되어 총 3단계, 9년에 걸쳐 디아스포라 관련 연구를 수행하고 있다. 이 연구는 한국, 중국, 일본 등 동북아 3국의 디아스포라를 대상으로 진행하고 있어 우리의 한민족 디아스포라를 화인, 일계인 등 이웃 국가의 디아스포라와 비교·분석하여 귀중한 시사점을 얻을 수 있다는 의의가 있으며, 디아스포라 관련 연구의 외연을 확장하는 측면에서 학술적 의의가 높다고 평가된다.

전남대학교 세계한상문화연구단이 수행하고 있는 중점연구의 각 단계별 연구주제를 보면, 1단계는 "동북아시아 민족분산과 문화영토", 2단계는 "동북아시아 디아스포라의 초국가적 성격", 3단계는 "디아스포라 공동체와 지구적 소통"이다. 1단계 연구는 "이주루트와 기억, 공간적 치환과 재영토화, 집거지와 문화영토"라는 주제로 총 9권의 총서를 이미 발간했다.

이번에 발간되는 3권의 총서는 2단계 중 1차년도의 연구주제인 "해외한인, 화인, 일계인의 현지적응과 정착기제"에 관한 연구결과를 집약한 것으로『코리안 디아스포라의 현지적응과 정착기제』,『화인 디아스포라의 현지적응과 정착기제』,『일계인 디아스포라의 문화적응과 정착기제』로 구성되어 있다.

이 총서는 근현대 동북아 3국의 디아스포라가 모국을 떠나 문화가 다른 새로운 정착지에서 어떻게 살아가고 어떠한 정착기제들을 구축했는지에 대해 주목하고 있으며, 이주민으로서 정착하는 과정에서 받았던 사회적 차별과 배제의 경험을 현지조사를 통해 상세히 기술하고 있다. 또한 세 국가의 디아스포라가 스스로 구축해 온 정착기제에 대한 다양한 사례를 제시하고 있어 디아스포라의 연구 기반을 다지고 학문 영역을 확장시키는 데 기여할 것으로 평가된다.

이와 더불어, 다문화사회로 진입한 국내 사회통합에 관해서도 많은 시사점을 제공할 것으로 사료된다. 현재 우리 사회에는 외국국적 동포, 북한이탈주민, 외국인 이주노동자, 국제결혼 이주여성 등 다양한 유형의 이주민들이 살아가고 있다. 이들은 각 거주지에서 안정적으로 정착하기 위해 사회적 네트워크를 구축하여 살아가고 있으며, 다양한 축제와 이벤트를 통해 문화적 이질감을 해소하고 있다. 그럼에도 불구하고 우리 사회의 이주민에 대한 사회적 인식에는 아직도 긍정적인 시선보다는 부정적인 시선이 많이 존재한다. 이러한 맥락에서 이번에 발간된 3권의 연구총서는 외국인 이주자에 대한 우리 사회의 인식과 태도를 개선하고, 사회통합의 바람직한 방안을 모색하는 데 기여할 것으로 생각된다.

그간, 동 연구총서 발간을 위해 불철주야 노력하신 임채완 단장과 공동연구원, 연구교수, 그리고 연구보조원들에게 축하를 보내며, 본 연구총서가 재외동포, 외국인 이주노동자, 국제결혼 이주여성, 북한이탈주민 관련 정부기관 및 단체의 정책적 지원 방안 수립과 대학 및 연구기관 전문연구자들의 학문적 탐구에 유익한 자료로 활용되기를 기대한다.

2017년 6월

재외동포재단 이사장 주철기

| 서 문 |

이 책은 전남대학교 세계한상문화연구단이 "동북아 민족분산과 문화영토"라는 주제로 한국연구재단으로부터 중점연구소 사업의 지원을 받아 수행한 일계인 디아스포라에 대한 연구결과물이다. 중점연구 2단계 제1차년도의 연구주제는 일계인 디아스포라의 문화적응과 정착기제에 대하여 학문적으로 규명하는 것이다. 이 책의 내용은 일계인 디아스포라들이 진출한 미국(하와이), 브라질, 일본, 한국 등지를 중심으로 그들의 현지적응(Acculturation)과 정착기제(Settlement Mechanism)를 살펴보는 것이다. 일본을 떠나 해외에 거주하는 일계인 디아스포라들이 정착지에서 현지사회로부터 경험한 배제와 타자화 기제에 대하여 구체적인 사례와 자료수집을 통해 규명하는 것이다. 즉, 일계인 디아스포라 이주자들이 이주지에서 어떻게 이주사회에 적응해 나갔는지에 대한 현지적응과 정착기제(Settlement Mechanism)를 규명하는 데 목적이 있다.

이 책은 일계인 디아스포라의 문화적응과 정착기제에 대하여 두 가지 측면에서 접근하고 있다. 첫째는 일계인 디아스포라의 현지적응이라는 역사적 해석의 개념 도구를 개발하는 것이다. 예를 들면, 오베르크(Oberg, 1960)는 이주자들이 다른 문화권으로 이동하여 경험하게 되는 새로운 문화에 적응해 가는 과정으로서 '문화충격(culture shock)' 이론을 제시하였다. 이것은 소위 U곡선(U-Curve)모델이라고 하는데 다음과 같은 네 가지 단계로 이루어져 있다. 제1단계는 우호적 관계(honeymoon)로서 사소한 문제들은 간과하고 새로운 문화 배우기를 기대하는 것이다. 이주자들은 문화적 차이를 매력적이고 긍정적인 것으로 생각하며 호기심과 흥미를 가지고 모든 상황을 수용할 준비가 되어 있다. 제2단계는 위기(Crisis)의 단계로서 실제적인 문화충격 단계에 해당된다. 이 시기는 주변 환경을 보다 현실적으로 직시함으로써 부정적인 측면을 보게 되며, 이로 인해 성급함, 좌절, 혼란 등을 경험하게 된다. 특히 모국과는 다른 가치, 신념, 상징 등과 더불어 언어적 차이는 이주지에서 현실적으로 거대한 장벽이 된다. 제3단계는 적응(Adjustment) 또는 회복(Recovery) 단계로서 전환점이 되는 시기라고 할 수 있다. 이 단계에서는 디아스포라들이 모국으로 귀환하거나 거주국의 주류문화에 대한 이해와 적응이 이루어지는 단계이다. 거주국의 문화와 언어에 대한 많은 지식을 습득함으로써 문화적응이 어느 정도 진행되며 동시에 문화충격으로부터 회복되기도 한다. 마지막으로 제4단계는 이민 송출국과 유입국의 양국 문화 공존(Biculturalism)의 단계로, 통합(Integration)의 하나로서 표현하는 것이 가장 적절할 것이다. 새로운 문화가 다중문화정체성을 생성시킨다는 것을 인식하고 이것을 수용함으로써 새로운 사회에서 안정감을 느낄 수 있게 된다. 한편 문화충격 이후 모국으로의 귀환 또는 원래의 자문화로의 복귀 과정에서 '우호적 관계-위기-회복-적응' 단계를 차례로 경험하게 되는데, 이것은 자국문화에 대한 문화 충격, 즉 '재진입 충격(reentry shock)'으로 정의할 수 있다.

둘째는 일계인 디아스포라의 문화적응에 따른 정착기제의 이론과 도구를 해석하고 디아스포라들이 현지 적응과정에서 경험하는 차별과 배제, 문화적응 스트레스 등을 분석하는 작업이다. 이문화 간 문화접촉 상황에서 발생하는 일계인 디아스포라의 현지적응에 대한 연구는 문화적응

(Acculturation)이라는 개념을 활용하여 설명이 가능할 것이다. 예를 들면, 레드필드, 린톤, 허스코비츠(Redfield, Linton & Herskovits, 1936) 등과 같은 학자들은 문화적응에 대하여 다른 문화를 가진 사람들이 둘 중 하나 또는 두 집단의 원래 문화의 변화들과 지속적이고 직접적인 접촉에 의해 일어나는 현상으로 정의한 바 있다. 이에 베리(Berry, 1990)는 문화적응이 중립적인 용어이지만 실제로는 다른 집단에 비해 어느 한 집단이 더 많은 문화적 변화를 일으키는 경향이 있다고 보았다. 그레이브스(Graves, 1967)는 문화적응의 다양한 해석을 시도하였는데, 하나는 집단적 수준 현상(collective or group-level phenomenon)의 문화적응이며, 다른 하나는 개인 수준의 심리적(Psychological) 문화적응이라고 주장하였다.

베리(Berry, 1997)는 문화적응(Acculturation)에 대하여 문화접촉이 발생시키는 문화적·심리적 변화의 과정이라고 정의하였다. 문화적 변화는 한 집단 내의 관습, 경제적, 정치적 삶의 방식의 변화 등을 의미하며, 심리적 변화는 개인들이 자신의 문화적 정체성과 문화변용에 대하여 갖게 되는 태도의 변화를 포함한다. 즉 일계인 디아스포라들은 초기에 이주지에서 현지 문화적응이 어려운 만큼 사회 문화적, 교육적, 정책적, 경제적 측면의 정착기제가 각기 달리 표출될 수 있다는 것이다. 베리(1997)는 문화적응이 이주 집단의 고유문화에 대한 문화적 유지와 이민사회의 주류문화에 대한 방향성(신분상승이나 조직화 등)이라는 접촉과 참여의 두 개의 큰 축으로 구성되어 있다는 다차원적 접근방법을 제시하였다. 더욱이 그는 문화적응에 대하여 개인이 고유문화를 유지하느냐의 여부와 이주사회의 주류문화에 적극적으로 참여하고 그 관계를 유지하느냐의 여부에 따라 동화(Assimilation), 통합(Integration), 분리(Segregation), 주변화(Marginalization)의 4가지 유형으로 제시한 바 있다.

일반적으로 베리(1997)의 문화적응에 대한 4가지 유형을 살펴보면 주류사회와의 관계를 유지하면서 동시에 고유문화의 문화정체성과 특수성을 유지하는 문화적응 전략을 통합(Integration) 유형, 개인이 주류사회와 관계는 유지하지만 기존의 고유문화의 문화정체성과 특수성을 포기하는 경우 동화(Assimilation) 유형으로 분류하였다. 그리고 주류사회와의 관계를 유지하지 않고 고유문화의 문화정체성과 특수성을 유지하는 경우 분리(Segregation) 유형, 주류사회와의 관계를 유지하지 않고 동시에 고유문화와의 접촉을 거부하는 경우 주변화(Marginalization) 유형으로 분류하였다. 이러한 베리(1997)의 문화적응 모델은 이주지에서 주류사회에 대한 참여 정도를 직업, 소득, 교육수준, 거주지, 타민족집단 성원과의 대인관계 유형으로 측정하고, 고유문화에 대한 문화 유지 정도는 민족어 사용, 족내혼, 민족문화 및 관습 유지, 민족정체성 수준 등으로 측정하여 연구영역을 확대 발전시켜 왔다(윤인진, 2005).

이 책은 일계인 디아스포라들이 북미나 남미 이주지에서의 문화적응이나 정착과정에서 경험하게 되는 정신적 트라우마나 제노포비아(외국인혐오증)를 학문적으로 재조명할 필요성에서 출발하고 있다. 21세기 글로벌시대 일본에서 재일코리안을 대상으로 야기되고 있는 제노포비아의 확산이나 일계인의 외국인연대를 통한 권리옹호운동은 국내외 일계인사회의 정체성과 문화적응 패턴을 규정짓는 중요한 연구사례가 되고 있기 때문이다.

이와 같은 일계인 디아스포라의 문화적응에 대한 사료해석은 일계인 집거지의 현지방문 면접조사, 설문조사, 참여관찰, 그리고 문화인류학적인 상상력 등의 연구방법 동원이 필수적이다. 흔히 디아스포라의 연구방법으로 활용되고 있는 문화인류학적인 상상력의 근저에는 현상학이나 해석학적 사고방식이 깔려있다. 특히 문화인류학적 해석학의 입장에서 일계인의 월경(越境)이라는 행위와 그로 인해 발생되는 문화적응과 정착기제의 의미는 그 대상과 장소의 특정한 '맥락'을 이해함으로써 올바른 해석이 가능할 것으로 생각된다.

이 책은 전 세계에 거주하는 해외일계인은 물론이고 일본 국내 및 한국 거주 일계인의 집거지(Japanese Town)를 중심으로 일계인 디아스포라의 문화적응과 정착기제라는 사회적 변화양상에 주목하고 있다. 가령, 일본인의 미국 이민은 1866년 하와이 이주부터 시작되었다. 그리고 점차 하와이에서 미국 본토인 샌프란시스코로 이동하기 시작하여, 북부 성장 도시로 비즈니스 기회를 찾기 위해 이동하기 시작했다. 1906년에는 샌프란시스코에서 대지진이 발생하자 일본인들은 지진 피해지역을 떠나 로스앤젤레스로 이동하였다. 미국에서 1906년 중국인의 급증으로 인한 중국인 이민금지법이 공포되고 로스앤젤레스에서 일본인들이 급증하자 로스앤젤레스 타임지는 일본위협론을 주장하기 시작했다. 당시 로스앤젤레스로 이동한 일본인들은 차이나타운에서 가까운 도시 중심부 전역에 분산되어 거주하고 있었다. 그러나 미국에서 일본위협론이 강화되고 배일이민법이

제정되면서 일본인들이 LA 리틀도쿄로 집중되기 시작하여 미국 최대의 일본인 마을(Japanese Town)이 탄생하게 되었다. 1929년 발생한 미국의 대공황이 로스앤젤레스에도 큰 영향을 미쳤지만 리틀도쿄(Little Tokyo)는 일본인의 피난처로서 많은 일본인들이 이곳에 정착하기 시작했다. 리틀도쿄가 미국의 경제불황에도 불구하고 단기간에 경제적 기반을 축적할 수 있었던 것은 당시 대부분의 일계인들이 종사하고 있던 제1차산업의 야채농업(정원업, 화원업, 식목업, 어업 등)에서 대성공을 거두었기 때문이다. 미국 거주 일계인 디아스포라의 문화적응 과정은 현지에서 차별과 배제라는 시행착오를 겪으면서 일계인타운을 중심으로 점차 확대 형성되어갔다.

이 책은 일계인 디아스포라의 문화적응과 정착기제를 파악하기 위하여 1990년대 전후 귀환 일계인들이 형성한 집거지를 중심으로 시즈오카현 하마마쓰시(静岡県浜松市) 일계인 타운, 나고야 오수(名古屋大須) 지역 일계인 집거지, 한국 내 서울 동부이촌동 일계인 집거지 등에서 설문조사와 면접조사를 실시하였다. 또한 일본인 민족이산의 역사적 고찰을 통한 미국과 브라질 남미 지역 등 일본인의 해외이주에 따른 일계인 집거지, 1990년대 이후 일계인노동자의 일본 귀환에 따른 일계인 집거지, 한국 내 재한일본인 집거지 등에 대한 문헌연구를 통해 일계인의 문화적응과 정착기제에 대해 이론적 토대를 구축하였다. 이러한 일계인 디아스포라의 문화적응과 정착기제에 관한 연구는 향후 글로벌 코리안 디아스포라, 화인 디아스포라, 그리고 한국 내 다문화의 문화적응과 정착 연구에도 시사하는 바가 클 것으로 생각된다.

이 책이 나오기까지 일본 요코하마에 있는 일계인 해외이주자료관, 일계인 단체인 NPO 법인 ABC저팬, 나고야 일계브라질인학교장 시노다 카를로스(篠田カルロス)와 구와바라 마리아(桑原マリア)로부터, 재한일본인 연구에는 야마모토 노부히토(山本庸仁), 그리고 익명의 현지 협력자들로부터 일본 현지조사와 자료수집 과정에서 많은 도움을 받았다. 이들의 도움이 없이는 이 책이 세상에 나오기 힘들었다. 마지막으로 졸고의 출판에 아낌없이 협력해 주신 북코리아 이찬규 사장님께 감사드린다.

2017년 6월

저자대표 임영언

차 례

제4장 일계인의 현지 문화적응과 정착기제 / 113

제5장 일계인의 정체성과 문화적응 / 141

표 차례

그림 차례

사진 차례

제1장 머리말

1. 연구목적 및 배경

이 책의 목적은 1908년 시작된 일본인의 브라질 이민과 1990년대 일계인의 일본 귀환이민, 그리고 일본인의 한국이주 등 이주지에서 일계인의 문화적응과 정착기제에 대하여 살펴보는데 있다. 일본인의 브라질 이주는 1908년 시작되었으며 1945년 해방 이후 계속된 이민자가 25만 명 정도로 추정되고 있다. 이들 자손인 브라질 출신의 일계인 수는 모두 140만 명 정도로 추정되고 있으며 일본이민 80주년을 계기로 조사된 바에 의하면 브라질 거주 일계인은 총 약 180만 명 정도로 추산되고 있다. 브라질 일본인 이민이 이미 1세기를 지나면서 일계인의 정체성도 크게 변화되고 있다. 그 이유는 일계인 인구감소가 현저한 가운데 일계인 사회가 통계적으로 브라질 거주 일계인 수를 정확히 파악하기 어렵기 때문이다. 브라질 일본이민은 이민 1세기를 넘어 그 연구 분야도 다양화되고 있는 추세이다. 그리고 현재 일계인 3세 이상의 청년들이 만들어내는 새로운 '일계인' 문화가 탄생되기 시작하고 있다.

일본과 브라질과의 관계는 1995년에 수호통상100주년을 맞이하였으며 1998년에는 일본인 이민 90주년을 기념하여 일본인의 브라질이민과 브라질의 이민수용정책, 일계인 이민사 등을 정리한 바 있다. 그 대표적인 자료는 일본의 브라질교류사편찬위원회편(1995)이 수호통상조약 100주년을 기념하여 간행하였다. 이 책의 중심 내용은 일본과 브라질 외교관계, 이민정책과 이민사, 문화교류사 등을 다양하게 정리하고 있다.

한편 일계인의 일본 귀환이민은 1980년대 중반부터 본격적으로 시작되었다. 일본사회의 저출산고령화와 고도경제성장으로 인한 노동력부족이라는 현실에 직면하여 일본정부가 대대적인 일계인 수용정책을 시행하였기 때문이다. 일계인의 일본으로의 경제적인 이유에 따른 돈벌이(데카세기)노동 이민이 본격화된 이후 브라질 일계인사회는 역사적 전환기를 맞이하게 되었다. 일본어로 '데카세기(의미는 돈벌이)'라는 용어가 'decassegui'로서 포르투갈어 사전에 수록된 것은 일계브라질인들이 새로운 이민역사를 쓰게 된 것을 상징적으로 보여주고 있다. 오늘날 브라질에서 일본으로 건너온 일계인 데카세기 노동자들이 일계인사회에 미친 영향이나 '귀국자녀'로서 데카세기 일계인 자녀의 일본에서의 교육문제와 같은 일계브라질인의 초국적인 이주는 많은 연구에서 주목받아 왔다.

1990년 6월부터 시행된 개정입국관리 및 난민인정법은 일계브라질인의 일본으로의 데카세기 이민을 급격히 증가시키는 계기가 되었다. 일본에서 일계인 수는 증가와 감소를 반복하다 현재에도 미미하지만 계속 증가하고 있는 실정이다. 2016년 현재 일본에 거주하는 외국인 등록자는 전체인구의 1.5%정도를 차지하며 미국이나 오스트레일리아, 유럽선진국에서의 외국인 거주자비율과는 큰 차이를 보이고 있다. 하지만 개정입국관리법의 시행에 따라 외국적 주민이 급속히 증가한 것은 당시 잠재되어 있던 혹은 방치되어 있던 일본사회의 다문화공생사회로의 전환이 현실화되는 계기를 가져왔다. 1990년대 일본정부의 개정입국관리법은 주로 일계브라질인 3세까지 일본에서 합법적인 취업을 허용하였다. 그러나 일본정부가 기대하고 있던 일본문화적 특성을 지니고 있지 않은 중남미일계인 및 배우자 등 비일계인들조차 시민으로서 받아들인 결과를 초래하여 일본사회에서 다양한 문제들을 야기시켰다. 일계브라질인의 문화적 차이, 일본의 제도적 정비부족으로부터 발생되는 일계인 문제해결에 직면하게 된 자치단체 및 민간단체는 시행착오를 반복하면서 일본 사회의 다문화공생사회 실현을 위해 분투해오고 있다.

일계브라질인의 일본에서의 집거지 형성은 자동차와 가전산업 등을 주요산업으로 하는 산업단지나 지역주변을 중심으로 이루어지고 있다. 일계브라질인들은 주로 아이치 현(愛知県), 시즈오카 현(静岡県)을 중심으로 하는 동해지역 및 군마 현(群馬県)을 중심으로 하는 북관동지역(北関東), 그리고 오키나와 현(沖縄県)에 뿌리를 둔 일계인들이 요코하마 시 쓰루미구(横浜市鶴見区) 등에 거주하고 있다. 그동안 이들 일계브라질인에 대한 연구는 노동문제, 공생문제, 문화적응, 자녀교육문제 등 긴급을 필요로 하는 문제에서부터 일계브라질인의 장기체류화에 따른 정착문제 등으로 이동해 왔는데 이 책에서는 그들의 문화적응과 정착기제에 중점을 두고 있다.

다음은 일본인의 한국이민 연구에 대하여 살펴보면 지금까지 두 가지 측면에서 진행되어 왔다. 하나는 1945년 해방 이전 식민지기의 일본인의 조선 진출이고, 또 하나는 해방이후 일본기업의 한국 진출과 동부이촌동을 중심으로 한 일본인타운의 형성이라 할 수 있다. 나중에 상술하겠지만 일본인의 한국진출은 해방과 함께 단절되었다기보다는 지금도 경주나자레원 거주 일본인 아내들을 중심으로 계속되고 있는 문제 중에 하나이다. 해방 이후에는 일본인의 집거지를 중심으로 일본인 중소상인들이 세력권의 강화 및 확대 등을 통해 정착해나가는 진출 전략을 보여주고 있다.

이상과 같이 일본인의 이민연구에서 지금까지 가장 큰 주제로 다루어진 연구는 이주민 개인의 문화적응과 정착상의 문제였다. 이들 중 이주민의 문화적응은 일방적으로 발생하는 문제라고 볼 수 없다. 급속한 외국인의 증가에 따라 그들과 관련된 일본인과 일본사회 자체도 변화하고 있는 것이 현대일본사회의 특징이라 할 수 있다. 일례로 일본사회에서 다문화공생은 재일외국인을 지원하는 민간단체의 설립을 촉진시키고 있기도 하다.

지금까지 많은 이민연구들은 공동체와 문화적응 관계에 대한 밀접한 관련성을 주장해왔다. 특히 일본 내 뉴커머이민자의 특징으로서 현지사회에 적응 하면서도 동화되지 않는 생활을 가능하게 하는 정착기제로서 민족공동체의 존재를 주장하고 있다. 가령 브라질타운으로 불리는 군마현 오이즈미마치에는 전체주민의 약 10%에 해당되는 일계인들이 생활하고 있으며 호스트사회로부터 일계인의 분리(Segregate)현상이 뚜렷이 나타나고 있다. 즉, 일계인의 게토화 현상이 현저히 나타나고 있는 것으로 볼 수 있다. 그러나 이들 일계인들은 일본인 이외의 외국인 주민들과는 다문화 공생관계의 활동이 활발한 것으로 나타났다. 이 책은 이러한 문제들을 포함하여 일본 내 일계인과 한국이주 일계인을 사례로 그들의 문화적응과 정착기제에 대하여 공동체의 형성이라는 측면에서 살펴보고자 한다.

2. 연구내용 구성

이 책은 일계인디아스포라를 대상으로 일본 현지 협약기관들과 협조를 통해 참여관찰과 설문조사를 실시하여 그들의 문화적응과 정착기제에 관한 자료를 수집하고 이를 규명하는 내용으로 구성되어 있다.

제1장은 이 연구를 수행하게 된 연구목적과 배경 및 필요성, 그리고 전체적인 연구내용의 구성, 연구방법 및 대상, 문화적응과 정착기제의 기본개념 등에 대하여 상세히 서술하였다.

제2장은 이 책에서 다루고 있는 일계인디아스포라 연구의 이론적 배경이 되는 문화적응과 정착기제, 정체성에 관한 기본개념을 정의하였다. 또한 이 책에서 연구대상으로 다루고 있는 일계인과 재외방인의 기본개념, 한국과 일본에서 사용되는 문화적응과 정착기제에 관한 기본개념들을 선행연구를 통해 정의하여 개념화하고 이론적 배경을 검토하였다.

제3장은 일본정부의 국내외 일계인의 현지적응 정책에 대하여 서술하였다. 먼저 1945년 일본정부의 식민지지배 세력권으로 일본인 진출과 식민지 비세력권으로의 일본인의 이주와 귀환, 그리고 최근 1980년대 글로벌시대 일본인의 이주동향 및 일계인의 일본정부와의 관계 등에 대하여 기술하였다. 일본정부는 일계인의 현지적응 정책에 대하여 정치적 경제적 활용론보다는 일계인사회를 통한 일본기업의 현지 진출, 일본문화의 확대, 정체성 확립 등 포용과 협력, 지원과 공생이라는 양면적인 관계를

사진 1.1 일본인의 해외 이민선 노선도

중시하고 있으며 이를 검토대상에 올려놓았다.

제4장은 일계인의 현지적응과 정착메커니즘으로 재미일계인 사회와 일계브라질 사회에서의 일계인타운과 공동체의 형성, 일본인 학교와 일본인회의 설립 등이 공동체 유지에 어떤 역할을 수행하고 있는지에 대하여 자세히 살펴보았다.

제5장은 일본 내 일계인의 정체성과 문화적응 관계에서 그들의 정체성이 일본 문화적응에 미친 영향에 대해 살펴보았다. 일계인의 일본문화적응과 정착과정에서 가장 큰 역할을 담당하고 있는 일계인 교회에 주목하여 브라질 현지에서 노동자모집 – 일본으로의 이주 – 일본사회의 정착을 위한 일본어 교육과 취업알선, 일본에서의 정신적인 케어 등에 대한 역학관계 등에 대하여 살펴보았다.

제6장은 재한일본인의 한국이주와 정착기제에 대하여 한국사회에서

문화적응 패턴에 따른 다문화적 수용태도를 고찰하였다. 특히 기존 이민 연구에서 개발된 문화적응 모델을 재한일본인들에게 적용하여 한국에서의 문화적응 과정에서 겪는 적응유형이나 수용 태도 분석을 통해 시사점을 도출하였다.

제7장은 일계인의 문화적응과 네트워크 관계에 대하여 살펴보았다. 재한일본인들은 일본에서 형성된 일본인 상호간의 폐쇄적인 의식구조, 한국인 의식구조와의 차이 등으로 인하여 한국사회의 문화적응에 어려움을 겪고 있는 것으로 나타났다. 따라서 재한일본인들은 한국에서의 문화적응 스트레스를 극복하기 위하여 재한일본인회를 통한 일본인들 간의 단체나 조직 및 모임결성, 인터넷 네트워크 구축, 한국사회와의 교류지향 등을 통해 문화적응에 노력하고 있는 것으로 나타났다.

제8장은 맺음말에서 일계인디아스포라의 문화적응과 정착기제에 대한 연구결과를 요약 정리하고 이 연구가 가지는 함의 및 시사점을 제시하였다. 현재 일계인디아스포라의 문화적응과 정착기제는 과거의 단계적 문화적응 절차를 벗어나 훨씬 중층적이고 복합적으로 전개되고 있는 것으로 나타났다. 향후 연구과제는 이번 연구결과를 토대로 한중일 디아스포라의 문화적응과 정착기제의 다름과 전략적 선택 등의 비교연구를 통한 시사점을 도출하고자 한다.

3. 연구방법 및 대상

해외일계인팀의 제2단계 1차년도 연구수행과제는 '일계인의 현지적응과 정착기제'로서 연구과제를 수행하기 위해 국내외 문헌연구와 더불어 요코하마 JICA(横浜해외이주자료관)자료실, 가나가와 현 쓰루미구(神奈川県鶴見区) NPO법인 ABC저팬, 시즈오카 현 하마마츠시(静岡県浜松市), 나고야 오수지

사진 1.2 일본 개화기 이민장려의 선구자(후쿠자와 유키치, 福沢諭吉)[1]

역(名古屋大須) 브라질학교 등을 방문하여 현지조사를 실시하였다. 현지조사의 목적은 일계브라질인들이 모국을 떠나 일본으로 이주와 재이주를 거듭하고 있는 상황에서 그들이 이주사회에서 경험한 배제와 타자화 기제를 구체적인 사례를 수집·조사하는데 있었다. 즉 일계인 이주자들이 이주지에서 구체적으로 어떻게 적응했는지 정착기제와 타자화의 구조를 규명하는데 있었다.

일본 현지조사 기간은 2014년 2월 17일부터 2014년 2월 26일까지 10박 11일간 일계인들이 집거하고 있는 가나가와 현 쓰루미구(神奈川県鶴見区), 요코하마(横浜) 해외이주자료관, 시즈오카 현 하마마츠시(静岡県浜松市), 나고야시 오수(名古屋市大須)지역을 방문하여 일계인 현지적응 관련 자료를 수집하였다.

일본인의 해외이주는 메이지 이후 해외로 진출하기 시작하면서 1970년대 초반까지 지속되었다. 1980년대 이후에는 일본 기업의 노동력 부족으로 1990년 입국관리법이 개정되면서 30만 명이상의 일계인들이 일본으로 귀환하게 되었다. 이들은 주로 군마 현 오이즈미 마치, 요코하마시 쓰루미구(横浜市鶴見区), 시즈오카 현 하마마츠시(静岡県浜松市), 나고야시 오수

1 후쿠자와 유키치(福沢諭吉)는 "본인에게 외출(이민)의 용기가 있는 자는 세계 곳곳에 제2의 고향을 만들어야 한다."고 주장하고 있다.

(名古屋市大須) 등지에서 주로 자동차 부품조립, 전자제품 조립, 악기산업, 식품공장 등에서 노동자로 종사해 왔다. 2008년 리먼쇼크 이후 경제위기와 불황으로 약 10만 명 정도가 브라질로 재귀국하였고 현재 20만 명 정도가 일본에서 생활하고 있다.

이러한 이유로 이번 조사는 일본 나고야 지역에서 생활하고 있는 일계인을 중심으로 면접조사와 설문조사를 실시하였다. 현재 일본에서 생활하고 있는 일계인과 그 자녀들은 일본어문제, 학업성취와 학교생활적응, 취업문제 등이 가장 큰 문제로 대두되고 있다. 이유는 학부모의 직업(장시간의 노동), 학생들의 일본어와 학력 부족, 그리고 데카세기 이주노동자에 따른 학업동기부족 등이 제기되고 있다.

특히 이번 연구는 일본의 동화정책(assimilation)과 이민수용정책(reception)이 요코하마시 쓰루미구(横浜市鶴見区), 시즈오카 현 하마마츠시(静岡県浜松市), 나고야시 오수지역(名古屋市大須)에 거주하는 일계인의 이주와 정착과정에

Honolulu Star-Bulletin 1st EXTRA

WAR!

SAN FRANCISCO, Dec. 7.—President Roosevelt announced this morning that Japanese planes had attacked Manila and Pearl Harbor.

OAHU BOMBED BY JAPANESE PLANES

SIX KNOWN DEAD, 21 INJURED, AT EMERGENCY HOSPITAL

사진 1.3 일본정부 및 이민회사에 의한 이민장려 광고(1903년-1904년)

미치는 영향에 대하여 살펴보았다. 이러한 사례는 일본기업이나 정부의 일계인에 대한 일본어 강요와 교육문제에서도 여실히 드러나고 있었다. 특히 이번 조사는 일계인 집거지역 중에서도 나고야시(名古屋市)에 거주하는 일계인 현지적응과 정착과정에서 언어교육문제와 취업이라는 두 가지 문제에 초점을 두고 살펴보았다.

일본 현지조사 결과, 일계인대상 설문조사 120부, 인터뷰조사 10명, 사진자료 300장, 참고문헌 단행본 7권, 기타 낱장자료 30여장 등을 수집하여 이 책의 집필에 활용하였다.

4. 문화적응과 정착기제의 기본개념

이 책은 일계인들을 대상으로 현지 문화적응 과정에서의 '정착기제'를 규명하는 것을 목적으로 하고 있다. 주로 일본 현지와 국내 재한일본인을 대상으로 수집·발굴한 현지 문화적응 및 정착기제에 관한 구술사료와 설문조사를 통해 탈근대적 방식의 역사기술과 설문분석을 진행하였다. 일계인의 현지 문화적응과 정착기제에 관한 구체적인 연구내용은 일계인 디아스포라들이 정착지의 현지적응 과정에서 직면하고 있는 다양한 문제들을 다루었다.

본 연구를 수행하기 위한 주요 과제로는 첫째, 디아스포라의 현지적응이라는 역사적 해석의 개념 도구를 개발하는 것이다. 오베르크(Oberg, 1960)는 다른 문화권으로 이동하여 경험하게 되는 새로운 문화에 적응해 가는 과정으로서 '문화충격(culture shock)' 이론을 제시하였다. 이것은 소위 U곡선(U－Curve)모델이라 일컬어지는데, 이것은 다음과 같이 크게 네 단계로 이루어져 있다.

첫 번째 단계는 우호적 관계(honeymoon) 단계로서 사소한 문제들은 간과하고 새로운 문화를 배우기를 기대하는 단계이다. 문화적 차이는 매력적이고 긍정적인 것으로 보이며, 호기심과 흥미를 가지고, 상황을 받아들일 준비가 되어 있다. 다음은 위기(Crisis) 단계로서 실제적인 문화충격 단계이다. 이 시기는 주변환경을 보다 현실적으로 직시함으로써 부정적인 측면을 보게 되며, 성급함, 좌절, 혼란 등을 경험하게 된다. 특히 모국과는 다른 가치, 신념, 상징과 더불어 언어적 차이는 거대한 장벽이 형성된다.

세 번째 단계는 적응(Adjustment) 또는 회복(Recovery) 단계로서 전환점이 되는 시기라고 할 수 있다. 이 단계에서 디아스포라의 모국으로 귀환 내지는 거주국의 주류문화에 대한 이해와 적응이 달성된다. 거주국의 문화와 언어에 대한 많은 지식을 습득함으로써 문화적응이 진행되며, 동시에 문화충격으로부터 회복된다. 그리고 마지막 네번째 단계는 이민 송출국과 유입국의 양 문화 공존(Biculturalism) 단계로서 문화가 하나로 통합(Integration) 된다고 표현하는 것이 가장 적절하다. 새로운 문화가 다중문화정체성을 생성시킨다는 것을 인식하고 이것을 수용함으로써 새로운 사회에서 안정감을 느낄 수 있게 된다. 한편 문화충격 이후 모국으로 귀국 또는 원래의 자문화로 복귀하는 과정에서 '우호적 관계 – 위기 – 회복 – 적응' 단계를 경험하게 되는데, 이것은 자국문화에 대한 문화 충격, 즉 '재진입 충격(reentry shock)'으로 정의할 수 있다.

둘째, 일계인의 문화적응에 따른 정착기제 이론과 도구를 해석하고 디아스포라들이 현지 적응과정에서 경험하는 차별과 배제, 문화적응 스트레스 등을 분석하는 작업이다. 이문화 간 문화접촉 상황에서의 일계인 디아스포라의 적응문제에 대한 연구는 문화적응(Acculturation)이라는 개념의 적용으로 설명이 가능하다. 레드필드, 린톤, 허스코비츠(Redfield, Linton & Herskovits, 1936)등은 문화적응이란 다른 문화를 가진 사람들이 둘 중 하나 또는 두 집단의 원래 문화 패턴의 변화들과 지속적이고 직접적으로 접촉했을 때 발생하는 현상이라고 정의한 바 있다. 이에 베리(Berry, 1990)는 문화적

사진 1.4 1916년 하와이일계인의 송금 통지서와 1930년대 브라질 상파울로 소학교

응이 중립적인 용어이지만, 실제로는 다른 집단에 비해 어느 한 집단에 더 많은 변화를 일으키는 경향이 있다고 보았다. 그레이브스(Graves, 1967)는 문화적응의 다양한 해석을 시도하였는데, 하나는 집단수준 현상(collective or group – level phenomenon)의 문화적응이며, 다른 하나는 개인수준의 심리적(Psychological) 문화적응이라고 주장하였다.

베리(Berry, 1997)는 문화적응(Acculturation)이란 문화적 접촉이 동반하는 문화적·심리적 변화의 과정이라고 정의하였다. 문화적 변화는 한 집단내의 관습, 경제적, 정치적 삶의 방식의 변화 등을 의미하며, 심리적 변화는 개인들이 자신의 문화적 정체성과 문화변용에 대해서 갖게 되는 태도의 변화를 포함한다고 할 수 있다. 즉 일계인 디아스포라들이 초기에 수용국의 현지문화적응이 어려운 만큼 사회문화적, 교육적, 정책적, 경제적 측면의 정착기제가 각기 달리 표출될 수 있다. 베리는 문화적응이 이주 집단의 고유문화에 대한 문화적 유지와 이민사회의 주류문화에 대한 방향성(신분상승이나 조직화 등)이라고 할 수 있는 접촉과 참여라는 두 개의 축으로 구성된다는 다차원적 접근방법을 제시하였다. 더 나아가 그는 문화적응은 개인이 고유문화를 어떻게 유지하느냐의 여부와 이주사회의 주류문화에 적극적으로 참여하고 그 관계를 어떻게 유지하느냐의 여부에 따라 동화(Assimilation), 통합(Integration), 분리(Segregation), 주변화(Marginalization)라는 4가지 유형으로 구분하였다.

이러한 문화적응의 4가지 유형을 살펴보면 주류사회와의 관계를 유지하면서 동시에 고유문화의 문화적 정체성과 특성을 유지하는 문화적응 전략은 통합(Integration) 유형, 개체가 주류사회와 관계는 유지하지만 기존 고유문화의 문화적 정체성과 특성을 포기하는 경우는 동화(Assimilation) 유형으로 분류하였다. 그리고 주류사회와의 관계는 유지하지 않고 고유문화의 문화적 정체성과 특성을 유지하는 분리(Segregation) 유형, 주류사회와의 관계도 유지하지 않고 동시에 고유문화와의 접촉도 거부하는 주변화(Marginalization) 유형으로 분류하였다. 이러한 베리의 문화적응 모델을 적용한 윤인진(2005)의 후속연구는 이주민의 주류사회에의 참여 정도에 대하여 직업, 소득, 교육수준, 거주지, 타민족집단 성원과의 대인관계 유형으로 측정하였고, 고유문화에 대한 문화적 유지 정도는 민족어 사용, 족내혼, 민족문화 및 관습유지, 민족정체성 수준으로 측정하여 베리의 연구를 확대 발전시킨 바 있다.

한편 일계인 디아스포라들이 북미나 남미 거주지의 문화적응이나 정착과정에서 경험하게 되는 정신적 트라우마나 제노포비아(외국인혐오증)는 학문적으로 재조명할 필요성이 있다. 21세기 일본에서 재일코리안을 대상으로 발생되고 있는 제노포비아의 확산이나 일계인의 외국인연대를 통한 권리옹호운동은 국내외 일계인사회의 정체성과 문화적응 패턴을 규정짓는 중요한 연구사례가 되고 있다.

이 연구는 이와 같이 역사적인 사료해석은 물론, 일계인 디아스포라 집거지의 현지방문 면접조사, 설문조사, 참여관찰, 그리고 문화인류학적인 상상력 등의 연구방법을 동원하였다. 흔히 연구방법으로 활용되고 있는 문화인류학적인 상상력의 근저에는 현상학이나 해석학적 사고방식이 깔려있다. 특히 문화인류학적 해석학의 입장에서 일계인들의 월경(越境)이라는 행위와 그로 인해 발생되는 문화적응과 정착기제의 의미는 그 대상과 장소의 특정한 '맥락'을 이해함으로써 올바른 분석이 가능할 것으로 생각된다.

제2장
국제이주와 문화적응에 관한 이론적 배경

1. 문화적응에 관한 이론적 논의

글로벌화가 급속히 진행됨에 따라 현대사회는 타 문화권의 사람들과의 빈번한 문화 접촉(culture contact)이 크게 증가해 왔다. 초기 문화접촉에 관한 연구들은 문화적응 단계에 초점을 두고 있는 경향이 많다. 예를 들면 문화 충격(culture shock)이라는 용어는 후루가와(2006)에 의하면 "1957년 빌스(Beales)와 험프리(Humphrey)에 의해 최초로 사용되었다"고 한다.[1] 또한 대표적으로 오베르크(Oberg, 1960)는 타 문화권으로 이동하여 경험하게 되는 새로운 문화에 적응해 가는 과정으로서 '문화충격(culture shock)' 이론을 제시하였다.[2]

이것은 소위 U곡선(U – Curve)모델이라 일컬어지는데 크게 네 가지 적응단계로 구성되어 있다. 첫 번째 단계는 우호적 관계(honeymoon) 단계로서, 사소한 문제들에 집중하기 보다는 새로운 문화 배우기를 희망한다. 이 단계에서 문화적 차이는 매력적이고 긍정적인 것으로 보여 지며, 호기심과 흥미를 가지고, 상황을 수용할 준비가 되어 있다. 다음은 위기(Crisis) 단계로서 실제적인 문화충격 단계이다. 이 시기는 주변환경을 보다 현실적으로 직시함으로써 부정적인 측면을 보게 되며, 성급함, 좌절, 혼란 등을 경험하게 된다. 특히 모국과는 다른 가치, 신념, 상징과 더불어 언어적 차이는 커다란 장벽이 된다. 세 번째 단계는 적응(Adjustment) 또는 회복(Recovery) 단계로서 전환점이 되는 시기라고 할 수 있다.

이 단계에서 모국으로 귀환 내지는 거주국의 주류문화에 대한 이해와 적응이 이루어진다. 거주국의 문화와 언어에 대해 많은 지식을 획득함으로써 적응이 진화되며, 문화충격의 회복이 이루어진다. 그리고 마지막 단

1 Furukawa, Ayako, "재한 일본인의 문화 충격에 관한 연구," 연세대학교 교육대학원 석사학위 논문, (2006), p. 8.

2 Oberg, K., "Culture Shock: Adjustment to New Environment", 『*Practical Anthropology*』 7, (1960), pp. 177–182.

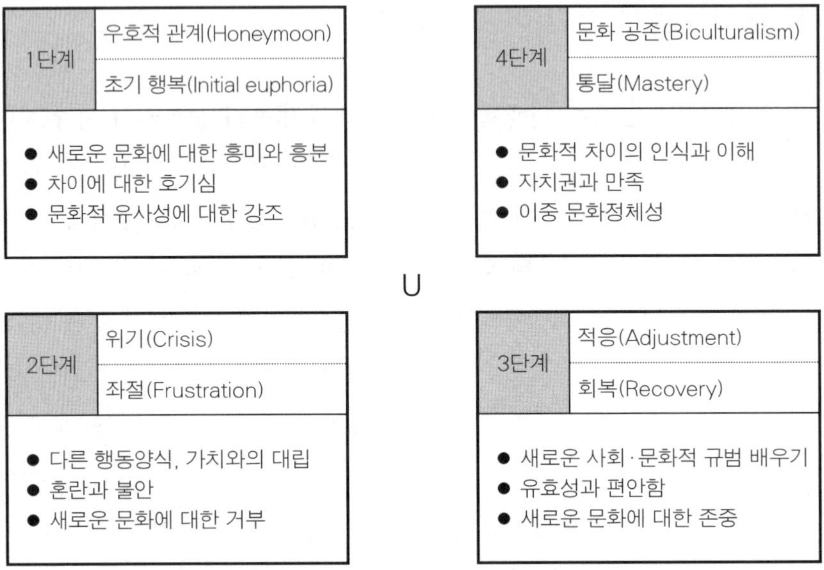

1단계	우호적 관계(Honeymoon) 초기 행복(Initial euphoria)
	● 새로운 문화에 대한 흥미와 흥분 ● 차이에 대한 호기심 ● 문화적 유사성에 대한 강조

4단계	문화 공존(Biculturalism) 통달(Mastery)
	● 문화적 차이의 인식과 이해 ● 자치권과 만족 ● 이중 문화정체성

U

2단계	위기(Crisis) 좌절(Frustration)
	● 다른 행동양식, 가치와의 대립 ● 혼란과 불안 ● 새로운 문화에 대한 거부

3단계	적응(Adjustment) 회복(Recovery)
	● 새로운 사회·문화적 규범 배우기 ● 유효성과 편안함 ● 새로운 문화에 대한 존중

그림 2.1 문화충격의 4단계(Stages of culture shock)[3]

계는 두개 문화의 공존(Biculturalism) 단계로서 통합(Integration)으로 표현되는 것이 가장 적절하다 할 수 있다. 이 단계는 새로운 문화가 이중 문화의 정체성을 발전시킨다는 것을 인식하고 이것을 수용함으로써 새로운 사회에서 안정감을 느끼게 해준다.[4] 한편 문화충격 이후 모국으로 귀국 또는 원래의 자문화로 복귀하는 과정에서 '우호적 관계 – 위기 – 회복 – 적응' 단계를 다시 경험하게 되는데 이것을 자국문화에 대한 문화 충격, 즉 '재진입 충격(reentry shock)'이라고 부른다. 이 과정은 위의 〈그림 2.1〉에서 보여주는 바와 같이 W곡선(W – Curve)으로 나타낼 수 있다.

다문화 이주시대 문화접촉 상황에서 발생하는 문화적응에 대한 관심은 문화적응(Acculturation)모델이라는 개념을 탄생시키고 발전시켜왔다. 레

3 Ashim C. Uwaje, "*Culture shock, Re-Integration and Re-Entry culture shock: Managing Cultural Differences*," Munich Business School, (2009).

4 www.munich-business-school.de (검색일: 2013.4.26).

드필드, 린톤, 헤르스코비츠(Redfield, Linton & Herskovits, 1936)는 문화적응이란 다른 문화를 가진 사람들이 하나 또는 두 집단 이상의 문화 패턴들과 지속적이고 직접적으로 접촉했을 때 발생하는 현상이라고 정의하고 있다.[5] 문화적응 유형연구에 정통한 베리(Berry, 1990)는 문화적응이 중립적인 용어지만, 실제로는 타 집단에 비해 어느 한 집단에서 더 많은 변화를 초래하는 경향이 있다고 주장하였다. 그레이브스(Graves, 1967)는 문화적응의 유형을 분류한 바 있는데, 그 하나는 집단수준 현상(collective or group－level phenomenon)으로서의 문화적응이며, 또 하나는 개인수준의 심리적(Psychological) 문화적응으로 세분화하였다.[6]

일반적으로 문화적응 유형에 대한 연구들을 구분하면 크게 다음 두 가지로 분류된다. 하나는 직선적－양극적 모델(Linear－Bipolar Model)로, 단일차원 모델(Unidimensional Model)이며, 또 다른 하나는 2차원적 모델(Bidimensional Model) 또는 중다문화적 모델(Acculturation－ Biculturalism Model)이라 할 수 있다.

단일차원의 모델은 이주자나 소수민이 그들의 오랜 역사적 전통적 사회문화적 측면을 모두 잊어버리고 새로운 사회문화 속으로 적응해 간다는 가정에 근거하고 있다. 따라서 이 모델에서 문화적응은 한쪽 방향으로 이루어지며 그들의 문화적 가치, 태도, 행동 그리고 정체성은 거주국가의 전체 사회와 유사하게 진행된다. 그러나 최근 문화적응에 관한 논쟁들은 문화적 다양성의 가치를 인정하며 기존 문화를 보유하면서도 새로운 문화의 다양한 장점을 적극적으로 수용하고 자산화의 가치를 인정하는 방향으로 전환되고 있다. 따라서 이주자가 새로운 문화에 일방적으로 동화되기보다는 양방향의 변화를 통한 상호 통합이 바람직한 방향이라는 관점을 가지고 있다. 이러한 문화적응 이론의 변화과정에서 베리의 2차원

---

5 문화적응이란 여러 가지 뜻이 있지만 이 논문에서는 고유문화의 정체성을 포기하고 주류문화에 적응하는데 큰 의미를 두고 있다.

6 Berry, J. W., "Immigration, Acculturation, and Adaptation," *Applied Psychology: An International Review* 46(1), (1997), pp. 5-34.

모델이 핵심 역할을 담당했다.[7]

베리(Berry, 1997)는 문화적응(Acculturation)이란 문화적 접촉이 동반하는 문화적·심리적 변화 과정을 포함하여 넓은 의미에서 정의하고 있다. 문화적 변화는 어느 집단 내의 관습, 경제적, 정치적 삶의 방식의 변화 등을 의미하며, 심리적 변화는 개인들이 자신의 문화적 정체성과 문화변용에 대해서 갖게 되는 태도의 변화를 포함한다. 전술한 바와 같이 베리는 문화적응이 이주 집단의 고유문화에 대한 문화적 유지와 이민사회의 주류문화에 대한 방향성이라고 할 수 있는 접촉과 참여라는 두 개의 축으로 구성된다는 다차원적 접근방법을 제시하였다. 더 나아가 그는 문화적응이란 개인이 고유문화를 유지하느냐의 여부와 이주사회의 주류문화에 적극적으로 참여하고 그 관계를 어떻게 유지하느냐의 여부에 따라서 아래의 〈표 2.1〉과 같이 동화(Assimilation), 통합(Integration), 분리(Segregation), 주변화(Marginalization)라는 4가지 적응유형으로 구분할 수 있다고 주장하였다.

이러한 4가지 문화적응유형을 구체적으로 살펴보면 〈표 2.1〉과 같다. 먼저 주류사회와의 관계를 유지하면서 동시에 고유문화의 문화 정체성과 특성을 유지하는 문화적응전략은 통합(Integration) 유형으로 분류하였다. 개인이 주류사회와의 관계는 유지하지만 기존 고유문화의 문화적 정체성과 특수성을 포기하는 경우는 동화(Assimilation) 유형으로 분류하였다. 그리고 주류사회와의 관계는 유지하지 않고 고유문화의 문화 정체성과 특성을 유지하는 분리(Segregation) 유형과 주류사회와의 관계도 유지하지 않으며 동시에 고유문화와의 접촉도 거부하는 주변화(Marginalization) 유형으로 분류하였다.[8] 이와 같이 이주민의 고유문화 정체성과 이주국의 주류문화의 정체성이 공존가능하다는 다차원적인 문화적응 모델은 베리에 의해 처음 제

7 정진경 · 양계민, "문화적응이론의 전개와 현황," 「한국심리학회지: 일반」 제23권 1호, (2004), pp. 101-136.

8 최경린 · 박정의, "자아구성이 문화변용전략에 미치는 영향: 재한 중국인 유학생을 중심으로," 「한국언론학보」 55권 5호, (2011), p. 189.

표 2.1 베리(Berry)의 문화적응모형[9]

차원 2 \ 차원 1		모국의 문화적 정체성과 특수성을 유지할 것인가	
		강	약
주류사회와 관계를 어떻게 유지할 것인가	강	통합(Integration)	동화(Assimilation)
	약	분리(Segregation)	주변화(Marginalization)

시되었다.

이러한 문화적응 모델을 적용한 윤인진(2005)의 연구는 이주자의 주류사회에 참여 정도를 직업, 소득, 교육수준, 거주지, 타민족집단 성원과의 대인관계 유형으로 측정하고, 고유문화에 대한 문화적 유지 정도는 민족어 사용, 족내혼, 민족문화 및 관습유지, 민족정체성 수준으로 측정하여 베리의 연구를 확대발전시켰다.[10] 그의 연구결과에 따르면 이민 1세대의 경우 주류사회와의 고립의 경향을 보이지만 점차 2세대는 통합, 3세대는 동화의 경향을 보인다고 주장하였다.

이러한 문화적응 모형과 다문화적 수용태도에 대해서는 윤인진 외(2008)의 연구에 의하면 "인종적 문화적 배경을 가진 집단을 사회구성원으로 받아들이는 수용의 정도"로 정의하고 있다. 이들의 연구조사는 다문화적 수용태도에 대하여 '다문화 지향성'과 '자민족 지향성'이라는 두 가지 요소로 구분하여 이주민에 대한 수용성과 자민족중심주의(ethnocentrism) 로 설명하였다. 그러나 중요한 점은 문화적응 유형이란 이주자들이 처한 전략적 선택의 결과로서 사적인 영역과 공적인 영역에서 전략적 선택이 다르게 나타날 수 있다는 것이다. 따라서 이 장에서는 문화적응 이론과 관련하여 다문화적 수용태도는 이주민들이 다른 문화를 이해하고 받아들이는

---

9 Berry, J. W., "Immigration, Acculturation, and Adaptation," *Applied Psychology: An International Review*, 46(1) (1997).

10 윤인진, 『코리안 디아스포라: 재외한인의 이주, 적응, 정체성』 고려대학교 출판부, (2005), p. 40.

능력으로 정의하였다.

2. 문화적응과 정체성의 다양화

글로벌시대 민족이라는 경계설정과 민족귀속에 관한 논의는 인류학과 사회학을 비롯한 다양한 사회과학분야에서 다루어져 왔다. 거기에는 반드시 개인이 속하는 집단에 대한 본질주의적인 해석방법이 배제되고 민족집단에 대한 귀속은 주변 상황이나 당사자의 목적에 따라 조작되는 성질을 가지고 있다는 것은 알려진 바와 같다. 이와는 달리 민족이라는 범주가 상황 의존적이기는 하지만 실제 어떤 형태로든 존재할 수 있다는 메커니즘으로써 민족집단을 상징하는 '명칭'은 매우 중요하다는 견해도 있다. 왜냐하면 어떤 민족집단이 되었건 타자에 의한 외부로부터 부르는 '명칭'과 집단 구성원들이 그렇게 부르고 있는 '명칭'이라는 것은 상호작용의 과정에서 실체를 드러내게 되고 이들 가운데 국가에 의한 명칭은 민족범위의 형성에 결정적인 역할을 하기 때문이다. 이러한 민족이라는 개념구분은 민족정체성 형성에 결정적인 역할을 하게 된다. 이 절에서는 국적과는 다른 차원에서 민족이라는 범주의 가변성과 이에 따른 민족정체성의 이행에 대하여 고찰하는 것을 목적으로 한다.

물론 민족의 형성은 국민국가 출현이후의 문제이지만 1980년대 이후 글로벌화가 본격화되면서 인간의 이동과 이주에 따른 디아스포라 집단이 부각되었고 '우리'와 '타자'를 엄격히 구분해야하는 민족집단과 국민국가의 필요성에 의해 민족의 범주가 확대되거나 축소되는 경향이 있었으며 어느 민족집단의 민족범주의 확대는 정체성의 약화, 민족범위의 축소는 정체성의 강화로 이어지기도 했다.

글로벌시대 정체성의 개념은 왜 급속도로 전파되었는가? 정체성 개념의 급속한 전파는 글로벌화의 과정에서 이민자집단의 정체성의 위기 혹은 국민국가의 위기와도 깊은 관련이 있다. 이 절에서는 이주민을 둘러싼 민족정체성의 위기에 따른 정체성의 가변성과 유동성을 전제로 글로벌시대 민족정체성의 개념과 형성과정, 존재 형태, 기능역할, 작동메커니즘 등에 대하여 고찰하고자 한다.

오늘날 정체성의 지대한 관심은 글로벌화와 다문화주의의 영향이 크다고 많은 학자들이 지적하고 있다. 특히 니시카와(西川長夫)의 연구에 의하면 1960년대 이후 정체성이라는 용어가 급속히 전파되기 시작하였는데 그 이유는 국민국가의 전환에 따른 역사적인 현상으로 분석하였다.[11] 그에 따르면 다문화주의(multiculturalism)와 정체성(identity)의 개념은 미국이나 캐나다, 호주 등지에서 거의 비슷한 시기에 영어를 공용어로 사용하는 유사한 지역에서 출현하여 전 세계적으로 확대되었다고 한다. 이러한 그의 주장은 다문화주의라는 용어자체가 정체성론과 궤를 같이하여 정체성을 의미하거나 혹은 정체성을 내포하고 있다고 해도 과언이 아니다. 왜 다문화주의가 정체성의 의미를 내포하고 있는가에 대하여 그는 1960년대 이후 다문화주의가 탈국민국가, 즉 글로벌시대 초기의 지배적 국가이데올로기였다는 점에 주목하였다.

이러한 판단의 근거로 그는 글로벌시대 다문화주의가 이제는 언어=문화=민족(국민)이라는 고전적의미의 국민통합의 불가능성, 국민국가의 위기로 국민국가의 부정과 새로운 국민통합이론의 필요성, 그리고 동시에 정체성의 위기를 표출하고 있다는 것이다. 왜냐하면 다문화주의의 관점이나 정책이 출현한 배경에는 대부분의 경우 중심적인 다수민족집단의 지배에 대한 대항의식과 독점적 지배에 대한 이의제기가 등장한 경우이기 때문이다. 따라서 최근 다문화주의정책이 국민통합의 새로운 형태

---

11 西川長夫(2000)「多文化主義とアイデンティティ概念をめぐる二、三の考察－アイデンティティ論のために－」『言語文化研究』12巻3号, pp. 23-35.

를 지향하는 한 종래 정체성의 개념으로부터 벗어날 수 없고 과거 정체성의 개념에 머물러 있을 수도 없는 상황이다. 그것은 종래 국민의 단일성이 국가를 지탱하고 국가의 단일성이 국민의 정체성을 보장했지만 이제는 다문화주의가 국민의 다양성과 정체성을 보장하고 국가의 통합과 안정을 유지한다는 논리의 역전현상이 발생하고 있기 때문이다.

슈츠(Schuts, 1991)나 진멜(Simmel, 1994)는 정체성과 관련하여 외부자의 인정(승인)에 대한 논쟁을 주도했다. 먼저 진멜(Simmel, 1994: 285 – 290)[12]에 의하면 어느 집단 가운데 새로운 들어온 개인이라는 이방인에 대하여 "어느 장소에도 정착하지도 못하고 방랑을 계속하는 것도 아니며 여행을 계속하지 않더라도 방문과 떠남을 완전히 극복하지 못한 자로 정의하고 있다."[13] 이러한 방랑자의 특징은 개개의 요소와 유기적인 연대로 정착화를 도모하지 않는 이동성, 습관과 충성, 세례, 이해관계, 당파에 구속되지 않는 객관성, 보편적 특수성을 공통으로 소유하고 있는 추상적 공통성 등을 공유하고 있다고 주장하였다.

이에 반해 슈츠(Schuts, 1991: 133 – 150)[14]는 외부자에 대하여 "자신이 접근하고 있는 집단에 영속적으로 수용되기를 바란다거나 인정받도록 노력하는 자"로서 한마디로 인정의 정체성으로 정의하고 있다. 결국 이들은 객관성과 의혹의 충성심이라는 두 가지 특성을 가지고 있다. 이때 외부자의 객관성이란 집단문화의 부적응에 따른 차별적 경험에서 발생하고 충성심의 의혹은 생활양식으로서 집단문화의 미수용에 따른 편견으로부터 기인한다. 결국 외부자는 어느 집단 내 스테레오타입의 대상이 되거나 집단문화를 따르지 않는 의심스러운 존재가 된다. 이러한 외부자의 경험은 비단 이

12 Simmel, 居安正訳(1994)『社会学(下)』白水社, pp. 285-290.

13 王昊凡(2008)「多文化主義をめぐる公共性の問題に関する一考察」2008年度名古屋大学学生論文コンテスト優秀賞受賞, pp. 9-10.

14 Schuts, 渡辺光・那須壽・西原和久訳(1991)「よそ者-社会心理学的一試論」Brodersen編『アルフレッド・シュッツ著作集第3巻社会理論の研究』マルジュ社, pp. 133-150.

민자 집단뿐만 아니라 소속집단을 변경하거나 새로운 집단에 소속하려는 경우에도 공유된다. 이러한 과정을 거쳐 외부자들은 주류사회의 새로운 사실의 정의, 파악, 해석을 통해 일반적인 문화형태로 변형시켜나가기 때문에 이미 외부자는 주류문화에 적응하여 더 이상 외부자의 형태로 존재하지 않고 어느 한쪽의 정체성을 형성하게 된다.

테일러(Taylor, 2002)는 정체성(identity)의 개념에 대하여 승인(recognition)이라는 용어를 도입한 정치학자이다.[15] 이때 그가 사용한 승인(인정)의 정치에서 인정이란 비교적 종속적인 입장에 있는 문화를 가진 사람들의 정체성 및 그들의 인권을 가리키고 있다. 그의 정치적 사상은 "인간이 해석적 동물이다거나 이해자체가 존재의 모습"이라는 명제에도 잘 나타나 있다. 그의 연구에 따르면 "인간은 계속해서 좀 더 높은 욕구를 추구하며 거기에 따라 계속 걸어가고 있다. 혹은 거기에 따라 걸어가려고 희망하고 있다. 이러한 걸음은 동시에 기존의 자기정체성을 변화시켜나가는 과정이다. 그 과정은 인생일대의 이야기로서 인생의 방향을 결정짓는 역할을 수행한다."[16]고 했다. 이와 같이 테일러는 '인정'이 정체성을 유발시키지만 인정의 개념을 규정하는 것은 근대적 정체성이라고 했으며 그 근간을 인간의 존엄과 순수성(authencity)에 두었다.[17]

특히 테일러(Taylor, 1996: 37－38)는 인간의 순수성을 바탕으로 다음과 같은 정체성의 종류를 제시하였다.[18] 먼저 그는 개인화된 정체성(an individualized identity)에 대하여 어떤 사람이 누구인가에 대한 이해, 인간으로서 가지고 있는 근본적인 명시적 생활에 대한 이해, 개인 특유의 자신이 표출하

---

15 テイラー(1996)「多文化主義・承認・ヘーゲル」『思想』No.865, p. 24.

16 Nicholas H. Smith, Charles Taylor(2002) Meaning, Morals and Identity, Polity Press, pp. 51-52.

17 高田慎二(2009)「チャールズ・テイラーの思想構造：解釈学から政治理論へ」『北大法政ジャーナル』16, pp. 126-127.

18 テイラー(1996)「多文化主義・承認・ヘーゲル」『思想』No.865, pp. 37-38.

려는 자기정체성으로 정의하였다. 테일러는 전근대적인 정체성이 집단적 정체성인 것에 비해 근대적인 정체성은 개인화된 정체성으로 개인의 자아형성문제로부터 출발한 심리학적 정신분석학적 정체성으로 분류하였다. 개인화된 정체성은 그들이 귀속하고 있는 특정 공동체 및 역사, 문화, 도덕적 전통 등에 근거하고 있다. 이러한 자기정체성(self identity)의 기초로서 킴리카(Kymlicka, 1998)[19]는 국가정체성(national identity)이라는 개념을 주장하였다. 그가 주장하는 국가정체성이란 국가단위가 아니라 민족단위의 정체성으로 모든 인간은 사회생활, 교육, 종교, 여가, 경제생활면에 있어서 의미 있는 삶을 사회구성원에게 제공하는 다민족 간 정체성의 공유를 모색하는 것으로 정체성 개념의 근본적인 변화를 가져왔다.

쓰지 야스오(辻康夫, 2013)는 글로벌시대 개인의 경제활동이 전략적 행위의 성격이 강하여 근면이나 연대 등의 미덕과 단절되어 간다고 주장하였다. 이에 따라 개인들은 소속문화나 집단에 대하여 일정거리를 유지하고 관계성을 모색하면서 정체성을 형성하게 된다.[20] 그리고 이러한 개인의 단절과 관계성 그 자체가 개인이나 집단 정체성의 안정성을 위협한다거나 유동화 시키는 요인이 되고 있다고 주장했다.

이상에서 살펴본 바와 같이 결국 정체성 논쟁은 개인(혹은 이민자)이 자기인식에 대한 자기결정을 어떻게 대응하고 적용해 나갈 것인가라는 자기인정(승인)과 타자와의 관계성에 집중되고 있음을 알 수 있다. 그러면 글로벌시대 민족집단에서 어떤 정체성들이 출현하였다가 소멸되고 있는지를 구체적으로 살펴보고자 한다.

---

19 Will Kymlicka(1995) Multicultural Citizenship a Liberal Theory of Minority Rights, Oxford University Press.

20 辻康夫(2013)「多文化主義論の書類型の検討－複合的アプローチに向けて－」『法政理論』第45巻第3号, pp. 49-50.

3. 문화적응과 신정체성의 출현

정체성은 개인의 생물학적 특성의 자기결정에서 비롯된 것이지만 점차 집단적인 특수성을 띠면서 보다 추상적인 형태로 발전하는 경향이 있다. 이러한 정체성의 특성은 글로벌시대 다양한 정체성의 출현으로 나타나는데 〈표 2.2〉는 글로벌시대 분화된 정체성의 일부를 제시하고 있다. 오늘날 다양한 형태의 정체성이 시시각각으로 생산과 재생산을 반복하고 있는데 여기에서는 다음에 제시한 것 중에서 몇 가지만 살펴보기로 한다.

개인의 정체성은 개인적 경험의 통일성, 연속성이 특정 모델이나 그룹, 문화 등과의 고정적인 정체성에 의해 확보된다. 그러나 오늘날 사회변동이 가속화되는 가운데 개인이 속하는 조직이 다양화되고 개인이 입수하는 정보도 증가하기 때문에 과거 정체성의 근거가 되었던 집단의 권위가 약화된 결과 개인의 정체성에 위기를 초래하였다. 개인의 정체성은 고향의 상실상태라는 끊임없이 변화하는 상황이나 사건에 대응하여 개인이 자기의 '고향'을 계속해서 재구축하지 않으면 안 된다는 것이다. 따라서

표 2.2 테일러가 제시한 정체성의 다양성[21]

개인화된 정체성(자기정체성)	집단화된 정체성
자민족중심적인 자폐적정체성 (독자적 정체성)	나 자신과 타자와의 대화적 정체성
배타적 정체성 지역적 정체성 에스닉 정체성 대항적 정체성 문화적 정체성 다원적 정체성 중층적 정체성 복합적 정체성	국가적 정체성 공민적 정체성 민족정체성 종교정체성 유동적 정체성 등

---

21 앞의 논문, 西川長夫(2000), p. 27을 참조하여 필자 작성.

개인의 정체성은 정체성의 형태를 변화시키고 현재의 시점에서 정체성을 재정의하여 의사결정과 동맹을 반복하는 내적 능력에 기초하고 있다. 이러한 정체성의 가변성과 현재성은 분쟁이나 사회운동의 형태에서도 잘 나타나고 있다. 다양한 네트워크를 통해 동원된 사회운동에 참여하는 개인들은 거기에서 만난 사람들과 짧은 기간 일종의 공동체를 형성하게 되지만 이 운동이 끝나면 원래의 장소로 돌아가거나 다른 운동으로 이동하게 된다. 이러한 순간의 공동체라 할 수 있는 결합관계는 지역이나 중간집단, 민족, 시민사회 혹은 이익집단이나 공동체 집단과는 전혀 다른 이동의 시대 새로운 공동체 모델을 구축하고 있다.[22]

집합적(집단적) 정체성은 상호 교류하고 있는 개인에 의해 만들어진다. 상호작용의 결과로 공유되는 정의라고 불리기도 한다. 사람들은 자신의 행위의 방향성에 관심을 가지고 그 행위가 발생하는 기회나 구속의 현장에 관심을 가지고 있다. 집합적 정체성은 행위가 공통의 인지 프레임 워크를 만들어내는 과정이며 그것에 의해 행위자는 주변환경을 평가하고 행위의 손익을 계산할 수 있다. 집합적 정체성은 불확실성, 변화, 차이화를 특색으로 하는 현대사회의 일상생활에 있어서 정체성의 불안정, 경쟁, 사회운동에 참여하는 사람들의 정체성 형성과정과 해체되고 있는 사회의 유동성을 잘 보여주고 있다.

문화적 정체성에 대한 논쟁은 스튜어트 홀(Stuart Hall, 1998)의 연구에서 찾아볼 수 있다.[23]문화적 정체성은 역사와 문화의 내부에서 만들어지는 정체성이나 통합의 불안정한 지점을 말한다. 또한 초월적인 민족기원의 원칙에 절대적으로 보장되지 않는 정체성의 정치, 위치가 항상 존재한다는 것을 염두에 두고 있다. 홀(1998)은 문화적 정체성에 대하여 이미 만들어

---

22 앞의 논문, 西川長夫(2000), p. 34참조.

23 ステュアート・ホール、小笠原博毅訳(1998)「文化的アイデンティティとディアスポラ」『現代思想』3月号, pp. 101-111.

져 완성된 것이 아니라 항상 형성과정에 있으며 내부에서 구축되고 있는 '생산물(구축물)'로 정의하였다.[24]

국가적 정체성은 자연적인 사실보다는 만들어진 사실에 가깝다. 국가적 정체성의 기초적인 요소는 조상의 창설자, 역사, 영웅, 언어, 기념비, 풍경, 민속 등이 속한다. 글로벌시대 애국적인 과감한 행동, 사상, 기술의 초국가적 교환이 각각의 차이를 인정하면서도 독자적이고도 유사한 정체성을 탄생시켰다. 산업자본주의의 발전과 밀접하게 연계된 정치조직의 형태인 국가는 전통의 숭배와 집합적 유산에 의해 정당성을 인정받아 왔다. 이들 국가적 정체성은 새로운 공동체 미디어에 지지를 받은 집합적이고 자발적인 운동에 유래하고 있다. 국가적 정체성이 단수로 사용될 경우 추상적인 한 국가를 상징하며 복수로 사용될 경우 EU와 같은 유럽공동체를 가리키기도 한다.[25]

이상에서 살펴본 바와 같이 개인적 정체성, 집단적 정체성, 문화적 정체성, 국가적 정체성 등 다양한 정체성의 형태는 개인적 경험(자기인식)이나, 상호작용(관계성), 불안정한 지위, 정치적지지 등 다양한 요소들이 결합되어 구축되어지는 것으로 생각한다.

4. 정체성 개념의 개인적 레벨과 국가적 레벨

정체성의 개념은 개인의 생물학적 개념에서 점차 추상적인 민족과 국가 정체성으로 확대되어 온 것으로 생각된다. 일반적으로 개인적 레벨에 있어서 정체성이라는 용어와 개념은 프로이트와 에릭슨[26]이라는 연구자

---

24 Stuart Hall and Paoul du Gay(1996), Question of Cultural Identity, SAGE Publication.

25 앞의 논문, 西川長夫(2000), p. 33 참조.

26 エリク・H・エリクソン、近藤邦夫訳『現具と理性』みすず書房, p. 200.

에 의해 탄생되었다. 에릭슨의 정체성 관련 저작으로서 "유아기와 사회"는 1950년,[27] "자아동일성: 정체성과 라이프 사이클"[28]은 1959년에 출판되었다. 이 책의 출판이후 정체성이라는 용어가 1960년대 들어서 주목받게 되었고 일반인들 속에 급속히 전파되었다. 1960년대 말 베트남전쟁의 패배, 경제적 불황과 실업증가, 경제적 호황기 빈부격차의 확대, 소비사회에서 사회적 규범의 동요와 불안, 사회적 아노미상황, 가족붕괴, 정치적 부패와 국가 위신저하, 흑인해방, 공민권운동 등 다양한 소수민족집단의 자기주장, 페미니즘, 1968년 절정에 달한 학생운동, 저항문화 등 최근 정체성과 관련된 사회적 배경은 민족 이동에 따른 글로벌 다문화주의와 깊은 관련성을 함의하고 있다.

정체성의 용어확대는 다음과 같은 다양한 의미를 내포하고 있다. 첫째, 자기 자신 혹은 자아가 인생의 경험 전체를 통하여 동일하게 유지되고 있다는 사실, 둘째, 이성의 지평에서 규칙적으로 동일한 것, 셋째, 모든 사고의 대상에 구비된 A=A라는 사실, 넷째, 인식적으로 주관과 객관이 합치될 것 등이다. 단적인 예로 주변에서 나 자신의 동일성이 성립되지 않으면 현행법상 계약, 소유, 권리, 의무 등은 그 근거를 잃어버리게 된다. 때문에 동일성의 문제는 인격, 신, 세계의 근거뿐만 아니라 사람들의 일상적인 실천에도 깊이 관련되어 있다.

근대 국민국가는 국민, 영토(국경), 주권의 동일성 원리에 의해 구성되어 국어, 민족, 국가적 신화의 동일성에 의해 유지되어 왔다. 국민국가는 국적에 의해 국민, 국경에 의해 영토, 그리고 국민의 문화와 언어를 통한 국민통합을 도모하고 납세, 징병, 교육, 국민 개개인의 관리를 통해 국가를 유지해 왔다. 또한 국민국가는 개인의 사고와 감성, 국가이데올로기에 있어서도 동일성 원리의 지배를 이상적인 국가로 표출해왔기 때문에 정체

---

27 Erikson, E. H.(1950) Childhood and society. NEW YORK: W. W. Norton.

28 Erikson, E. H.(1959) Identity and the life cycle. New York International Universities Press.

성의 논리가 맹위를 떨치기도 했다. 현대사회의 정체성은 융의 이론, 20세기말 프로이트 이론을 전개한 에릭슨에 의해 발전되어 왔지만 실질적으로 정체성의 개념은 에릭슨의 예상을 훨씬 뛰어넘어 의미확대를 통해 일반인들에게 전파되었다. 그 이유는 정체성의 개념자체가 개인보다는 민족과 국가라는 보다 확대된 의미에서 국가이데올로기로서 기능을 수행해 왔기 때문이라 할 수 있다.

5. 문화적응에 따른 정체성 역할기능

에릭슨(1959)은 생물학적 인간의 발달과정에서 청년기 후기를 정체성의 형성시기로 보았다. 그는 정체성의 형성에 대하여 청년 아동기를 정체성의 종결단계로 규정하고 복수의 동일화를 하나의 새로운 동일화에 종속시킬 때 비로소 완성된다고 주장하였다.[29] 그리고 그는 이러한 다양한 자기를 자아중심적으로 통합시킬 때 느끼는 자기일치의 감각을 정체성이라고 정의하였다. 즉 청년기 후기의 정체성 형성은 자기를 상대적으로 바라보고 다양한 자기를 회고하면서 새로운 자기를 형성하는 자기형성 과정이며 이러한 과정을 통해 느끼는 감각이 정체성의 감각이라는 것이다. 에릭슨에 의해 제창된 이러한 정체성 이론은 사회변화와 밀접히 관련되어 있는 감각이기 때문에 사회변화를 충분히 인식한 후 정체성을 이해할 필요가 있다.

일반적으로 정체성의 형성과정을 이해하기 위해서는 먼저 정체성 형성과정의 패턴을 보여줄 필요가 있다. 전술한 바와 같이 개인의 정체성 형성은 민족정체성이나 혹은 국가정체성과 밀접히 관련되어 있다. 따라서 민족정체성 형성과정의 다양한 패턴을 보여주는 것이 정체성 형성에서

---

29 앞의 책, Erikson, E. H.(1959), p. 119.

중요한데 이때 지표로 삼을 수 있는 것이 자기결정이다. 정체성형성과정에서 자기결정은 매우 어려운 문제이며 다양한 상황이나 환경에서 어떤 것이 중요한지 결정을 내려야 한다. 따라서 어떤 사람이 미래의 삶을 어떻게 결정해 나갈 것인가, 아니면 어떤 영향을 주고받을 것인가에 초점을 두고 정체성 형성과정을 검토해야한다.

정체성의 형성은 자기 시점에서 지각하고 타자의 시점을 내재화하면서 거기에서 발생한 자아와 타자와의 관점의 차이를 상호조정에 의해 해결해 나가는 과정이다. 이때 타자와의 관계에 대한 자기인식을 관계성으로 정의할 수 있으며 관계성에 대한 인식이 정체성 형성과 관련되어 있다. 특히 자기결정의 배후에는 타자가 존재한다는 인식이 정체성 형성과정 그 자체라 할 수 있다. 이때 개인의 감정도 중요한데 정체성 형성은 다양한 상황가운데 타자나 사회라는 다양한 타자와의 관계성 속에서 자기를 정의하는 과정이다. 때문에 정체성은 개인이 타자나 환경에 어떻게 적응해 나갈 것인가도 중요하며 적응해 나가는 과정 그 자체이기도 하다. 자기의지에 의해 타자를 선택하고 그 방향으로 자신을 바꾸어가는 과정이다. 때문에 이민자가 어떤 관계성에 대하여 어떻게 느끼고 있는지 그 환경가운데 어떻게 자기결정을 해나갈 것인지를 이해하기 위해서는 개인의 감정이 중요한 지표가 될 수 있다

〈그림 2.2〉는 일반적인 정체성의 형성과정과 이동성을 나타내고 있다. 정체성 형성은 생물학적 특성과 추상적인 정체성의 결합이라 할 수 있다. 고전적인 의미의 정체성은 생물학적 특성이 강한데 정체성의 방향에 대한 자기결정의 주체성과 왜 그렇게 되고 싶은지 자기감정의 의지가 정체성의 형성에 결정적인 역할을 수행한다. 이러한 자기결정의 주체성과 감정의 표현은 다양한 경험과 정보를 입수하고 획득함으로서 개인들은 지금 현재의 자기정체성을 형성하게 된다.

그러나 글로벌시대 확대 전파된 정체성의 특성은 추상적인 민족개념

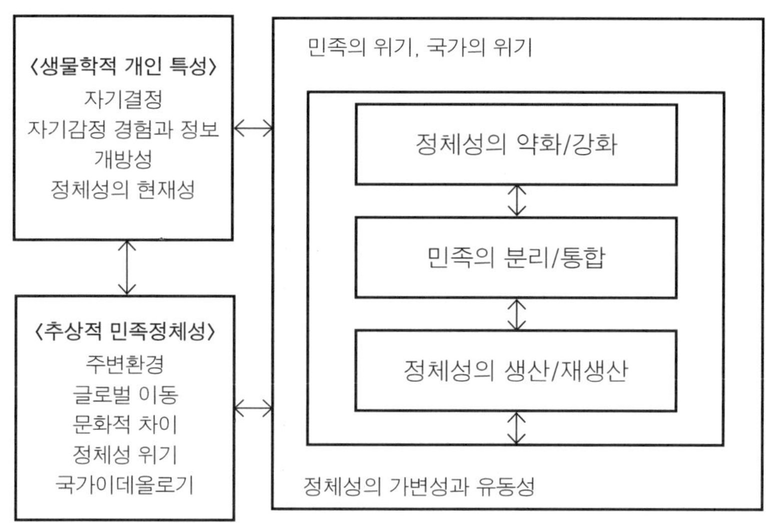

그림 2.2 정체성의 형성과정과 역할기능[30]

의 정체성을 출현시켰다. 이러한 민족이나 국가의 추상적 개념의 정체성 등장은 글로벌화와 민족이동, 다문화주의 출현 등에 따른 문화적 차이의 확대, 민족과 국가에 의한 정체성의 위기 초래 등에서 기인한 것이다.

이렇게 볼 때 정체성이란 개인의 생물학적 특성이든 민족의 추상적인 개념이든 자기결정의 주체성과 감정의지에 의해 끊임없이 반복 재생산되고 있다. 글로벌시대 정체성의 가변성과 유동성은 정체성의 다양성을 초래하였고 그 역할은 개인과 집단의 특수성의 강약, 분리와 통합, 새로운 집단의 형성과 유지에 직접적인 관련성을 가지고 있다고 해도 과언이 아니다. 이러한 정체성 변화과정에서 살펴보면 일계인디아스포라 역시 태생적인 생물학적 특성에서 민족의 추상적(상징적)인 개념을 강조하는 정체성으로 변해가는 과정에 있는 것으로 파악할 수 있을 것이다.[31]

30 畑野快(2010)「アイデンティティ形成プロセスについての一考察－自己決定を指標として－」『発達人間学論叢』第13号, p. 32.

31 본 논문에서 상징적(추상적) 정체성이란 의미는 민족의 차이가 사회생활에 실질적으로 아무런 영향을 주지 않는다는 의미로 사용되고 있다. 상징적 이라는 말에는 표면적 혹은 형태적, 대표적

6. 문화적응과 문화적 동화

정체성의 이행과정은 먼저 이러한 변화가 이주자 측면에서는 적응인가 동화인가의 문제에 직면하게 된다. 일반적으로 적응(適應, adaptation)에는 두 가지 뜻이 포함되어 있다.[32] 하나는 생물체가 환경의 변화에 맞게 자신의 상태나 구조를 끊임없이 변화시키는 과정 혹은 생물체의 형태나 기능, 행동 등이 환경 조건이나 변화에 따라 생활하기 쉽도록 변화해 가는 과정 또는 그러한 개체의 성질로 정의된다. 또 하나는 적응이란 욕구를 느낄 때 시작되어 그것을 충족시켰을 때 끝나는 것으로 대부분의 문화권에서 사람들은 동료들에게 인정받고 승인받기를 원하며 비판받을 때 인정(승인) 받기 위해 다양한 방식으로 노력할 수도 있고 비판을 무시하고 다른 사람에게 책임을 돌리기도 한다. 반면에 동화(同化, assimilation)는 이미 학습된 지식과 능력을 이용하여 자극상황에 순응하는 과정을 설명하는 피아제(J. Piaget)의 용어이며, 동화될 수 있는 상황의 모든 측면(側面)은 변화 또는 새로운 학습을 요구하지 않는 상황이다. 즉 동화한다는 것은 어떤 의미에서는 과거에 학습된 것을 흡수하고 사용하는 것으로서, 과거에 학습된 반응들을 새로운 상황에 활용하는 것이라고 할 수 있다.[33] 이렇게 볼 때 이주자의 측면에서 적응은 소극적이고 호스트 국가의 측면에서 동화는 적극적인 행동으로 볼 수 있으며 이를 유발시키는 요인들은 다양하다.

이주자의 적응이론은 오베르크(oberg, 1960)의 '문화충격(culture shock)'이론이 적용 가능하다. 이 이론은 원래 이주자들이 다른 문화권으로 이동한 후 경험하게 되는 새로운 문화에 적응해 가는 과정으로서 'U곡선모델'이라고도 불리고 있다. 이 모델은 크게 네 단계 (우호적(honeymoon)단계, 위기(crisis)단계, 적

이라는 의미를 포함하고 있다.

32 적응: http://100.daum.net/encyclopedia/view/b19j0245a(검색일: 2016.09.22.).

33 동화: http://gall.dcinside.com/board/view/?id=psychology&no=260500(검색일: 2016.09.22).

응(adjustment) 혹은 회복(recovery)단계, 문화공존(biculturalism)단계)로 정의하고 있다.[34]

이 책은 일계인디아스포라의 일본사회와 한국사회의 문화적 적응과 동화적 측면에서 다루는 것을 목표로 하고 있기 때문에 이에 대한 적용이론은 고든(Gordon, 1964)의 동화이론이 가장 적합할 것으로 생각된다.[35] 고든(1964)은 이민자들의 동화를 단일 과정으로 보지 않고 세 가지 과정의 진행으로 보았는데, 이를 문화적 동화(cultural assimilation) 혹은 행동적 동화(문화변용), 구조적 동화(structural assimilation), 혼인적 동화(marital assimilation) 혹은 융합으로 구분하였다.[36] 특히 고든은 혼인적 동화, 즉 이주자들이 민족성의 차이를 초월하여 자유롭게 혼인할 수 있게 되면 동화가 완성된다고 보았다.[37] 특히 그는 동화의 과정에서 이주자들의 문화적 동화와 구조적 동화를 구별하였는데 문화적 동화는 상당히 진행되었지만 구조적 동화는 진행되어 있지 않은 점에 착안하였다. 여기에서 말하는 문화적 동화는 이민자들이 호스트사회의 문화, 즉 언어, 습관, 소비패턴, 가치관, 신조시스템 등을 수용하는 것으로 미국사회의 유럽계 이민자의 후예들이 여기에 속한다. 반면 구조적 동화는 상호 교제의 동화로 학교나 직장, 자발적 결사나 사교등 호스트사회의 사람과의 교류 혹은 융합을 의미한다. 이민자들이 직장이나 학교, 거주지에서 현지인들과 차별 없이 교류하지만 교회나 사교클럽, 친척관계 등 밀접한 상호작용에서는 민족의 경계선 내에서 행동하는 경우이며 대표적으로 유대인디아스포라들이 여기에 속한다.[38]

---

34 Kalervo Oberg, "Culture shock: adjustment to new cultural environments," *Practical Anthropology*, vol. 7, 1960, pp. 177-182.

35 Milton M. Gordon, Assimilation in American Life: The Role of Race, Religion, and National Origins, Oxford University Press, 1964, pp. 85-86.

36 ミルトン・M・ゴードン著 / 倉田和四生・山本剛郎訳(2000),『アメリカンライフにおける同化理論の諸相-人種・宗教および出身国の役割-』晃洋書房, p. 82.

37 村井忠政(2004),「メルティングポット論の系譜(1)-アメリカにおける移民の同化をめぐる論争史-」『Studies in humanities and cultures』2, p. 15.

38 野村達朗著(2001)「アメリカ移民史学の展開(1)-「新移民史学」以前のヨーロッパ系移民史研究-」『人間文化』(愛知学院大学人間文化研究所紀要) 第16号, p. 58-59.

제3장 일본정부의 국내외 일계인의 현지 문화적응 정책

1. 일본인의 해외이주 유형과 귀환

1) 아시아 식민지 세력권 이주

1945년 이전 조선 식민지 시기 일본은 1894년 청일전쟁과 1904년 러일전쟁을 계기로 대만과 사할린을 점령하고 중국 요동반도 및 장춘이남 지역을 조차하였으며 1910년 조선을 강제적으로 합병하여 식민지화하였다. 일본은 1914년 발생한 제1차 세계대전을 계기로 당시 독일영토였던 남양군도와 산둥 반도를 지배하였으며 1931년 만주사변 이후에는 괴뢰국가 '만주국'을 세웠다. 1876년에는 조일수호통상조약, 1896년에는 청일통상항해조약 등 불평등조약을 체결하였으며 일본인의 거류지 및 조계지로의 진출을 도모하였다. 태평양전쟁 때에는 홍콩, 필리핀, 인도차이나, 인도네시아, 말레이반도, 미얀마 등 구미 식민지였던 국가를 침략하여 식민지를 확대해 나갔다. 이러한 일본의 식민지 세력권 확대과정에서 일본인들이 해외로 대량 진출하게 되었다.

일본인의 구식민지 세력권으로의 이주는 1940년 시점에서 약 300만 명 정도가 거주하고 있었던 것으로 알려지고 있다. 이들 일본인 모두를 순수한 이주민의 범주에서 생각하는 것은 약간의 무리가 있기도 하지만 일본 식민지관료들의 현지진출 지역에서의 정착이 증가하고 기업직원들도 현지채용의 일본인들이 많았기 때문에 이주자의 형태를 띠고 있었다고 볼 수 있다. 일본인 연구자들 사이에서는 해방 전 구식민지 세력권으로의 진출을 '식민'으로 정의하고 일본 식민지 비세력권으로의 진출을 '이민'으로 구별하여 사용하고 있는 경우도 있다. 이것은 해방 전 일본정부의 정책이 미치는 식민지 세력권으로의 일본인의 이동을 정책적으로 접근하는 방식으로 이주가 일본정부의 정책적 추진과정에서 발생하였으며 진출자수, 진출형태, 체류방식 등에 큰 차이가 있었으며, 특히 대량으로 발생되었다는 점이 비세력권으로의 이주와 큰 차이를 보이고 있기 때문이다. 말하자면 그 이유는 정확히 설명하기 힘들지만 구미식민지 국가들이 식민지 세력권 국가에 자국민들을 대량으로 이주시키지 않았지만 일본정부는 무슨 이유에서인지 일본 식민지 국가에 자국민들을 대량 이주시켰다.

일본정부가 추진한 북미지역으로의 이주 대부분이 노동이민이었던 것에 비해 구식민지 세력권으로의 이민은 중소기업, 상공업자나 관리들이 대부분이었다. 이들의 일본인들의 식민지지역에서의 체류방식은 철저한 동화유형을 채택하고 있었던 것으로 보인다. 일본의 패전과 더불어 해방 이후 식민지 지역에 거주하던 일본인들 대부분은 억류나 귀환의 형태로 일본으로 귀국하였다.

1945년 해방 전후 일본인의 해외진출방식에 대하여 오카베 마키오(岡部牧夫, 2002)는 세 가지 유형으로 구분하였다. 첫째, 미국, 브라질 등 독립 주권국가로의 이동, 둘째, 동남아시자 지역 등 외국 식민지 세력권으로의 이동, 셋째, 일본의 식민지 세력권으로의 이동 등이다. 먼저 식민세력권으로의 일본인의 진출에 대해서는 농업형태의 이민으로 1930년대 후반 일본 국내에서의 경제갱생운동으로 발생한 만주이민을 들 수 있다. 만주이민은 일본제국주의가 만주를 식민지 지배하기 위한 일본인의 인적주축이 된 대표적인 농업이민으로 규정되고 있다. 기타 식민지 시기 조선으로의 일본인의 농업이주와 남양군도나 사할린으로의 농업이민 등이 있다. 일본인의 식민세력권으로의 농업이민은 그들이 소작농인가 자작농인가, 아니면 농업노동의 데카세기(돈벌이)형태인가에 따라 출신, 목적, 체류방식 등이 달라진다.

다음은 일본인의 상업이민으로 상업자본의 식민지 지역 진출을 들 수 있다. 여기에는 지주나 상업자본의 진출 이외에도 식민지 지역에서의 쌀이나 콩의 매수, 일본제품의 판매 등을 담당한 미쓰이물산(三井物産)이나 미쓰비시상사(三菱商事), 그리고 식민지 조선에서 쌀의 착취과정에서 필요했

던 대규모 정미업자의 존재들을 지적할 수 있다. 이들 식민지지역 일본인 상업자본은 일본 식민지 세력권 강화와 확대에 기여하였다. 또한 일본제국주의 전쟁체제에 편승하여 해외로 진출함으로서 사업을 확장시켜나가는 중소상인들도 존재했다. 이러한 일본인중소상공업자들이 1920년대 조선에서 진행된 동화정책과 산업진흥운동과정에서 일본인유력자와 조선인유력자 사이에 상호 협력관계가 존재했다는 사실도 우치다(内田じゅん, 2003)의 연구에서 밝히고 있다.

2) 식민지 비세력권의 이주와 귀환

일본이 전쟁으로 동남아시아 진출이후 현지 거주 일본인들의 체류상황은 다음과 같은 유형으로 구분되었다. 첫째, 일본으로 귀국한 경우, 둘째, 일본군에 밑에서 군속에 징용되거나 징병된 경우, 셋째, 연합군에 구속되어 현지 오스트레일리아에 억류된 일본인, 넷째, 새로운 국책회사나 기관에 고용되어 도항한 일본인, 다섯째, 일본패전 후 포로가 되거나 수용된 자 등이다. 이에 대해 하라 후지오(原不二夫, 1986)는 동남아시아 말라야로의 일본인 이민을 다루어 그들을 노동이민기, 소농이민기, 자본을 동반한 이민기 등 3시기로 구분하여 설명하고 있다. 이들 가운데 자본을 동반한 일본인 이민기의 경우 일본기업의 진출에 의해 일본인 노동자, 당시 식민지 상태의 대만인과 조선인노동자의 강제징용이 추진되었다. 일본인 진출지역에는 일본인회가 만들어져 일본인의 대동단결과 영사관지부의 역할을 담당하기도 하였으며 일본국책을 수행하는 기관으로서 해방이후에는 약탈의 대상이 되었다. 일본정부의 국책으로서의 이민자들의 진출정책은 일본성청이 협력하여 추진한 것으로 그 과정에서 이민자들의 호칭도 '척사(拓士)'로서 식민지 건설의 기반이 되는 인재육성이었다.

1945년 패전과 더불어 일본식민지 지역으로부터 일본 본토로의 일본

인의 귀환이라는 의미의 히키아게(引き揚げ)에 대해서 살펴보면 다음과 같다. 다카사키 소지(高崎宗司, 2002)는 조선에 체류한 일본인의 귀환을 정리한 적이 있다. 그가 정리한 귀환의 통사 내용을 보면, 귀환일본인의 제1유형은 자신들의 행동을 훌륭하다고 생각하는 타입, 제2유형은 조선시대를 회상하는 유형, 제3유형은 자기를 비판하는 유형 등 세 가지로 분류하였다.

이상에 살펴본 바와 같이 기본적으로 일본 식민지 세력권으로 진출한 일본인 이민자들은 북미나 중남미 이민자들과 크게 다른 것으로 나타났다. 하지만 최근 이들에 대한 이민 생활과 현지민족과의 접촉, 일본 귀환 후의 동향에 대하여 공통의 역사적 배경을 가진 것으로서 양자에 공통적인 논쟁들도 서서히 규명되고 있는 상황이다.

2. 재외방인의 최근 이주동향

1) 재외방인의 해외체류 동향

재외방인(이중국적자 포함)은 해외에 체류하고 있는 일본국적자로 2015년을 기준 약 132만 명으로 나타났다. 그러나 일본국적을 가지고 있지 않은 해외거주 일본인은 약 300만 정도로 이들을 '일계인'으로 정의하고 있다. 재외방인은 체류기간이 3개월 미만인 여행자 등 단기 체류자는 이동이 많아 특정 지역에서 실질적인 수를 파악하기 어렵기 때문에 이들 단기체류자는 제외되고 있다. 일본 여권법이 정해진 체류제출서의 의무도 외국에 주소 혹은 거처를 정하여 3개월 이상 체류하는 자에 한정하여 실시하고 있다. 또한 유엔 전문기관에 국제민간항공기관(ICAO)의 권고 및 사증면제 협정에서도 외국에 3개월 이상 체류하려는 자를 단기체류자와 다른 차원에서 다루고 있다.

일반적으로 재외방인의 정의는 일본을 떠나 해외에서 3개월 이상 체류하고 있는 일본국적을 유지하고 있는 자를 가리킨다. 재외방인은 장기체류자와 영주자로 분류할 수 있으며 장기체류자는 직업별(민간기업관계자, 보도관계자, 자유업관계자, 유학생/연구자/교사, 정부관계자 등)로 구분하고 있다. 장기체류자는 3개월 이상 해외에서 체류하고 있는 가운데 해외에서의 생활이 일시적인 것으로 언젠가는 일본으로 돌아갈 계획을 하고 있는 일본인을 가리킨다.

민간기업관계자는 상사, 은행, 증권, 보험, 제조업, 운수(선박, 항공), 토목, 건설, 광고, 선전(홍보), 수산, 광업, 임업, 여행알선, 창고, 부동산, 기타 영리기업 및 그 관련단체의 직원(현지 채용직원도 포함한다) 등을 가리킨다. 또한 경제단체(NGO, NPO 등을 포함하는) 직원, 외국기업(지사나 현지법인 포함을 포함한다) 직원을 포함하고 있다. 보도관계자는 신문, 잡지, 방송, 통신사 등 보도관계의 특파원과 이들 보도기관의 현지채용 직원 등을 포함하고 있다. 자유업관계자는 승려, 선교사, 문예가, 저술가, 변호사, 회계사, 바둑, 장기, 다도, 화도, 일본무용, 유도, 공수, 합기도 사범, 예술가, 예능인, 건축가, 의사, 수의사, 복장, 디자인 관계자, 이용사 미용사, 간호사, 침구사, 기타 특수 기능자, 자영업자, 기타 자유업자 등을 포함하고 있다. 유학생/연구자/교사는 국비 및 사비 유학생, 대학, 연구소 기타 교육 연구기관에서 교육 또는 연구에 종사하고 있는 자와 일본어 등의 교사를 포함하고 있다. 정부관계기관직원은 재외공관의 직원(파견직원, 가사보조원 및 현지 채용직원을 포함하고 있다)과 일본은행 및 독립행정법인 등의 직원, 일본상공회의소를 비롯한 공공성이 높은 조직의 직원, 지방자치단체 등의 해외사무소 직원, 기술협력을 위한 정부파견전문가, 기술자 및 협력대원, 유엔, 기타 국제기관 직원 등을 포함하고 있다. 또한 일본인 학교 등의 재외교육시설에 파견교원으로서 정부에 의해 파견된 자 등도 포함하고 있다.

표 3.1 재외방인의 조사통계(2015년 10월 1일 기준)

연도	총수	장기체류자	영주자
1989년	586,972	340,929	246,043
1990년	620,174	374,044	246,130
1991년	663,074	412,207	250,842
1992년	679,379	425,131	254,248
1993년	687,579	432,703	254,876
1994년	689,895	428,342	261,553
1995년	728,268	460,522	267,746
1996년	763,977	492,942	271,035
1997년	782,568	507,749	274,819
1998년	789,534	510,915	278,619
1999년	795,852	515,295	280,557
2000년	811,712	526,685	285,027
2001년	837,744	544,434	293,310
2002년	873,641	587,936	285,705
2003년	911,062	619,269	291,793
2004년	961,307	659,003	302,304
2005년	1,012,547	701,969	310,578
2006년	1,063,695	735,378	328,317
2007년	1,085,671	745,897	339,774
2008년	1,116,993	755,724	361,269
2009년	1,131,807	758,248	373,559
2010년	1,143,357	758,788	384,569
2011년	1,182,557	782,650	399,907
2012년	1,249,577	837,718	411,859
2013년	1,258,263	839,516	418,747
2014년	1,290,175	853,687	436,488
2015년	1,317,078	859,994	457,084

〈표 3.1〉에 제시한 바와 같이 2015년 10월 기준으로 일본 영토 이외의 지역에 거주하고 있는 재외방인의 총수는 1,317,078명으로 전년도 대비 26,903명(2.1%)이 증가하였으며 1968년 이후 최고치를 기록하였다. 이들 가운데 장기체류자(3개월 이상 해외체류자 가운데 해외에서의 생활이 일시적인 것으로 언젠가 일본으로 돌아갈 예정인 일본인)는 859,994명으로 재외방인 전체의 약 65%를 차지하고 있으며 영주자(해당 체류국가에 의해 영주권을 인정받고 생활의 본거지를 일본에서 해외로 옮긴 일본인을 말한다.)는 457,084명으로 나타났다. 재외방인의 증가율은 전년대비 전체 비율에서 약 2.1% 정도 증가한 것으로 나타났으며 최근 5년간 약 11%(134,521명)정도 증가하였다. 남녀별로는 남성이 633,383명(약 48%), 여성이 683,695명(약 52%)으로 1999년 이후 일관되게 여성의 증가비율이 높아 남성을 상회한 것으로 나타났다.

지역별로 재외방인의 체류 수의 추이를 살펴본 결과는 〈표 3.2〉와 같다. 지역별로 보면 북미가 재외방인 전체의 약 37%(485,864명)을 차지하여 1965년 이후 일관되게 체류 수에서 최상위를 유지하고 있다. 다음으로는

표 3.2 지역별 재외방인 체류 수의 추이(2015년 10월 1일 기준)

지역별 (%)	2006년	2007년	2008년	2009년	2010년	2011년	2012년	2013년	2014년	2015년
아시아 (29.3)	277,735	287,157	292,632	302,469	312,767	331,796	362,022	362,878	379,498	385,507
대양주 (9)	78,099	82,491	86,553	91,189	91,186	95,198	100,320	105,067	108,903	114,436
북미 (37)	414,552	422,116	436,532	437,308	442,900	454,835	472,835	474,996	477,507	485,864
중미 (0.9)	8,780	9,021	9,292	9,546	9,784	10,167	11,112	11,352	12,125	12,354
남미(6)	88,662	85,974	85,750	85,009	83,831	82,029	81,754	82,756	80,213	79,608
서구 (16)	174,138	174,713	180,742	180,622	177,380	182,836	194,878	194,406	204,711	211,445
동구/구소련 (0.7)	7,656	8,002	8,051	7,916	7,823	8,112	8,968	8,968	9,061	9,249

아시아가 약 29%(385,507명), 서구유럽이 약 16%(211,445명)순으로 나타났다. 전체적으로 북미, 아시아, 서구유럽이 전체의 80%을 차지하고 있는 것으로 나타났다. 전년대비 재외방인의 증감수에서는 북미가 8,357명, 서구유럽이 6,734명, 아시아가 6,009명 등의 지역에서 재외방인이 증가하였으며 남미에서는 605명, 아프리카에서는 30명 정도의 재외방인이 감소한 것으로 나타났다.

〈표 3.3〉은 국가별 재외방인 수를 나타내고 있다. 국가별로 미국에 전체의 약 32%(419,610명), 중국에 약 10%(131,161명)정도의 재외방인이 체류하고 있으며 이들 양국에서 국가별 재외방인의 약 40%이상이 체류하고 있는 것으로 나타났다. 3위에는 오스트레일리아로 약 6.8%, 영국이 약 5.2%, 타이 약 5.1%, 캐나다 약 5.0%, 브라질 약 4.1%, 독일 약 3.2%, 프랑스 약 3.1%, 한국 약 2.9%, 싱가포르 약 2.8% 순으로 나타났다. 이들 11개국이 국가별 재외방인 수 전체의 약 80%을 차지하고 있다. 브라질은 1976년 이후 재외방인이 감소하기 시작하여 1975년 최고치(146,488명)를 기록한 이후 약 37%(54,014명)정도 감소하였으며 재외방인의 수가 가장 많이 감소한 국가로 나타났다.

표 3.3 국가별 재외방인 수의 추이

국가명	2006년	2007년	2008년	2009년	2010년	2011년	2012년	2013년	2014년	2015년
미국	370,386	374,732	386,328	384,411	388,457	397,937	410,973	412,639	414,247	419,610
중국	125,417	127,905	125,928	127,282	131,534	140,931	150,399	135,078	133,902	131,161
오스트레일리아	59,285	63,526	66,371	71,013	70,856	74,679	78,664	81,981	85,083	89,133
영국	60,751	63,459	63,017	59,431	62,126	63,011	65,070	67,148	67,258	67,997
태국	40,249	42,736	44,114	45,805	47,251	49,983	55,634	59,270	64,285	67,424
캐나다	44,158	47,376	50,201	52,890	54,436	56,891	61,854	62,349	63,252	66,245
브라질	64,802	61,527	60,578	59,627	58,374	56,767	55,927	56,217	54,377	54,014

표 3.4 해외 장기체류자의 지역별 직업구성(2015년 10월 1일 기준)

지역별	민간기업	보도관계	자유업	유학/연구자	정부관계자	기타	합계
아시아	254,488	1,029	13,965	22,866	6,896	58,722	357,966
대양주	9,117	32	2,871	21,126	960	15,614	49,720
북미	123,589	1,867	13,111	85,243	4,233	33,136	261,179
중미	5,381	4	723	678	836	1,159	8,781
남미	4,117	32	582	524	1,018	1,142	7,415
서구	54,618	723	14,801	45,728	4,454	30,670	150,994
동구/구소련	3,887	48	522	1,590	961	939	7,947
중동	5,328	57	260	435	833	1,767	8,680
아프리카	1,937	55	402	259	3,246	1,387	7,286
남극	0	0	0	0	26	0	26
전 세계	462,462	3,847	47,237	178,449	23,463	144,536	859,994

재외방인의 직업별 구성을 살펴보면 민간기업관계자가 장기체류자의 약 54%(462,462) 정도로 가장 많았고 유학·연구자·교사가 약 21%(178,449), 기타 무직 등이 약 17%(144,536), 자유업관계자가 약 5.5%(47,237명), 정부관계자가 약 2.7%(23,463명)순으로 나타났다. 전년대비 증가비율에서 기타 무직 등이 6,164명, 민간기업관계자가 3,350명, 자유업관계자 990명, 보도관계자 182명 등이 증가한 반면 유학생·연구자·교사는 4,008명, 정부관계자는 371명 정도 감소한 것으로 나타났다.

민간기업관계자의 전년대비 증감자 수는 서구 유럽 2,228명, 아시아 2,014명, 대양주 311명, 중미 200명 등으로 이들 지역에서 증가한 반면 북미 1,362명, 남미 225명 등 이들 지역에서는 감소한 것으로 나타났다. 국가별로 살펴보면, 태국 2,317명, 독일 946명, 베트남 927명, 대만 721명, 영국 603명 등으로 민간기업관계자가 증가한 반면 중국 2,426명, 필리핀 1,715명, 미국 1,478명 등으로 민간기업관계자가 감소한 것으로 나타났다.

유학생·연구자·교사의 전년대비 증감수는 대양주 732명, 중동 45명 등으로 이들 지역에서 증가한 반면, 북미 3,142명, 서구유럽 1,279명, 아시아 246명 등에서는 감소한 것으로 나타났다. 국가별로는 캐나다 758명, 프랑스 594명, 오스트레일리아 428명, 독일 237명 등으로 유학생·연구자·교사가 증가한 반면, 미국 3,900명, 영국 1,935명, 중국 636명, 이탈리아 255명, 스페인 214명 등으로 이들 지역에서의 유학생·연구자·교사는 감소한 것으로 나타났다.

자유업관계자의 전년대비 증감자 수는 서구유럽 521명, 아시아 372명 등 이들 지역에서 증가한 반면 남미에서는 67명이 감소하였다. 국가별로는 독일 238명, 영국 154명, 태국 144명, 프랑스 98명, 베트남 97명 등으로 이들 지역의 자유업관계자가 증가한 반면 중국 79명, 미국 50명, 파라과이 47명 등에서 자유업관계자는 감소한 것으로 나타났다.

2) 일계기업의 해외진출 동향

일계기업의 정의는 일본기업 혹은 일본인이 출자하고 있는 해외기업을 가리킨다. 일계기업은 일본기업(현지법인화 되지 않은 일계기업)과 현지법인화 된 일계기업 등으로 크게 다음〈표 3.5〉와 같이 두 가지로 구분된다. 일본

표 3.5 일계기업의 현지화에 따른 구분

일계기업	구분
현지화 되지 않은 일계기업 (일본기업)	해외지점
	주재원사무소, 출장소 등
현지화 된 일계기업	일본기업이 100% 출자한 현지법인의 본점
	현지법인의 지점, 주재원사무소, 출장소
	합변기업
	일본인이 해외로 이주하여 설립한 기업

기업은 일본국내에 등기되어 있는(본사가 일본국내) 기업을 가리킨다. 일본기업의 지점과 주재원사무소, 출장소 등이 여기에 포함된다.

다음으로 현지화법인화 된 일계기업은 일본기업(일본인)이 출자하고 있는 해외 현지법인을 가리킨다. 여기에는 일본기업이 출자하고 있는 해외 현지법인과 일본인이 해외로 이주하여 설립한 기업으로 분류되고 있다.

일본기업이 출자하고 있는 해외현지법인은 일본기업이 100%출자한 현지법인과 일본기업이 외국기업과 공동으로 출자한 현지법인(합변기업)을 가리킨다. 일본기업이 100% 출자한 현지법인은 본점과 지점 및 주재원, 출장소로 구분된다. 일본인이 해외로 이주하여 설립한 기업에는 일본인이 일본기업과는 관계없이 순수하게 해외로 이주하여 설립한 기업을 말한다.

2015년 10월 기준 일본 영토를 떠나 해외로 진출하고 있는 일계기업의 총수(거점 수)는 71,129개로 전년보다 2,556개(약 3.7%)정도 증가한 것으로

표 3.6 국가(지역별) 상위 11개국 일계기업(거점) 수의 추이

국가	2006년	2007년	2008년	2009년	2010년	2011년	2012년	2013년	2014년	2015년
중국	10,758	25,764	29,199	29,876	29,959	33,420	31,060	31,661	32,667	33,390
미국	5,304	5,460	5,639	6,139	6,207	6,792	6,899	7,193	7,816	7,849
인도	462	581	810	1,049	1,228	1,428	1,713	2,510	3,880	4,315
독일	1,227	1,292	1,344	1,444	1,437	1,446	1,527	1,571	1,684	1,777
태국	1,262	1,344	1,356	1,366	1,370	1,363	1,469	1,580	1,641	1,725
인도네시아	1,376	1,265	1,296	1,287	1,278	1,308	1,397	1,438	1,766	1,697
베트남	730	820	950	948	981	1,081	1,211	1,309	1,452	1,578
필리핀	650	618	823	954	1,075	1,171	1,214	1,260	1,521	1,448
말레시아	1,199	1,233	1,183	1,121	1,184	1,172	1,056	1,390	1,347	1,383
대만	309	436	752	854	996	1,100	1,141	1,119	1,112	1,125
싱가포르	734	729	719	721	720	722	757	761	779	1,116

나타났으며 2005년 이후 최고치를 기록했다. 이 가운데 '현지법인화 된 일계기업' 혹은 일본인이 해외로 이주하여 설립한 기업이 약 47%(33,277개)로 현지법인화 되어 있지 않은 일계기업(일본기업의 지점, 주재원사무소 및 출장소 등)이 약 6.6%(4,665개), 구분이 불확실한 미확인 기업이 약 47%(33,187개)로 나타났다. 전년대비 증감률은 2014년 약 7.5%정도 증가하여 2015년에는 약 3.7%정도 증가하였다. 일계기업은 최근 5년간 약 14%(8,834개)정도 증가한 것으로 나타났다.

국가별로는 아시아가 일계기업 전체의 약 70%(49,983개)을 차지하여 2005년 이후 일관되게 상위를 유지하였다. 다음으로 북미 약 12%(8,649개), 서구유럽 약 8.1%(5,773개)의 순으로 나타났다. 이들 세 지역에서 전체 약 90%의 일계기업이 진출한 것으로 나타났다. 전년대비 증감자 수에서는 아시아 1,780개, 남미 276개, 서구유럽 196개, 중미 145개 등 이들 전 지역에서 일계기업이 증가한 것으로 나타났다.

표 3.7 일계기업 거점 수 추이(2015년)

연도	총수	일본기업	현지법인기업	현지법인화 미확인기업
2005년	35,134	5,286	24,790	5,058
2006년	32,495	4,652	26,090	1,753
2007년	48,831	4,846	27,542	16,443
2008년	54,168	4,936	29,604	19,628
2009년	56,430	4,920	29,816	21,694
2010년	57,332	5,034	30,592	21,706
2011년	62,295	5,543	32,978	23,774
2012년	60,788	3,608	51,123	6,057
2013년	63,777	3,533	29,021	31,223
2014년	68573	4,322	31,439	32,812
2015년	71,129	4,665	33,277	33,187

지역별로는 중국이 일계기업 전체의 약 47%(33,390개), 미국이 약 11%(7,849개)정도 진출하여 이들 양국에서 일계기업의 약 60%를 차지하였다. 다음으로 3위 이하는 인도가 약 6.1%(4,315개), 독일 약 2.5%(1,777개), 태국 약 2.4%(1,725개), 인도네시아 약 2.4%(1,697), 베트남 약 2.2%(1,578개), 필리핀 약 2.1%(1,448개), 말레시아 약 1.9%(1,383개), 대만 약 1.6%(1,125개), 싱가포르 약 1.6%(1,116개) 순으로 나타났다. 지역별로 이들 11개국이 전체 일계기업의 약 80%을 차지하였다.

이들 지역가운데 인도는 2005년 일본에서 통계조사를 개시한 이후 일계기업 수가 매년 대폭 증가하여 국가별 순위에서 3위로 나타났다. 전년대비 증감자 수는 중국이 723개, 인도 435개, 싱가포르 337개, 파라과이 196개, 멕시코 143개, 베트남 126개, 독일 93개, 미얀마 87개, 태국 84개 등으로 이들 지역에서 일계기업이 증가한 반면 필리핀 73개, 인도네시아 69개, 영국 63개 등 이들 지역에서는 일계기업이 오히려 감소한 것으로 나타났다.

3) 해외거주 재외방인 및 일계인대회

현재 일본에서는 해외 거주 재외방인 및 일계인을 대상으로 해외일계인대회와 오키나와 우치난츄대회를 개최하고 있다. 이들 대회는 각각 구성원과 개최지역 등 약간의 상이성이 있기 때문에 이에 대해 상술하고자 한다.

먼저 일계인 글로벌네트워크 구축을 위한 해외일계인대회는 1941년 제2차 세계대전이 발발하자 미국 각지에 거주하던 재외방인, 일계인 2세 등 약 12만 명이 미국의 강제이주 집단수용소에 수용되었다. 일본에서는 이들을 위해 된장, 간장, 일본어서적 등 위문품을 적십자사를 통해 일계인 강제이주 수용소에 전달했다. 1945년 9월 재미일계인은 패전의 혼란, 식량, 생활필수품조차 없는 일본의 비참한 상황을 보고 1946년부터 1952년까지 우유가루, 식료품, 의료지원품 등을 "라라물자와 함께 일본으로 보냈다. 당시 '라라물자'는 미국기독교단체, 노동조합을 중심으로 결성된 아시아 지원조직의 명칭으로 'Licensed Agencies for Relief in Asia'의 머리글자를 따서 '라라물자'라고 지칭하였다.

일본정부는 1946년 6월부터 1952년까지 당시 환율로 외국으로부터 송금총액이 400억엔을 초과하였으며 이들 중 80억엔이 해외거주 일계인으로부터 보내온 것이었다. 1946년 6월에는 워싱턴의 구제통제위원회가 인가되어 활동을 개시하였다. 이것을 계기로 미국, 캐나다, 멕시코, 브라질, 아르헨티나 등에서 일본 구제를 위한 일계인 조직이 탄생하여 지원활동을 개시하였다. 1956년에는 일본 국제연합국가연맹이 실현된 계기로 지금까지 일계인의 오랜 노고를 위로하고 모국에 대한 따뜻한 동포애를 감사하기 위하여 일본 국회의원들이 중심이 되어 1957년 5월 국제연합가맹기념 해외일계인 친목대회를 동경에서 개최하였다. 이것이 제1회 일계인대회였다. 1960년 제2회 대회부터는 해외일계인대회로 개칭하고 1962년 제3회 대회부터 매년 대회를 개최해오고 있다. 해외일계인대회의 개최목적은 해외 및 국내에 체류하는 일계인들이 모국의 한 곳에 모여 거주국의 실정을 일본에 알리고 이와 더불어 국제교류, 국제이해, 국제친선을 도모하고 일본 이해를 촉진시키는데 있다. 참가자격은 해외에 거주지를 두고 영주목적을 가지고 생활하고 있는 일본인 및 그 자손인 일계인 2~4세 등으로 국적, 거주지, 혼혈관계에는 제한이 없다.

먼저 일계인대회의 개최연월일을 살펴보면 제1회부터 제41회까지 주로 5월에 개최하였지만 제42회부터는 10월에 개최하는 것으로 나타났다.

대회장소를 살펴보면 일본 내 회관이나 일본 헌정기념관에서 대회를 주로 개최하였고 특별히 제9회 대회는 하와이, 제48회는 상파울루시에서 개최한 적이 있다. 참가자대표는 일계인이 가장 많이 살고 있는 지역을 중심으로 미국, 브라질, 페루, 파라과이, 아르헨티나, 콜롬비아, 볼리비아, 멕시코, 도미니카공화국 출신 일계인들이 교대로 대표자가 되어 대회를 이끌고 있었다. 그러나 일계인들이 가장 많이 거주하고 있는 미국이나 브라질 출신의 일계인들이 가장 많은 대표자를 배출하고 있다.

해외일계인대회에 참가하는 참가국수의 추이를 살펴보면 적게는 8개국에서 많게는 23개국까지 분포되어 있으며 최근에는 참가국수가 증가한 것으로 나타났다. 그러나 참가국수가 늘어난 것과는 반대로 참가자수는 매년 조금씩 감소하는 추세를 보이고 있다. 이러한 현상은 먼저 해외 거주하는 일본인들이 일계인4~5세 시대로 접어들면서 일계인의 민족정체성 약화, 또 하나는 글로벌시대 정보전달이 용이하여 일계인대회 개최정보 자체가 일계인들이 거주하는 지역에 쉽게 전달된 것으로 설명될 수 있을 것이다. 즉 글로벌시대 일계인네트워크가 크게 확대된 현상이라 할 수 있다.

다음으로 전 세계 오키나와 지역 출신을 중심으로 개최되는 일계인대회가 세계우치난추(世界のウチナーンチュ)대회이다. 오키나와 현은 일본에서 해외로 이민을 가장 많이 진출한 현 가운데 하나이다. 1945년 패전 후 많은 오키나와인들이 해외로 이민하여 현재 북미, 남미를 비롯한 세계 각지에 약 40만 명의 오키나와 현 출신 오키나와 겐케이진(県系人)이 해외에 체류하고 있다. 이들 해외거주 오키나와인들을 중심으로 5년에 한 번씩 오키나와 현에서 개최되는 대회를 '세계우치난추(오키나와인)대회'라고 한다. 1868년 메이지시대 전후 약 1세기에 걸쳐 이루어진 일본인의 이민역사 가운데 많은 오키나와 현 주민들이 이주지에 정착하여 이주사회의 구성원으로서 정치, 경제, 사회, 학술 등 각 분야에서 활약하고 있다.

이러한 이주역사를 배경으로 오키나와 현이 자랑하는 현 출신의 인적 자산(Human Capital)인 해외 겐케이진(県系人)의 글로벌 네트워크를 구축하고자 1990년에 개최한 것이 '제1회 세계우치난추대회'였다. 제1회 대회에서는 세계 17개국 2개 지역에서 2,397명의 오키나와인 현 출신자들이 참가

하였다. 그리고 5년 후인 '제2회 세계우치난추대회(1995년)'을 계기로 경제 교류 촉진을 목적으로 한 겐케이진(県系人)의 비즈니스 네트워크(WUB: World Uchinanchu Business Association)를 설립하였다. 제2회 대회 참가자는 3.922명으로 2001년 개최된 제3회 대회에서는 4,325명이 참가하였다. 제4회 대회는 2006년 10월 12일~15일까지 4일간 세계 21개국 3개 지역 4,937명의 오키나와현 출신자들이 참가한 가운데 오키나와 현에서 성대하게 개최되었다. '세계우치난츄대회(世界のウチナーンチュ)'는 지금까지 제4회 대회를 거치면서 세계에 흩어져 있는 겐케이진(県系人)을 중심으로 우치난추네트워크 구축을 모색하고 있다. 그 가운데 하나로 민간대사제도나 WUB(World Uchinanchu Business Association)대회, 주니어 스터디 투어, 호스트패밀리뱅크 등을 설립하여 네트워크 구축을 도모하고 있다.

또한 약 1세기에 걸친 일본인 해외 이민 역사 가운데 해외 겐케이진(県系人)공동체에서도 네트워크를 담당할 차세대인재육성이 큰 문제로 부상하면서 우치난추네트워크에 대한 오키나와현민간의 상호교류와 이해촉진을 위해 노력하고 있다.

2011년 10월 13일부터 10월 16일까지 개최된 제5회 대회에서는 지속적, 발전적 교류를 촉진하는 장으로서 향후 중요한 역할을 담당할 것을 기대하여 "세계우치난추네트워크가 세계인의 풍요로운 공생사회 실현에 공헌한다." 라는 취지를 가지고 개최되었다. 주요 목적은 '세계에 열린 교류와 공생의 섬'으로 우치난추네트워크, 정체성의 차세대 계승, 오키나와현민과 세계우치난추와의 교류촉진, 우치난추네트워크의 글로벌 전개 등을 확대하는 데 있었다.

4) 해외일계인대회의 최근 동향(2000년 이후)

최근 2014년도 10월 22일부터 24일까지 3일간 도쿄에서 개최된 제55

회 해외일계인대회의 개최선언문을 보면 다음과 같다. 일계인대회 선언문에서 "해외 각지 및 일계인대표 유지는 일본문화를 창조하는 해외일계인－일본식문화의 전개에서 보여주는 저력"이라는 종합주제로 다음과 같은 3개의 분과회(제1분과 일본문화의 계승과 전개, 제2분과 일계사회와 비즈니스연계, 제3분과 새로운 인재를 담당하는 일계 청년)을 통해 뜨거운 논쟁을 벌였다." 그리고 여기에서 다음과 같은 7개의 결의안을 발표하였다.

(1) 일본문화의 계승과 발전

일본문화 계승을 위해 노력하는 일계인들은 해외에서 수용되어 진화를 계속하고 있는 일본식문화를 자랑으로 창조성을 연마해 나가야 한다. 습관화 된 일본 음식은 잊을 수 없는 고향의 맛이다. 해외이주자의 생활 가운데 음식은 최대의 관심사의 하나이다. 이주의 선구자들은 일본의 식재를 손에 넣기 위해 노력하고 궁리를 거듭하여 일본음식을 현지에서 재현했다. 그리고 서서히 이주지 사람들의 흥미를 높이고 일본음식이 일본문화를 이해하는 중요한 루트가 되었다.

현재 일본요리는 위화감 없이 어디든지 수용되어 전 세계 각지에서 높이 평가받고 있다. 해외일계인의 입장은 이주과정에서 창조된 '일본요리'를 일본음식에 가까워지도록 노력하는 것이 아니다. 반대로 일본요리가 일상 음식 중에서 다양한 연구를 통해 현지에 정착하고 일본축제나 가정에서 축하의 장을 통해 일본문화의 이해와 보급에 도움을 주었다는 것을 호소하는 것이다. 2014년 일본식문화가 유네스코 무형문화유산에 등록된 것은 해외에 거주하는 일계인의 자랑이다. 일계인들은 일본음식문화를 존중하면서 세계 각국에서 일본음식의 발전에 반영된 창조력을 앞으로도 계속 발휘해 나가야 한다.

(2) 일계사회와 비즈니스연계

일계인들은 해외에 진출한 일본기업의 파트너로서 협력하고 있다. 단일 민족국가 성격이 짙은 일본에서는 지금까지 다른 종교나 사상을 가진 사람들과 협력해 나가는 것이 어렵다고 여겨져 왔다. 한편 일계인은 지금까지 이주 국가의 문화와 일계문화를 모든 가진 우수한 인재를 많이 배출하고 있다. 일본기업의 다국적화가 진행되고 있는 가운데 이미 일계인 기업가, 변호사, 공인회계사 등이 폭넓게 일본기업에 협력하고 있는 추세이다.

일본이 외국과의 경쟁에서 이기기 위해서는 이러한 일계인의 활약이 필요한 시기가 되었다. 일본 대기업의 해외진출은 증가하고 있지만 중소기업의 진출은 아직까지 그리 활발하지 않은 편이다. 일계인과 일계사회는 기업진출의 좋은 파트너가 될 수 있다. 진출지역으로서 중남미를 중심으로 하는 일계인사회에 앞으로 관심을 가지고 나가야 한다. 일본기업의 중남미진출세미나, 기업의 일계연수원 수용 등에 협력하고 진출일본기업에 대한 협력도 매우 중요하다.

(3) 새로운 인재를 담당하는 일계 청소년

일계인청소년은 다양한 문화를 기반으로 한 사회에서 태어나 성장하면서 몸에 간직한 일본문화 보급을 도모하는 한편 국제비즈니즈 발전에도 공헌해 오고 있다. 일계청소년은 일본과 모국이라는 양국문화에 정통한 다문화적 재능을 가지고 있으며 양국 간의 거리를 좁히는 중요한 매개역할을 담당할 수 있다. 일본기업이 해외로 진출할 때에는 일본문화와 습관을 전달하여 비즈니스를 성공적으로 이끌고 일본과 모국 간의 가교역할을 담당할 수 있다. 이러한 사례가 일계인대회에서 취급한 일본음식의 보급으로 식품관련 일본기업이 해외진출 시 다양한 아이디어와 노하우를 제공하는 것이 가능할 것이다. 일계청소년의 공헌의 장으로서 자국에서 일본문화의 보급에 노력하는 것으로부터 진출한 일본기업을 위해 일하는 것, 국제적인 비즈니스 교육 촉진과 폭넓은 분야까지 활약을 기대할 수 있다. 일본기업의 대부분은 기존에 일계인을 "일본어가 가능한 심부름꾼" 정도로 취급하는 풍조가 강하게 남아있지만 일계인의 능력, 일본어 운용력을 정당하게 평가받기를 원하고 있다.

(4) 이중국적을 허용하도록 일본정부에 요청

외국국적을 취득한 일계인 1세에게 "일본국민은 자기 희망에 의해 외국국적을 취득한 경우 일본국적을 상실한다."라는 일본국적상실규정은 일본인으로서 공동체 일원으로 계속 남아있기를 바라는 희망을 거부하게 하고 있다.

이중국적자에 대해서는 각각의 국적국에서 그 국가의 국민이 되며 일본국민으로서 인정되도록 정부에 요청하고 있다. 한편 국적법개정 이전에 합법적으로 이중국적자가 된 자 및 미성년자의 경우 국비유학의 신청이나 일본관광철도패스의 구입 불가 등의 사태가 발생하고 있다. 이러한 사안의 개선을 요구하고 있다.

(5) 해외일계인에 대한 일본정부의 직접적인 정보발신 기대

아베정권 발족 이후 수상에 의한 외국방문이 활발해져 각국 원수, 수상, 주요 각료와의 회담결과나 일계인, 일계단체에 대한 아베수상의 메시지가 각각의 나라에서 발행되고 있는 일본어신문을 통해 상세히 전달되도록 할 필요가 있다. 또한 일계인들은 현지에서 아베수상의 방문국에서의 일계인과 일계단체와의 교류기회가 증가하도록 요구하고 있다. 이러한 교류 기회가 지속되도록 기대함과 동시에 해외홍보의 강화를 기대하고 있다.

(6) 일본축제 등 문화이벤트에서 '쿨저팬(Cool JAPAN)' 확대

일계인들은 세계 각국에서 일본축제나 일본문화주간이라는 이벤트를 개최하고 있다. 축제의 개시 당시는 일본인을 중심으로 한 봉오도리(盆踊り), 포장마차 정도였는데 지금은 상파울루시의 일본축제나 로스앤젤레스시의 '일계인 2세 축제'에서 보여주는 것과 같이 개최도시의 중요한 대형 축제로 자리 잡고 있다. 일반시민들이 많이 참가하여 '쿨저팬'을 체감하는 장소가 되고 있다. 일본문화에 대한 이해가 증가함에 따라 일본 오리지널을 요구하는 눈높이도 생기고 일계인 자조노력만으로는 한계가 나타나고 있다. 일본정부 및 전국 도도부현에서는 일계인이 기획 운영하는 일본 이벤트를 적극적으로 지원하여 참가하고 활용하도록 기대하고 있다.

(7) 관광입국을 주장하는 일본으로서 관광비자의 개방촉진 요구

외국인 관광객을 2,000만 명 이상 늘린다는 목표를 세우고 있는 일본정부로서 관광비자의 개방촉진을 요구하고 있다. 특히 브라질은 최대 일계인 사회로 2016년, 2020년 일본－브라질 올림픽 개최를 맞이하여 시급히 검토되어 시행되기를 일본정부에 요청하고 있다. 2016년도에는 제57회 일계인대회가 10월 24~26일까지 3일간 '21세기의 일계인상'이라는 주제로 도쿄 JICA빌딩 대회장에서 세계19개국 203명(브라질 71명)이 참가한 가운데 성대히 개최되었다. 이 대회에서는 이중국적의 유연한 대응, 재외선거제도의 간소화 등 7개 항목의 대회선언문이 결의되었다.

먼저 제1분과회에서는 "일계인의 상상력을 살린다."라는 주제로 해외 일계인 300만 명의 존재를 국내외에 널리 알리고 이를 위해 교과서에 소개할 필요가 있다는 것을 피력하였다. 제2분과회에서는 비즈니스에 일계인의 활용에 대하여 21세기 일계인은 글로벌 인재로서 귀중한 자산이며 일본기업은 이들의 활용방법을 강구해야 한다는 것을 주장하였다. 제3분과회에서는 대회에 참가한 유학생과 연수생들의 논의의 장소로 "우리들은 글로벌 인재이며 일본과 해외를 연결하는 역할을 담당하고 있다. 재일 일계인들은 일본인의 일계인에 대한 의식이 변화하도록 정보를 제공하고 공유할 필요가 있다."라는 주제로 진행되었다.

이상과 같이 일계인 사회는 국내외의 변화에 민감하게 반응하고 있으며 일본은 재외방인과 일계인에 대한 기초적인 생활지원에서 다문화공생으로의 정책변화의 필요성을 실감하고 일계인을 휴먼파워로서 활용하는 방안, 일계청소년을 일본과 거주국의 가교역할로 활용하는 방안, 일계4세 이하에도 체류자격 기회의 배려, 일계인 이중국적자에 대한 일본국적 부여 등 유연한 대응, 일계인 사회에서 활동하는 비일계인의 육성과 활용방안, 재외선거권의 간소화 등을 주장하고 있다.

5) 일계인 활용 및 일본기업 해외진출 정책

(1) 일본인 해외 이주국에서의 환경변화와 문제에 대응

현재 전 세계에 북미와 중남미를 중심으로 300만 명 정도의 일본인 해외이주자 및 일계인들이 거주하고 있다. 일계인들은 정치, 경제, 교육, 문화 등 다양한 분야에서 활약하고 있으며 이주국의 발전에 기여하고 있다. 특히 일계인들은 일본과의 '가교역할', 파트너로서 양국 간의 연계강화 및 관계의 긴밀화에 중요한 역할을 담당하고 있다.

독립행정법인국제협력기구(JICA)는 일본정부개발원조(ODA)의 수행기관으로 설립목적은 개발도상국에 대한 기술협력(전문가파견 및 해외기술연구원 수용 등), 자금협력, 일본국민 및 단체 등에 의한 국제협력활동 지원(청년해외협력대원파견 등) 등을 시행하는데 있으며 일본전국에 15개 거점을 구축하고 있다. 자이카(JICA: Japan International Cooperation Agency)는 1945년 전후 일본 정책에 의해 중남미 등으로 이주한 이민자들에 대해 이주국에서의 정착과 생활 안정을 도모하기 위해 이주투자 및 융자사업(토지구입, 영농자금 등의 대출)과 입식지 사업(토지조성 및 분양), 기반정비사업(농업생산, 생활환경, 의료위생, 교육기반정비 등)을 2005년까지 수행해 왔다.

알려진 바와 같이 일본인의 새로운 이주희망자가 크게 감소하고 있는 상황에서 이주국에서는 일계인 사회의 성숙에 따른 세대교체가 급속히 진행되고 있다. 또한 일계인 이민1세의 고령화와 일본으로의 귀환이민 등에 의해 일본 내 일계인 사회에서는 공동화 현상이 발생하고 있다.

이러한 사회적 현상에 대하여 JICA는 해외이주자 및 일계인에 대하여 고령자 복지 및 인재육성을 중심으로 지원에 박차를 가하고 있다. 또한 일계인 사회와의 연계, ODA와 민간 비즈니스 활동의 연계를 추진하고 중남미지역에서 활약하고 있는 일계인 정치인과 일계인들이 경영하고 있는 기업을 파트너로 일본 내 민간부문 등과 연계한 협력네트워크 구축을 모색하고 있다.

(2) 일본정부의 해외이주자 및 일계인 지원정책

일본인 해외이주자 및 일계인 지원을 위한 JICA의 지원정책 및 사업은 다음과 같다. 먼저 일계인 관련 지식보급으로 2002년에 일본 요코하마시에 개관한 해외이주자료관에서는 해외이주의 역사와 일계인 사회의 현상 등에 대한 자료의 상설전시 및 기획전시, 웹사이트에 의한 일계인 관련 정보를 제공하고 있다. 특히 일본 내 일반인과 특히 차세대를 담당하는 일본의 젊은 세대들에게 일본인의 해외이주 역사 및 이주자와 그 자손인 일계인에 대한 이해를 돕기 위해 다양한 정보들을 제공하고 있다.

일본정부의 해외이주국에서의 지원에 대해서는 의료위생분야에서 2014년도 파라과이, 볼리비아에 있는 5개의 이주지진료소와 브라질 아마조니아 병원의 운영, 브라질 순회 진료 등을 실시하고 있다. 또한 일계인 고령자 복지 및 의료수요와 지원희망이 높은 도미니카공화국, 브라질, 아르헨티나, 볼리비아에서는 의료보험가입, 개호복지요양, 건강진단 및 일일서비스 활동 등을 시행하였다. 일계인의 교육문화분야는 2014년도 일본어교육대책으로서 현지일계인 일본어교사 양성 및 확보를 위해 교사합동연수회 실시, 교사에 대한 사례금 지급, 현지일본어교사의 제3국 연수 실시, 브라질일본어센터 일본어 조사연구사업 등을 실시하였다. 일계인 시설 등의 정비사업으로는 2014년도 파라과이 지역개발사업을 수행하기 위한 경비를 지원하였다.

해외이주자녀의 인재육성 지원정책으로는 일계인 사회 차세대육성을 위한 연수사업을 실시하였는데 중남미 다양한 국가와 캐나다의 일계인 단체가 운영하는 일본어학교에 다니는 일계인 자녀들을 일본으로 초청하여 공립중학교에서의 입학체험이나 홈스테이 등을 통해 일본 문화와 사회에 대한 이해를 돕는 기회를 제공하고 있다. 2014년도에는 일계인학생 50명이 초청되어 연수를 받았다. 이와 더불어 일계인사회 리더 육성사업을 실시하여 일본 대학원에 유학하는 일계인에 대한 생활지원으로 일본 내 체류비, 학비와 수업료 등을 지원하고 있다. 2014년도 신규지원 대상자는 모두 총 5명이었다.

일계인사회와 지역사회 지원사업으로는 중남미지역의 일계인사회에서 해외이주자 및 일계인들과 함께 생활하면서 일본어교육과 보건, 복지 등의 분야에서 협력하는 청년과 시니어 보란티어(일계인 사회 보란티어)를 일계인사회에 파견하고 있다. 2008년에는 새로운 지원정책으로 일본국내 국공립학교의 교원을 브라질 현지공인학교에 파견하는 '현직교원특별참가제도(일계인)'을 창설하여 2014년도에는 2명의 교원을 장기간(1년 9개월) 파견하기도 했다. 이러한 경험을 살려 일본 국내에서의 일계인 자녀 교육에 대해 보다 적절히 대응하고 활약할 수 있을 것으로 기대하고 있다. 또한 2012년도에는 일계인 사회에 단기 보란티어 파견을 시작하여 2014년도에는 31명을 파견하는 성과를 거두었다. 거기에다 일본 국내대학, 지방자치단체, 공익법인, 민간기업 등의 제안으로 중남미국가로부터 일계인연수생을 대거 수용하여 각국의 국가만들기 프로젝트 협력과 국가를 초월한 교류촉진을 도모하고 있다. 2014년도에는 144명을 수용하여 지원하는 성과를 거두었다.

일계인사회와 기업 및 민간부문과의 연계지원사업으로 JICA는 일본기업과 일계인들이 경영하고 있는 기업과의 파트너쉽 촉진을 도모하는데 노력하고 있다. 이 사업은 2014년 3회째를 맞이하여 중남미민간연계조사단을 브라질과 페루에 파견하여 일계인 사회와의 연계강화를 도모하기도 했다. 그 결과 JICA민간연계사업인 안건화 조사, 중소기업연계촉진기초조사, 민간연계보란티어활동, 일계인연수를 활용하는 참가기업도 나타났다. 일본인 해외이주자 및 일계인 단체에 대한 자금 대출은 2005년에 종료되어 지금은 자금회수만 실시하고 있다.

(3) 일본정부의 세계오키나와출신 대회(우치난츄대회) 지원과 기업 지원 정책

일본국내 중에서도 해외이주자들이 많이 거주하고 있는 오키나와 현에서는 1945년 전후 많은 오키나와 현 주민들이 해외로 이주하여 현재 북미와 남미를 중심으로 세계 각지에 40만 명 정도가 생활하고 있다. 우치난츄대회는 일본인 해외이주자 사회에서 오키나와 현 출신과 일계인 청년세대가 주체가 되어 오키나와 현 출신과 일계인 사회와의 네트워크 구축을 위해 노력하고 있다. 이 대회는 2016년 오키나와 현에서 10월 19일에 개최되었는데 해외에서 약 7,000명 정도가 참가하고 오키나와 현 내 33개 민간기업이나 단체가 참가하여 오키나와 현 출신과 일계인사회와의 네트워크 구축 협력에 노력하였다.

이 행사를 주관한 JICA오키나와 현에서는 지금까지 계속해서 '중남미 일계인사회와의 연계조사단' 파견 등을 통해 오키나와 현 내 기업과 오키나와 현 및 일계인 사회와의 연계를 지원해왔다. 이 사업의 성과로 2014

년 일본기업의 해외전개 지원사업에서 채택된 오키나와 현 기업 수가 4개사, 전개 대상국이 4개국으로 2010년 개시 이후 누계 총 17개사 1개 단체, 전개대상국가 12개국의 성과를 거두었다.

반대로 오키나와 현에 설립된 기업의 해외전개 지원정책 사업으로는 개발도상국의 경제성장과 지속적인 사회발전, 빈곤극복을 위한 민간기업이나 민간자금의 중요성이 날로 증가하고 있는 상황에서 시행하고 있다. 일본 기업의 해외전개 지원사업은 일본의 경제적 환경, 기후변화, 식량, 자원 등 글로벌 문제에 직면하고 있는 상황에서 이러한 문제를 해결하기 위한 민간부문의 역할이 결정적으로 중요해지고 있기 때문이다. JICA는 개발협력의 파트너인 민간기업, 민간비즈니스와 파트너쉽을 한층 강화하고 일본기업이 개발도상국에 해외전개를 검토할 때 수행하는 정보수집과 사업화조사 등의 사전조사, 개발도상국 및 일본 내에서 실시하는 제품, 기술, 서비스 프로모션활동에 대한 지원을 2010년부터 시행하고 있다.

또한 과거 ODA에서 실시한 개발도상국에서의 법제도정비, 전력·수도·운송 등 기반정비, 산업인재육성, 투자환경정비 등 비즈니스 환경정비도 일본 민간기업의 개발도상국 진출이 용이하도록 강화하고 있으며 개발도상국 – 민간기업 – ODA의 상생전략(Win – Win) 관계의 구축 및 유지에도 노력하고 있다. JICA의 일본기업 해외전개지원사업이 본격화된 2010년부터 현재까지 오키나와 현 내 17개사 기업 및 1개 단체가 이 사업을 활용하였으며 2014년 본 사업에서 환경 및 에너지, 폐기물처리, 의료기기 분야에서 강한 오키나와 현 기업 4개사가 채택되었다. 이 사업을 통해 오키나와 현 기업의 우수 제품과 기술이 국내외에 평가되고 해외전개 지원 기업과 연계되어 오키나와 현 경제와 산업진흥에 기여하고 있다.

중소기업 대상 해외전개지원사업을 살펴보면 JICA는 2012년부터 일본기업 해외전개지원사업 중 중소기업에 한정된 3개의 해외전개지원사업을 추가로 실시하고 있다. 이 사업은 2개의 중소기업대상 해외전개지원사업인 모델 안건화조사 및 보급 실증사업과 JICA의 일본기업의 해외전개를 위한 인재육성지원사업인 민간연계 보란티어 파견 사업을 조합한 형태를 띠고 있다.

6) 일본 내 일계인의 관리 정책

일본 내 일계인의 현황과 변화추이를 살펴보면 1991년부터 증가하기 시작하여 2008년도에는 31만 명에 달했던 일계브라질은 2015년에 173,000명 정도로 급감하였다. 이러한 일계브라질인의 급감의 배경에는 출신국인 브라질이 2008년 리먼쇼크로부터 발 빠르게 경제성장을 회복하며 일본경제에 불황을 예상한 많은 일계브라질인들이 브라질로 귀국했기 때문이다. 인구 100명 당 일계브라질인들이 가장 많은 지역은 시즈오카 현(静岡県)으로 0.70명에 달했으며 다음으로 미에 현(三重県), 아이치 현(愛知

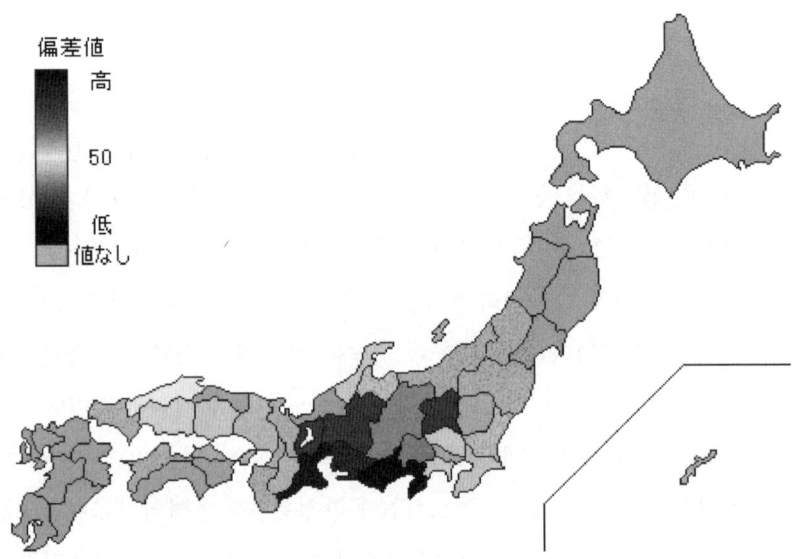

그림 3.1 일본 내 일계인 집거지역[1]

표 3.8 일본 내 일계인 집거지 순위(2014년)

순위	도도부현	총수	인구 100명 당
1	시즈오카 현(静岡県)	26,025	0.70
2	미에 현(三重県)	12,250	0.67
3	아이치 현(愛知県)	47,076	0.63
4	군마 현(群馬県)	11,832	0.60
5	시가 현(滋賀県)	7,581	0.54
6	기후 현(岐阜県)	9,801	0.48
7	후쿠이 현(福井県)	2,740	0.35
8	야마나시 현(山梨県)	2,550	0.30
9	시마네 현(島根県)	2,022	0.29
10	나가노 현(長野県)	5,128	0.24
11	도쓰기 현(栃木県)	4,239	0.21
12	이바라키 현(茨城県)	5,615	0.19
13	도야마 현(富山県)	2,035	0.19
14	사이타마 현(埼玉県)	7,175	0.10
15	가나가와 현(神奈川県)	8,236	0.09

県) 순으로 높게 나타났다. 또한 주민의 10%정도가 일계브라질인으로 알려진 군마 현 오이즈마마치(群馬県大泉町), 기타간토(北関東), 나가노 현(長野県), 야마나시 현(山梨県)이 상위를 차지하였다.

일계브라질인의 분포지역을 보면 대부분의 일계브라질인들은 아이치 현 주변이나 기타간토에 거주하고 있으며 다른 지역과 확실히 구분되고 있다. 이들 일계브라질인들이 거주하고 있는 지역은 제조업종사자 수나 공업생산액, 제조업 사업소수와 상관관계가 높은 곳으로 나타났다. 또한 제조업이 많고 공업생산액이 높은 지역에 일계브라질인들의 거주 숫자도

1 일본 내 일계인 집거지역에 대해서는 http://todo-ran.com/t/kiji/11623참조 (검색일: 2013년 8월 22일).

많은 것으로 나타났다. 일계브라질과 같이 뉴커머로 불리는 중국인들이 도시부에 집중되어 있는 것과는 대조적으로 이들은 제조업이 집중된 지역에 집거하고 있다.

일본 전국 제조업종사자 수는 740.3만 명으로 생산연령인구 100만 명당 9.37명 정도이다. 인구 100명당 종사자 수가 가장 많은 지역은 도야마 현으로 18.79명 정도에 해당된다. 다음으로 제2위는 시즈오카 현 17.20명, 3위는 미에 현 17.07명, 제4위 이하는 시가 현, 아이치 현, 군마 현이

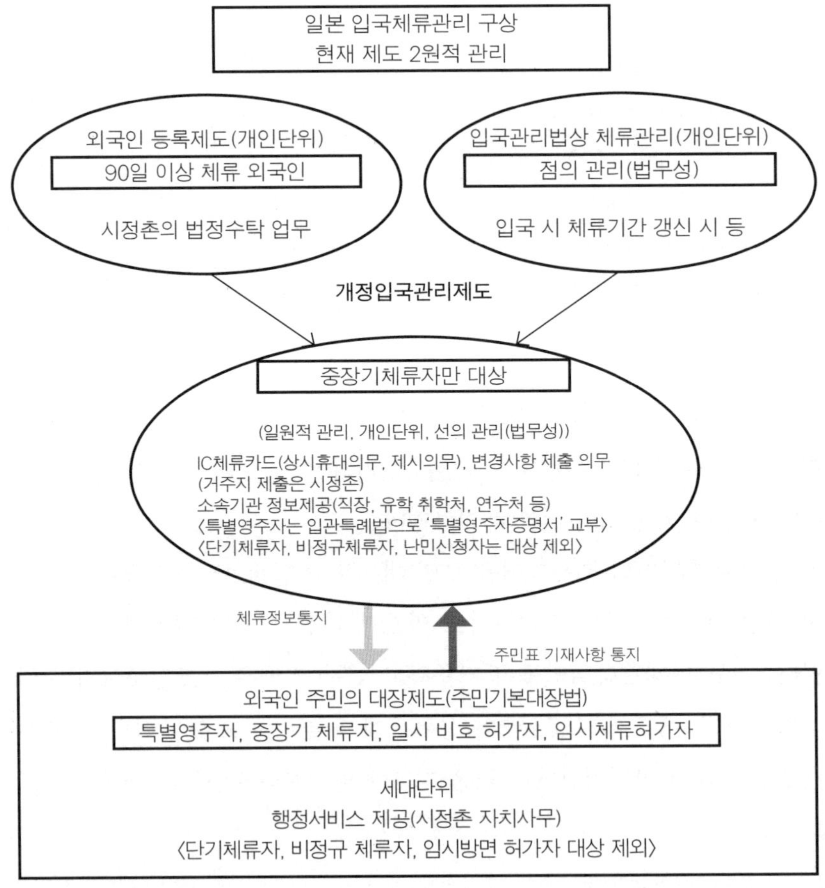

그림 3.2 법무성입국관리국 노동정책에 따른 외국인 입국관리시스템 전체 구상도[2]

다. 도야마 현은 금속제품, 시즈오카 현은 공업제품의 생산이 가장 높은 곳이다. 일본 전국의 공업생산액은 292.09조 엔으로 생산연령인구(생산연령인구 15세 이상 65세 미만의 인구) 1인당 370만 엔 정도이다. 1인당 생산액이 가장 높은 지역은 미에 현으로 939만 엔이면 전국 평균 2.5배에 달했다. 2위는 아이치 현으로 888만 엔, 3위 이하는 야마구치 현, 시가 현, 시즈오카 현 순으로 높은 것으로 나타났다. 이들 분포지역을 보면 자동차공업을 중심으로 공업이 번성한 동해지방과 세토나이카이(瀬戸内海) 연안, 기타간토(北関東)의 공업생산액이 높은 것으로 나타났다. 이들 지역은 자동차 관련 공장과 공업지대가 많은 지역들이다. 일본 경제산업성이 공업통계조사로부터 발표한 2013년 제조업사업소 수는 전국 208,029건으로 생산연령인구 10만 명 당 263.30건으로 나타났다. 사업소 수가 가장 많은 지역은 기후 현으로 501.54건에 달했으며 2위는 후쿠이 현으로 486.89건, 3위 이하는 도야마 현, 시즈오카 현, 군마 현으로 순으로 높은 것으로 나타났다. 한편 제조업사업소 수가 가장 작은 지역은 오키나와 현으로 132.89건으로 기타 치바 현, 가나가와 현, 도쿄도 등 수도권지역에서 제조업사업소 수가 적은 것으로 나타났다. 이상의 결과를 종합해 보면 이들 지역에 진출한 일계브라질인들은 일본 제조업 발전에 중요한 역할을 담당해왔던 것으로 생각할 수 있다.

일계브라질인의 일본 경제발전에 기여한 역할이 컸음에도 불구하고 그들의 역할에 대해 충분한 보상이 이루어지지 않고 있다는 것이 대부분 학자들의 주장이다. 오히려 일본정부는 일계브라질들을 외국인 영역에 분류하여 그들에 대한 입국관리를 강화하는데 집중하고 있다.

〈그림 3.2〉에 따르면, 일본에서 개정 입국관리법의 대상이 되는 것은 특별영주자를 제외한 3개월 이상의 중장기체류자로 '체류 카드'에 의해 입

---

2 佐藤文明(2009)『在日「外国人」読本』緑風出版, p. 199.

국관리국이 직접 관리하고 있다. 고용자에게 보고의무를 강화시키고 불법취업 등을 엄하게 단속하고 있으며 불법체류자를 추방하거나 난민신청 중인 임시 상륙자의 격리정책을 실시하고 있다. 입국관리제도의 구상단계에서는 외국인등록카드에 의한 GPS기능을 추가할 계획으로 알려져 있다. 또한 외국인등록카드의 휴대를 의무화하고 있는데 종래의 외국인등록증의 휴대에 대하여 유엔자유권규약위원회로부터 문제의 소지가 있다는 권고를 받았음에도 불구하고 외국인 관리에 활용하려고 시도하고 있다. 외국인관리 구상단계에 있는 체류자임시호적의 제정은 일본 법무성에 의한 체류자 개인정보의 수집을 의미하는 것으로 일본정부가 마음대로 활용 가능한 정보 풀을 구축하는 것은 목표로 하고 있다. 개인정보보호법에도 저촉되지 않은 외국인관리시스템 구축이 일본 법무성 입국관리국의 최종 목표로 호적에 나타나지 않은 이중국적의 자녀들이 정보와 외국인 인지정보, 외국에서 태어난 자녀의 부모정보 등까지도 수집대상으로 삼고 있다.

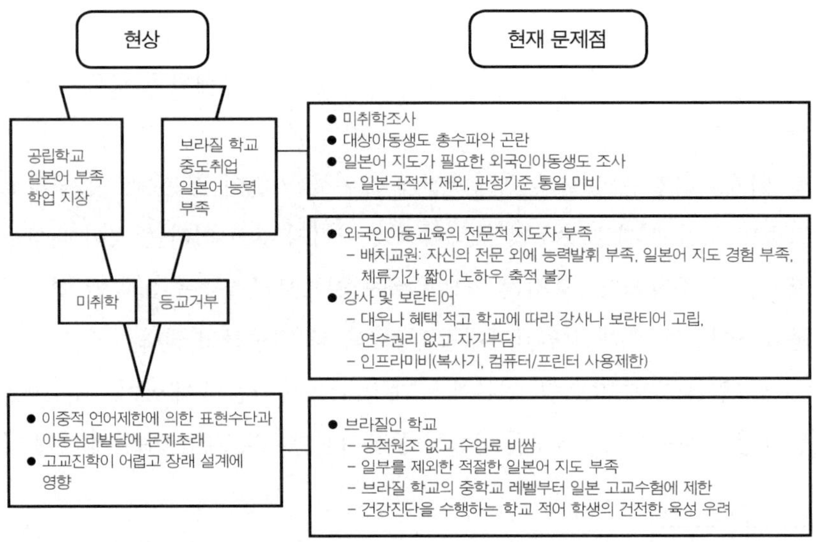

그림 3.3 일본 거주 일계브라질인의 적응과 정착문제[3]

〈그림 3.3〉은 일계브라질인의 적응과정에 정착상의 문제를 표로 나타낸 것이다. 1990년대 이후 도일하게 된 일계브라질들은 뉴커머 단기체류자로서 수요가 없어지면 돌려보낸다는 것이 일본의 기본 정책으로 일본 경제불황기에 그대로 적용되어 왔다. 일계인들은 3D산업의 저임금노동력으로 수용하였기 때문에 일자리가 없어지면 쉽게 버릴 수 있는 시스템이었으며 경제불황의 완급조절용으로 외국인노동자들이 활용되었다. 한편 이 시스템은 결국 일본 내 3D산업의 역할을 담당하는 외국인 노동자들을 잃게 되는 결과를 초래하게 되었다.

일계브라질인 뉴커머의 정주화 경향은 90년대에 촉진되어 21세기에 들어면서 확대되고 있다. 저출산고령화로 인재부족이 심각한 일본을 지탱하는 새로운 인재를 형성하고 있는 것이다. 일계인브라질인 뉴커머들은 자의적으로 브라질로 돌아가는 경우도 있지만 정주를 희망하는 경우도 있다. 이들이 정주화를 지향하고 있지만 당장 해결해야 할 문제점도 많다. 먼저 일계브라질인 자녀들은 일본어 능력부족으로 학업을 따라갈 수 없으며 중도취업학생이 증가하고 있다. 학교에 다니지 않거나 학교로 오지 않는 학생이 증가하고 있는 것이다. 이럴 경우 일계브라질인 학생들은 그들의 의사표현 장소나 수단을 잃게 되고 아동심리발달에도 심각한 장애를 초래하게 된다. 또한 일본에서 상급학교로 진학할 수 없게 되어 그들의 장래설계에도 심각한 영향을 주고 있다.

일본정부는 일계브라질인 대상으로 미취학학생 조사, 일본어 전문지도자 양성, 브라질학교의 정책적 지원 등에 노력해야 한다. 이들 일계브라질인을 무시하거나 방치하기보다는 일본 각 성청에서 '다문화공생'사업의 일환으로 현재 그들의 문제점에 대해 구체적인 파악과 해결책을 동시에 진행해 나가야 할 상황에 직면하고 있다.

---

3 佐藤文明(2009) 『在日「外国人」読本』 緑風出版, p. 183참조.

사진 3.1 1947년 전후 일계브라질인의 일본위문품

요약하면 일본인의 해외이주는 19세기 중반인 1866년부터 시작되었다 1945년 이전 일본인 이민자들은 일정기간 돈을 벌어 귀국하는 것을 목표로 하였고 모국 일본과의 관계를 긴밀히 하였다. 그러나 1941년 태평양전쟁으로 일본과 일계인사회의 관계는 단절되었고 패전의 상황 속에서 새로운 관계를 정립할 수밖에 없는 상황에 놓이게 되었다.

1945년 전쟁 이후 일본과 일계인사회의 관계는 1946년부터 1952년까지 미국거주 일계인의 기부로 일본에 제공된 전쟁구호품인 '라라(LARA: Licensed for Relief in Asia)물자'를 통해 재개되었다. '라라물자'는 전쟁으로 단절된 일본과 일계인의 유대관계를 재확인하고 이후 해외일계인대회라는 새로운 일계인네트워크를 구축하는 계기를 가져다주었다. 그러나 일계인대회는 처음에는 재미일계인과는 전쟁의 후유증으로 미국시민임을 강조하여 소극적인 태도를 보였기 때문에 주로 중남미지역 일계인을 중심으로 구성되었다.

현재 일본과 일계인사회의 관계는 정치적 경제적 관계보다는 사회적 역사적 맥락에서 해외일계인대회를 중심으로 관계를 유지해오고 있다. 전후 1957년부터 시작된 해외일계인대회는 1973년까지 중남미지역으로의 이민 확대를 도모하는 한편 1970년대 중반이후 일본의 고도경제성장과 더불어 이민쇠퇴, 활용론적 시각의 후퇴 및 전통적 유대관계 유지,

1980년대 일본사회에서 일계인에 대한 무관심 고조, 경제대국 일본의 미국과의 무역마찰과 이에 대한 가교역할로서 일계인의 지위 등이 강조되었다.

1990년대 이후에는 글로벌화의 추세로 재외방인들이 다시 증가하기 시작하였으며 비즈니스 및 유학을 목적으로 해외체류자가 증가하였다. 1998년 일본 공직선거법 일부 개정으로 2000년 5월 이후 일계인들이 국정선거에 참여할 수 있게 되었고 선거참여절차의 간소화, 선거구 선거권 등을 요구하기도 했다.

또한 1980년대 중반 이후 일본의 경제성장과 노동력부족으로 1990년 입국관리법개정을 통해 일계인 3세의 정주체류자격이 생겨났고 일계인의 귀환이라는 측면에서 '데카세기'와 일계인 노동자 우대정책이라는 논란이 일었다. 그러나 2000년대 정주화 현상이 나타나면서 소수민족으로서 일계인이라는 자각과 타 외국인 집단과의 연대가 등장하게 되었다.

일본정부는 JICA를 통해 2010년부터 일본기업 해외전개지원사업이 본격화되었고 2012년부터 일본기업 해외전개지원사업 중 중소기업에 한하여 3개의 해외전개지원사업을 추가하여 실시하고 있다. 이 사업은 2개의 중소기업대상 해외전개지원사업인 모델 안건화조사 및 보급 실증사업과 JICA의 일본기업해외전개용 인재육성지원인 민간연계 보란티어 파견사업을 조합한 형태를 띠고 있다. 이 사업을 통해 일본기업의 우수한 제품과 기술이 국내외에 평가되고 해외전개지원 기업과 연계되도록 노력하고 있다.

결국 일본정부와 일계인사회의 관계는 정치적 경제적 활용론보다는 일계인사회를 통한 일본기업 현지 진출, 일본문화의 확대, 정체성 확립 등 포용과 협력, 지원과 공생이라는 양쪽 측면이 강조되고 있는 것으로 보인다.

제4장
일계인의 현지 문화적응과 정착기제

이 장에서는 일계인의 현지적응과 정착에 필요한 기제(메커니즘)에 대하여 구체적인 사례를 통해 살펴보고자 한다. 일계인의 해외 현지적응 및 정착 메커니즘으로는 일본인의 해외이주와 현지사회의 변화, 일계인타운의 건설, 일계인 학교의 건립, 일본인회의 결성 등에 대해서 구체적으로 살펴볼 수 있다. 그러면 먼저 일본인의 이주에 대하여 전술한 것과는 다른 각도에서 살펴보고자 한다.

1. 일계브라질인[1]과 재미일계인 사회

1) 일계브라질인

흔히 말하는 이민(Immigration)이란 지금까지 생활해 온 다른 국가나 문화를 가진 지역으로 이동하여 생활하는 현상, 혹은 이주하거나 이미 이주한 사람을 가리키는 말이다. 이민은 사람들이 이동하여 그 지역에서 장기간에 걸쳐 거주하는 경향을 가리키며 단기 관광이나 여행은 포함되지 않는다. 그러나 1년 이내 거주지를 이동하는 계절노동자의 경우는 이민으로 포함시켜 다루는 경우가 종종 있다. 때문에 이민의 경우 장기체류 유학생이나 장기부임, 장기여행자도 포함된다. 따라서 이민이란 결국 한 개인이 거주지 이외의 국가로 이동하여 적어도 1년간 해당국가에 거주하는 사람들로 해석할 수 있다. 이민이란 흔히 현재 거주국가보다 경제적으로 잘 사는 국가로의 부유한 생활을 꿈꾸어 이동하는 동기가 되고 있기 때문에 이민이란 결국은 경제적 이민을 가리키는 말로도 통용되고 있다.

1980년대 이후 글로벌시대의 도래와 더불어 사람의 이동이 자유롭고

---

1 일계브라질인: https://ja.wikipedia.org/wiki/(검색일: 2017.01.17.).

사진 4.1 브라질 이민선 카사토마루

실제로 많은 사람들이 이동하고 있다. 그러나 실제로 전 세계의 인구비율로는 3%정도의 사람들이 이민자 생활을 하고 있고 나머지 90%이상은 자기가 태어난 나라에서 생활하고 있는 것으로 알려지고 있다. 결국 이주란 어떤 국가의 국민이 다른 국가로 이동하여 사는 것을 의미하는 것으로 이들의 시민권이나 국적을 관리하게 된 것은 국민국가의 형성 이후의 일이기 때문에 이민은 근대에 탄생한 개념이라고 할 수 있다.

이민과는 달리 식민이란 용어도 종종 비슷한 개념으로 사용되기도 하는데 정확한 의미는 서로 다르게 사용되고 있다. 가령 유럽국가에 의한 아시아나 아프리카 지역 식민지에서는 식민지경영을 위하여 정책적으로 식민이 이루어졌다. 여기에다 전 세계적인 노예제도의 폐지로 인해 광산이나 플랜테이션 개발, 철도개발을 위해 아시아로부터 노동이민자들이 동남아시아나 아프리카대륙으로 진출했다. 이러한 식민지 개발과 더불어 상업활동에 진출하는 이민자들도 증가하였다. 이들 가운데 중국계이민자(화교/화인)와 인도계이민자(인교)들이 대량 이주하여 동남아시아 각지에서 큰 영향력을 발휘하였다. 아시아로부터 미국으로의 이민은 백인노동자들과의 경쟁에 휘말려 황화로서 배척되거나 이민을 제한받게 되었다. 1870년대에는 미국 캘리포니아 주에서 중국인 배척운동이 높아지고 1882년에는 중국인 이민금지법이 미합중국의회를 통과하였다. 1924년에는 미합중국

사진 4.2 브라질 이민선 빙고마루와 상파울루 이민수용소

에서 이민을 제한하는 배일이민법이 제정되었으며 일본에서는 미국정부가 인종차별적이라는 이유로 반미감정이 일기도 했다. 오스트레일리아에서는 아시아계 이민자를 차별하는 '백호주의'가 채택되었고 남아프리카에서는 '인종격리정책'이 오랫동안 시행되기도 했다.

이러한 가운데 일본도 전 세계적인 이민 대열의 행렬 속에 합류하게 되었는데 제2차 세계대전이 발발하기까지 과잉노동력을 송출하는 처지에 놓여 있었다. 메이지 원년인 1868년 주일하와이 총영사 반리드의 요청을 받아 153명의 일본인들이 하와이로 보내졌지만 현지의 열악한 환경에 견디지 못하고 국제적인 문제로 확대되었다. 계속해서 일본인들은 하와이에 이어 미국본토나 브라질, 페루 등 중남미 지역으로 이민이 확대되었다. 이후 미국 통치하에 있었던 필리핀, 만주국, 남양군도 등으로도 많은 일본인들이 이주하였다.

1926년에는 경제공황과 더불어 농촌이 피폐해지고 1935년 만주국의 성립에 따라 일본인의 대량이주가 국책사업으로 전개되었다. 일본탁무성이 설립되고 월간탁무시보가 간행되어 탁무성내에는 해외이주 상담소가 개설되었다. 일본인 이민자들은 농업이민을 목적으로 한 이민이 많았기 때문에 개척이 필요한 황무지로 이주하는 경우가 많았다. 이 때문에 일본정부의 이민홍보나 선전내용과는 현지 사정이 많이 달라 기민으로 보는 경향도 있었다.

이러한 가운데 일본인 이민자들은 속속 이민개척을 위해 해외로 이주하게 되었는데 요코하마나 고베의 항구에는 이민자들로 넘쳐나 출국수속이나 준비를 하는 이들을 위한 이민여관이 탄생하기도 했다.

세계 각국에서 일본으로의 이민은 식민지 조선으로부터 일본으로 이주한 조선인, 1945년 해방 이후 난민, 밀항 등에 의한 불법이민자들로 대부분 재일조선인들이 많았다. 일본정부는 1947년 5월 외국인등록령을 공포하여 식민지 출신 조선인이나 대만인들을 외국인으로 취급하였고 1952년 샌프란시스코강화조약의 발효와 더불어 외국인등록법을 시행하였으며 당시 일본국적 재일외국인들 모두를 일본국적에서 배제시켰다.

1980년경에는 일본 중소기업이나 농촌부에서 노동력 부족의 심각화로 외국인노동자 수용의 필요성이 절실해졌고 1990년경에는 출입국관리 및 난민인정법 개정에 의해 일계인3세까지 취업이 가능한 법적지위를 부여받았다. 이에 따라 일계브라질인, 일계페루인과 중국인을 중심으로 한 외국노동자들이 급증하였다. 1991년에는 일본과의 평화조약에 근거하여 일본국적을 이탈한 자 등을 대상으로 출입국관리에 관한 특례법이 시행되어 특별영주자의 지위가 법적으로 부여되었다. 여기에다 일본인 중국잔류고아나 필리핀 일계인 가족 등을 대상으로 한 '정주자'의 법적지위를 부여하였다. 일본은 외국인노동자에 대한 환경개선과 취업난이 심각해지고 있는 상황에서 100만 명 이상의 외국인노동자들이 체류하고 있으며 그 가족과 특별영주자를 포함하면 200만 명 이상의 재일외국인들이 거주하고 있는 것으로 알려지고 있다.

최근 일본정부는 저출산고령화 문제가 심각해지자 저임금노동력을 확보하기 위하여 재계와 정계로부터 이민 1,000만 명 계획, 아시아 게이트웨이 구상, 유학생 30만 명 계획, 고도인재포인트제 도입, 외국인연수제도 및 기능실습제도의 확장 등 다양한 이민수용정책을 모색하고 있다. 일본

사진 4.3 일본정부의 이민 광고사진과 이민알선[2]

정부는 향후 이민청 창설과 더불어 고도인재, 숙련노동자, 유학생, 이민가족, 인도적 이민(난민, 일본인 아내 등), 투자이민 등을 수용할 계획을 수립하고 구상 중에 있다. 향후 일본정부의 이민정책의 기본적인 구상은 대학교수나 경영자, 고도기술자 등 국익에 도움에 되는 고도인재뿐만 아니라 단순노동자의 수용을 수요에 따라 인정하는 쪽으로 모아지고 있다.

2) 재미일계인 사회의 변화 실상

일반적으로 재미일계인이란 일본인의 피를 이어받은 미국인을 지칭한다. 미국 캘리포니아로의 일본인 이민은 메이지시대의 선구적인 1세 이민으로부터 시작된다. 현재 일계인의 3분 2정도가 미국 출생으로 세대마다의 평균연령은 대략 2세의 경우 70~80세, 3세의 경우 30~60세 정도이다.

---

2 일본 해외흥행주식회사에 의한 광고, '가족'과 함께 라고 선전한 것은 브라질정부가 정주노동력 확보를 목적으로 했기 때문에 기본적으로 노동력이 3인 이상이 있는 가족만 이주허가를 부여했던 것과 관련되어 있음.

사진 4.4 샌프란시스코 여행가이드와 가족초청비자

특히 3세 이하는 타인종간의 결혼이 많아지고 있는 상황이며 일본인의 피를 이어받은 것에 의식하지 않고 일본어를 구사하지 못하는 이들도 증가하고 있다. 일계인 청년들 중에는 일본에 한 번도 방문한 적이 없는 이들도 많아지고 있다.

또한 1945년 이전에 미국으로 이민하여 전쟁 중 일계인 수용소에 수용된 일계인과 그 자손들과는 서로 다르고 1945년 이후 미국에 이주한 뉴커머 1세와 그 자손들도 새로운 일계인으로서 공동체를 형성하고 있다. 게다가 많은 일계인들이 타인종과의 결혼에 의해 타인종과 일계인과의 혼혈인들이 증가하고 있으며 일계인들의 세대구성과 역사적 배경, 인구구성 등이 점차 다양화되고 있다.

캘리포니아 지역은 미국에서도 최대의 일계인 공동체가 형성되어 있으며 42개 현인회, 현인협의회, 남가주일계인상공회의소, 일미문화회관, 전미일계인박물관, 경로시니어 헬스 케어 등 많은 일계인 단체들이 활동하고 있다. 그러나 비교적 청소년세대의 일계인들 중에는 이러한 단체에 소속되거나 공동체 활동에 관심을 갖지 않은 이들이 많아 일계인으로서의 정체성을 형성해나가는 것이 일계인공동체의 유지발전을 위해 향후 과제로 남아 있다.

재미일계인의 인구는 2000년 미국국세조사 결과에 의하면 순혈의 일계인이 79만 6,700명, 다른 민족과의 혼혈을 합한 숫자가 114만 8,932명 정도이다. 이 가운데 캘리포니아 주는 순혈이 28만 8,854명, 혼혈이 39만 4,896명으로 북미에서 가장 일계인수가 많은 것으로 나타났다. 북미에서 일계인들이 많은 주는 다음 〈표 4.1〉과 같다.

표 4.1 순혈인계인과 혼혈일계인 수(2000년 국세조사)

해당 주	일계인 순혈	타인종과의 혼혈
캘리포니아 주(남 캘리포니아)	288,854(177,980)	394,896(238,611)
하와이 주	201,764	296,674
뉴욕 주	37,279	45,237
워싱턴 주	35,985	56,210
일리노이 주	20,379	27,702
텍사스 주	17,120	28,060
뉴저지 주	14,672	18,830
오리건 주	12,131	19,347
콜로라도 주	11,571	18,676
미시건 주	11,288	15,745

또한 일계인 인구추이의 특징은 일반적으로 계속 증가하고 있는 아시아계 미국인 가운데 일계인인구 만이 계속 감소하고 있는 추세에 있다. 현재 아시아계 가운데에서도 최대 인구를 차지하고 있는 중국계 23.7%, 필리핀계 18.1%, 인도계 16.4%, 베트남계 11.0%, 한국계 10.5%이고 일계인은 여섯 번째인 7.8%로 미국 총인구의 0.3%에 해당되는 수치이다. 이러한 가운데 일계인 청년세대는 다른 아시아계 미국인과의 연대를 강화하고 있으며 아시아계 미국인으로서의 정체성을 강화하고 있다.

현재 재미일계인 공동체는 과도기를 맞이하고 있다. 과거 재미일계인 1세대 및 2세대가 담당하고 있었던 공동체의 지도자적 역할은 3세 이하의 세대가 이어가고 있다. 이러한 청소년 일계인세대가 미국사회에서 정착하고 다양한 분야에서 활약하고 있지만 모국 일본에 강한 연대감을 가지고 있는 청년들은 점차 감소하고 있는 경향이 있다. 모국 일본인들도 재미일계인의 역사와 경험에 대하여 알고 있는 이들이 점점 적어지고 있다.

그러나 일본과 미국이라는 서로 다른 국가의 국민이면서 같은 조상을 가진 일본인과 일계인들은 신세대와 청년세대의 일계인들이 상호교류 확대를 통해 네트워크 구축을 시도하고 있으며 장래 미일관계의 중개역할을 담당할 수 있을 것으로 예상하고 있다.

2. 세계의 일계인타운(日本人街)[3]

1) 아시아 일본인 마을

일계인타운은 일본마을, 일본인거리라고 불리며 일본 국외에 위치하고 있으면서 재외방인 또는 일계인들이 많이 거주하는 지역이라고 할 수 있다. 역사적으로는 일본인 마을이라고 부르는 경향이 강하다. 영어로는 저팬타운(Japantown)이라고 부르기도 한다. 해외에서 일본인들이 집거하는 지역을 편의상 일본인 마을이라고 부른 것이 용어의 유래이며 제2차 세계대전 이후 오늘날까지 존재하는 것은 일본인 거리로 표기하는 경우가 많다. 일본과의 인적 경제적 연결고리가 큰 국가의 도시 등에는 일본인 이민자나 기업 등이 파견한 일본인 주재원들이 단신 혹은 가족들과 함께 이주

---

3 일계아메리카인 시민동맹: https://ja.wikipedia.org/wiki/(검색일: 2017.01.17.).

사진 4.5 일본 국립고베이민수용소(1928년)[4]

하거나 장기체류하는 경우가 종종 발생한다. 그들을 대상으로 일본 요리점이나 일본 식료품을 취급하는 슈퍼마켓, 일본서적을 판매하는 서점 등의 상점, 일본인 학교와 현지 일본인회와 같은 시설과 조직이 형성되어 현지 일본인과 일계인의 편의성을 제공한다. 규모는 다양하고 하나의 거리에 수십 개의 상점이나 세대가 있는 소규모에서 도시의 특정 거리에 일본인대상 점포나 주택이 다수 밀집되어 있는 경우도 있다.

아시아지역의 경우 남만무역 등으로 일본인의 해외진출이 본격화되기 시작한 16세기 이후 동남아시아의 항구마을에 일본인들이 집거하기 시작했다. 당시 최대 일본인 마을은 16세기~18세기 경 타이의 아유타야 일본인 마을로 전성기에는 1,000명~1,500명의 일본인이 거주하고 있었다. 또한 베트남지역, 말레이 반도, 캄보디아, 필리핀에도 비슷한 소규모의 일본

---

4 일본 국립고베이민수용소는 1928년 해외로 이주하는 이민자들을 위해 항구주변에 설립되었다.

인 마을이 형성되었다.

동남아시아의 일본인 마을은 에도시대(1632년) 쇄국정책의 영향을 받아 일본과의 왕래가 단절되었기 때문에 현지일본인들이 주민들과 동화되는 가운데 서서히 소멸되었다. 일본쇄국 중에는 무역이 허가된 것이 청나라와 조선 및 네덜란드에 제한되어 있다. 이들 중 조선의 부산에는 중세의 거류지였던 삼포왜관을 승계한 초량왜관이 설치되어 대마도로부터 파견된 임원이나 상인 등 일본인 400~500명이 거주하였다. 또한 일본인 마을과는 다른 오키나와마을도 존재했다. 1609년까지 독립국이었던 류큐왕국이 사츠마번의 실질적인 지배하에 일본의 세력권에 편입되었지만 1870년까지 청나라와 류큐의 형식상의 책봉관계가 계속되어 복건성의 복주시에는 류큐인들이 거주하는 류큐관이 설치되었다. 중국황제의 배알이나 교역을 위해 진공선으로 왕래하는 정부임원이나 유학생, 상인 등이 체류하였다.

메이지시대 이후 일본정부는 브라질이나 하와이 등에 이민을 장려했다. 대부분 이주지 농촌부에서 개간에 종사하였지만 수도나 주요 도시에는 일본인회가 만들어졌다. 볼리비아에서도 제2차 세계대전 전후에 일본인 마을이 존재했지만 전쟁이후 급속히 축소되어 현지주민과 동화되었다. 19~20세기에 걸쳐 유럽열강들이 중국의 주요도시에 조계를 설치했지만 일본도 청일전쟁이후 천진과 한구 등에 일본인 거주지로서 조계를 설치하였다. 이들 일본 조계지는 일반 일본인 마을과는 달리 일본이 치외법권을 획득하고 행정기관이나 경찰서를 운영하였다. 상해에는 일본인 조계가 존재하지 않았지만 미국이나 영국과 함께 공동조계지를 형성하여 일본이 열강침략의 일원으로 행정에 동참하여 일본인 거주자가 많은 지역을 '일본조계지'로 명명하였다. 일본조계지는 중국뿐만 아니라 한국 강제병합 전까지 조선에도 설치되었다. 중국의 장춘 이남의 만주 각 도시에는 러일전쟁 이후 일본의 국책회사인 남만주철도가 행정운영을 담당하는

철도부속지를 설치하여 일본인 도시거주자의 대부분이 이곳에 체류하기도 했다.

2) 북미와 중남미 일본인 마을

19세기 후반 일본 개국 이래 특히 서해안 지역에 일본인들이 많이 이주하여 음식업이나 숙박업 등에 종사하는 경제이민자들이 일본인 마을을 형성하였다. 미국의 로스앤젤레스나 샌프란시스코, 캐나다의 밴쿠버 등에 형성된 일본인 마을의 역사는 오래되었다. 19세기말부터 20세기 초반에 걸쳐 대량의 일본인들이 이주하여 마을로 발전하였지만 1920년대에는 미국이 일본이민을 제한하여 유입이 감소되었고 제2차 세계대전에서 미국과 캐나다가 일본과 개전하는 1942년경에는 양국정부의 일계인강제수용소 정책에 의해 대부분의 일본인 마을이 소멸상태로 접어들었다.

당시 미국 콜로라도주 주지사는 일관되게 일계인의 강제수용에 반대하여 다음과 같이 주장하기도 하였다. "현재 일본어를 말할 수 있는 사람들은 모두 매우 어려운 입장에 처해있다. (생략) 우리들은 미국의 시스템 자체를 무너뜨리고 있다. 만약 전쟁에서 콜로라도 주의 역할이 일계인 10만 명을 수용하는 것이라면 콜로라도는 그들을 돌볼 것이다."라고 하였다. 주지사는 각주에서 시민권을 거부당한 수 천 명에 달하는 재미일계인과 일본인을 콜로라도 주에 수용하였다. 콜로라도 주 덴버시내의 오래된 일본인 마을에는 1976년 주지사의 흉상이 건립되었으며 초석에는 다음과 같이 쓰여져 있다. "제2차 세계대전 중 집단 히스테리 상태에서 미국을 타국과는 다른 국가로 만들었던 이성을 권력자들이 잃어버린 가운데 콜로라도주의 주지사는 현명하고 용감하게 박해받고 있던 소수민족의 재미일계인을 변호했다. 주지사는 '그들은 충성스런 미국인이다.' '적과 다른 것은 다른 인종이라는 점뿐이다.' 자신의 정치생명의 끝이 될지도 모르는 행동이었지만 전쟁에 대한 주의 노력에 참여시키기 위해 일계인을 콜로라도로 환영했다. 적의에 찬 서해안에서 일계인 수천 명이 보호받기 위해 콜로라도로 이동하여 콜로라도의 시민생활, 문화, 경제에 크게 공헌하였다. 주지사의 박애정신과 은혜를 입은 자들이 그의 단호한 미국정신에 감사의 뜻을 표하고 그가 지지한 중요한 민주적 이상이 편견이나 무지에서 영원히 지켜지고 영원히 잊어버리지 않기 위해 여기에 기념탑을 건립한다." 라고 새겨져 있다.

제2차 세계대전 후 강제수용 된 일계인들은 마을로 돌아왔지만 서서히 문화적으로 현지에 동화되어 백인 등과의 타인종 타민족과의 혼혈이 진행되고 있다. 일본으로부터 미국으로의 경제이민은 고도경제성장기 이후 거의 사라졌으며 일본인 마을은 중국과 한국계이민을 혼합한 '동양인 마을'로서 관광지화 되었지만 고령의 일계인들이 여생을 보내며 마을의 소멸을 기다리는 상태가 되고 있다.

미국 LA에는 세계 최대이자 최초의 일본인 마을인 리틀도쿄(Little Tokyo)가 있다. 또한 샌프란시스코에 있는 일본인 마을도 1890년대부터 오랜 역사를 가지고 있다. 이들은 현재 주로 일본요리점이나 지역특산품 등이 들어서 관광지가 되었다. 일본인이외의 방문도 많지만 현지 레스토랑은 중국계나 한국계 이민자들이 경영하고 있는 것도 많아 일본인의 문화와는 다른 양상이 전개되고 있다.

원래 의미의 일본인 마을로서는 2010년 18명의 일계인들이 여생을 보내고 있었던 캘리포니아 주 가와시모가 북미 마지막이었다. 현재 일본인 주재원은 이와 같은 전통적인 일본인 마을보다는 서해안에서는 LA시내의 소테르나 트랜스, 동해안은 뉴욕근교의 뉴저지 주, 중서부 시카고 근교의 알링톤 하이츠 등에 대부분이 거주하고 있으며 일본인 대상의 점포가 집거하는 지역이 존재한다.

지금은 일본인 이민의 유입이 단절되고 일계인은 세대가 장기화됨에 따라 현지에 동화되고 있다. 일계인 공동체가 현지에서 분산 혹은 확산되어가는 과정에서 일본문화를 접하는 장소로서 일본인 마을은 인기가 있으며 중국계나 한국계 이주자들이 유입되어 일본풍 요리점 등을 경영하는 사례도 있다.

남미 최대의 도시 상파울루 중심부에 있는 리베르다지 지역에는 일본문화의 유입이 허용되고 있다. 지역입구에는 토리이나 북 등이 대규모 일본정원을 중심으로 설치되어 있으며 가로등이 일본제등의 형태를 따고있다. 일계인 거리에는 일계인이 경영하는 호텔이나 일본요리점, 서점 등이 들어서 있고 상파울루에 거주하는 일본주재원이나 일계브라질인뿐만 아니라 많은 브라질인들로 활기를 띠고 있다. 상파울루에는 일본인 주재원 자녀들을 대상으로 일본인 학교, 유치원, 학습학원 등이 들어서 있다.

3. 일본인 학교(日本人学校)

일본인 학교는 외국에 거주하는 일본인 자녀를 대상으로 일본국내의 소중학교와 동등한 교육을 수행하는 기관으로 출발하였다. 일본인 학교는 일반 과정이라고 할 수 있는 평일 매일 6시간 정도의 수업을 하는 전일제로 문부성장관이 인정한 학교를 가리킨다. 일본인 학교와 비슷하지만 전혀 다른 성격인 해외거주 일본인의 아동학생들이 주말이나 평일 방과후에 일본어를 학습하는 학교를 '보습수업교'라고 한다.

일본인 학교는 법률상 명확히 정의하기는 힘들지만 문부성의 분류로는 재외교육시설 가운데 현지 일본인회 등이 설치한 것을 가리킨다. 일본의 학교법인이 주체가 되어 외국인 설치한 것은 '일본인 학교'가 아니라 '사립재외교육시설'이라고 한다. 일본인 학교나 사립재외교육시설 모두 일본정부의 학교교육법에서 정의하는 '학교'에 해당되지 않지만 문부성장

사진 4.6 브라질 일본인 학교

관이 소학교, 중학교 혹은 고등학교의 과정과 동등한 과정을 가진 것으로 인정함으로서 상급학교로의 입학자격 등의 면에서 일본의 학교와 동등한 취급을 받는다. 또한 일본인 학교는 의무교육기간을 대상으로 하는 것과 문부성으로부터 교원이 파견되는 등 사립재외교육시설과 비교하여 분명히 공적인 성격을 가지고 있다.

일본인 학교가 현지 교육체계에 있어서 어떤 위치에 속해있는가는 해당 일본인 학교가 현지국의 교육법규에 의해 현지국학교로서 인정되는가의 여부에 달려있다. 현지어나 현지 지리, 역사 등을 교육과정에 추가함으로서 현지국 사립학교로서 인정받는 경우도 있다.

일본인 학교는 일본인, 일본기업이나 단체 등의 주재원이 많은 지역, 비영어권, 교육제도가 정비되어 있지 않은 국가 등에 설립되어 있다. 원래는 보습학교가 실적을 쌓아 재적학생수를 늘려나감으로서 전일제로 승격한 경우도 있다. 학교의 승격에는 현지 일본인회나 보호자가 일본귀국을 염두에 두고 귀국 시의 편입, 진학을 원활히 할 수 있도록 일본인 학교를 희망하는 활동이 필요하다.

아시아에는 제2차 세계대전 이전에 창립된 '심상소학교'를 전신으로 하는 태일협회학교(방콕일본인 학교), 마닐라 일본인 학교, 홍콩 일본인 학교, 전쟁 이후 1947년 창립된 타이베이 일본인 학교 등 역사적으로 오래된 학교들이 많다. 또한 일본인 이민자들이 많았던 브라질 상파울루에도 1915년 최초 일본인 학교인 대정소학교가 설립되어 그 후 산토스에도 일본인 학교가 창립되었다.

제2차 세계대전 이후 1955년부터 1970년대 전반까지 일본 고도경제성장기에는 일본기업의 세계진출과 더불어 아시아뿐만 아니라 유럽, 남북아메리카, 중동 아프리카 등 세계각지에서 일본인 학교가 설립되었다. 1960년대에는 홍콩, 싱가포르, 쿠알라룸푸르, 자카르타, 상파울루에서, 그리고 1970년대에는 뒤셀도르프, 서울, 파리, 브뤼셀, 런던, 뉴욕, 북경 등에 일본인 학교가 창립되었다. 재외방인의 급증을 예상하여 이들 학교는 매우 단기간에 주1일의 보습수업교에서 전일제 일본인 학교로 전환하였다. 이들 도시는 경제, 무역, 학술연구의 중심지이기 때문에 여전히 많은 재학생을 확보하고 있다.

1974년 제1차 오일쇼크 이후 10년간에 걸친 안정성장기에는 유럽이나 중남미 등 중근동에도 일본학교가 설립되었다. 1980년대 중반부터 1990년대 중반에 걸친 버블경제기 일본인 학교는 학생들이 많아 교사를 증설하고 신설학교들을 설립하였다. 1990년대 전반 버블붕괴 이후에는 일본기업의 현지화가 진행되는 상황에서 경비가 많이 발생하는 주재원을 감축하는 바람에 학생수 부족으로 폐쇄되는 일본인 학교가 잇달았다. 그러나 1990년대 동서독의 통일로 독일 베를린, 베트남의 '도이모이 정책'의 효과로 하노이와 호치민에도 일본인 학교가 설립되었다. 이후 일본 기업이 진출하고 있는 멕시코나 경제성장이 빠른 말레이시아, 2000년대 들어 헝가리 부다페스트에도 일본인 학교를 설치하였다.

특히 1990년대 후반 빠른 경제성장에 맞추어 일본기업의 진출이 계속되고 있는 중국 대련, 광주, 천진, 청도, 소주 등에도 일본인 학교가 설립되었으며 홍콩과 상해 등에 학생수의 증가에 대응하기 위해 교사를 증설하기도 했다. 이상과 같이 해외 일본인 학교는 일본의 경기와 정치경제상황을 포함한 국제정세를 단적으로 보여주는 존재이기도 했다. 일본인 학교는 2006년을 기준으로 세계 50개국 각 지역에 85개교의 일본인 학교가 건립되었다.

1) 세계의 일본인 학교 현황

세계 최대의 일본인 학교와 보습수업교의 비교를 통해 학교 실태와 현황을 살펴보고자 한다. 다음 〈표 4.2〉는 일본인 소중학생만을 대상으로 하여 제시하였다. 2008년도 조사에서 의무교육연령에 해당되는 일본국적 아동은 북미가 20,218명, 아시아가 21,954명으로 북미의 경우 56.8%가 현지교 등에 재학하면서 보습수업교에 재학하는 것에 비해 아시아에서는 63.2%가 일본인 학교에 재학하고 있고 약 4.1%만이 보습수업교에 재학하고 있는 것으로 나타났다. 따라서 일본인 학교는 아시아에 집중되어 있고 보습수업교는 미국에 집중되어 있는 것이 특징이라 할 수 있다. 또한 일본 국외에 있는 모든 재외교육시설 가운데 성장률이 가장 독보적인 것은 상해 일본인 학교로 학생수가 4년간 무려 2.6배 정도 증가하였다.

표 4.2 일본인 학교와 보습수업교의 비교(2008년 기준)

일련	일본인 학교(전일제)	2008년 재적자 수 순위별	보습수업교 학교명	순위별
1	상해 일본인 학교 2,367명	5위(803명)	아사히학원(로스앤젤레스)1,208명	1위(1,576명)
2	태일협회학교(방콕 일본인 학교)2,288명	2위(1,855명)	샌프란시스코 보습수업교 1,115명	2위(1,270명)
3	싱가포르 일본인 학교 1,658명	1위(1,966명)	디트로이트 보습수업교 806명	4위(847명)
4	홍콩 일본인 학교 1,548명	3위(1,593명)	런던 보습수업교 787명	3위(1,146명)
5	자카르타 일본인 학교 862명	7위(815명)	뉴욕 보습수업교 564명	5위(738명)
6	타이베이 일본인 학교 810명	6위(891명)	시카고 보습수업교 492명	6위(476명)
7	쿠알라룸푸르 일본인 학교 784명	4위(913명)	콜럼버스 보습수업교 474명	7위(769명)
8	북경 일본인 학교 639명	10위(446명)	보스턴 보습수업교 409명	10위(397명)
9	뒤셀도르프 일본인 학교 563명	8위(673명)	시애틀 보습수업교 405명	9위(409명)
10	런던 일본인 학교 466명	9위(534명)	미나토학원(샌디에고) 395명	8위(447명)

2) 일본인 학교의 문제와 향후대책

2005년도 일본 재외기업협회가 기업을 대상으로 실시한 조사연구에 의하면 일본인 학교의 문제는 "고등학교가 없다, 유치원이 적다, 학교수가 적다, 수업료 등이 비싸다, 안전대책이 미흡하다, 원거리통학과 부모들의 통학부담이 크다, 교원의 지도방법과 수업레벨이 다르다, 기업의 기부금 부담이 크다, 학교의 소수정원에 의한 수준이 낮다" 등으로 나타났다. 일본인 학교에 대한 수요가 다양하기 때문에 이에 일일이 대응하기 어려운 상황이다. 일본 귀국이후의 수험이나 이지메에 대처하는 것을 중시하는 보호자나 2~3년 체류기간 중 자녀가 현지 일본인사회에 매몰되기보다는 현지에 융화되는 것을 희망하는 보호자도 존재한다. 소학생의 경우 초기 외국어교육에서는 희망하는 습득 수준이 다르고 비영어권에서는 현지어 달성목표에도 차이가 존재한다.

일본학교에서는 인적자원이 제한되어 있기 때문에 문부성이 협력하여 거주국의 법률이나 환경이 허용하는 범위에서 보호자의 수요에 대응하도록 노력하고 있다. 해외 일본인 학교와 보습수업교 간의 네트워크 구축을 통해 비교적 가까운 학교끼리 공동연수회나 연구회를 개최하고 있다. 일본 해외자녀교육진흥재단에서는 주기적으로 각 학교의 대표들이 모여 문부성과 외무성 직원이 참여하여 운영전반에 대한 의견교환이나 질의응답 등의 장소와 기회를 제공하고 있다. 그러나 운영전반에 관한 역할을 담당하는 일본인 학교 교장이 2~3년마다 교체되는 단기체류의 파견교원이기 때문에 장기적인 전망과 계획이 부족하고 장기체류 보호자나 재외방인들과의 의식 차이가 존재하는 것도 문제로 지적되고 있다.

일본의 경제나 현지국의 경제, 현지 거주국의 정치정세의 변화, 일본기업의 현지화 촉진과 진출기업의 부진에 따른 현지거점의 폐쇄, 철수 등이 학생수의 급증이나 급감에 직접적인 영향을 미치기 때문에 일본인 학교의 운영이나 전망에는 항상 불안이 뒤따르고 있다. 현재 중남미나 유럽국가 등 비교적 일본인들이 적은 도시를 중심으로 학생수의 감소가 현저하기 때문에 향후 폐쇄될 학교도 많이 존재한다. 여기에다 일본기업의 현지화 촉진과 젊은 주재원의 진출로 그들 자녀의 저연령화, 만혼화, 저출산, 단신부임이라는 요인 등이 발생하여 학생수 자체가 감소하고 있다. 일본인 학교는 의무교육과정의 학교이지만 통학범위 내에 거주하는 일본인에게 입학이 의무화되어 있는 것은 아니다. 의무교육시설이기는 하지만 공립학교는 아니기 때문이다. 때문에 운영에는 사립학교의 아이디어를 활용하여 생존전략을 모색해야하는 처지에 놓여있다.

일본인 학교는 학생수를 안정화시키기 위해 현지 일계기업에 홍보활동을 하거나 현지국 학교교육법에 의한 국제부를 개설하거나 현지국적 자녀나 일본 국적이 아닌 자녀들을 입학시키는 학교들도 있다. 그러나 현지 영주자나 일본인 이외의 자녀들의 입학은 일본인 학교 대부분이 현지국의 학교교육법에 의거하지 않기 때문에 졸업 후에도 현지고등학교에 입학하지 못하는 경우가 발생하며 도외시되거나 일본어 능력과 학력저하로 이어지기 때문에 국제부개설에 반대하는 보호자나 교원들도 있다. 또한 외국국적을 가진 자녀의 비율이나 인원수가 일정수를 넘지 않도록 조정하거나 일본어테스트 결과로 입학을 결정하는 학교도 있다. 한편 1990년대 이후 학생수가 급증하고 있는 싱가포르, 중국, 태국의 일본인 학교들은 양질의 교원과 교실의 확보가 매우 어려운 상황에 직면하고 있다.

일본인 학교의 커리큘럼은 대규모학교에서는 소중일관제교육, 해외에 체류하면서 일본의 소중학교와 같은 교육을 받을 수 있는 이점이 있다. 대규모 일본인 학교는 기업주재원과 국가공무원, 단체직원이 많은 지역의 대도시 근교에 위치하고 있다. 좋은 시설에다 일본학교 분위기를 느낄 수 있는 장점이 있다. 그러나 공립과 사립의 현지교, 인터내셔널스쿨, 보습수업교, 일계인 학원 등 선택의 폭이 넓어 최근에는 현지교나 인터내셔널스쿨 등으로 이동하는 학생들이 증가하고 있다.

일본인 학교가 소규모인 경우에는 화기애애한 환경에서 맨투맨 형식으로 학력을 신장할 수 있는 강점이 있다. 그러나 학생수가 너무 적으면 서당식으로 복수의 학년을 한꺼번에 지도하게 되어 학년별로 쪼개면 전 학생수에 비해 교실수가 많아져서 재정적 부담이 되는 경우도 발생한다. 특히 개발도상국이나 일본인주재원이 매우 적은 지역에 있는 소규모 일본인 학교는 학교 선택의 폭이 좁은 가운데 질 높은 교육을 받을 수 있는 귀중한 존재이기도 하다. 일본인 학교가 없어 가족동반을 할 수 없었던 일본인들이 가족을 초청하거나 일본인 학교에 다니기 위해 이사하는 경우도 있다.

3) 문화교류와 학교이탈

일본인 학교는 장기적으로 복수의 서로 다른 영어권에 체류하는 경우나 영어권에서는 영어교육을 희망하는 보호자도 많다. 해외체류 중 일본인 학교가 설립되는 경우 인터내셔널스쿨이나 현지교에 다니면서 배운 현지어나 영어를 잊어버리지 않고 싶다는 이유로 일본인 학교로 입학하는 경우도 있다. 주말에는 일본어보습교의 학생이 많기 때문에 전일제로 전환하여도 보습수업교와 같은 정도의 학생들이 모이지 않은 경우도 많아 일본인 학교는 보호자의 수요를 파악하면서 운영해나가야 한다. 또한 일본인 학교는 일본과 같은 커리큘럼을 구성하는 학교이지만 해외에 위치하고 있기 때문에 소학교에서 근거 없이 보호자가 조기영어교육을 희망하는 경우가 많고 비영어권에서도 현지어가 아닌 영어지향을 희망하는 보호자가 많다. 영어권을 중심으로 1~2년 정도 단기체류나 유아교육과정에서도 영어교육을 희망하는 가족이 증가하고 있다. 이러한 요청에 따라 일본인 학교는 2006년부터 소학부의 영어가 도입되었다. 의무교육이 아니기 때문에 영어강사는 일본파견이 아니고 현지채용 형식이다. 영어회화수업, 영어검정 실시, 체육과 음악을 영어로 가르치는 프로그램 등을 도입하고 있다. 영어권 일본인 학교나 인터내셔널스쿨에 인접한 일본인 학교에서는 지역의 이점을 활용한 영어프로그램을 도입할 수 있게 되었다.

현지 거주국의 인가교의 조건으로서 현지어의 이수가 의무화되어 있는 경우 비영어권에서는 현지어에 추가하여 영어수업을 해야 하는 경우도 있다. 현지어뿐만 아니라 현지 역사와 지리 등 그 학교에서 필수이수과목 등이 존재한다. 수업시간 배분, 현지거주 원어민 영어강사 확보, 현지

채용자의 급여를 배려할 필요가 있다. 다양한 커리큘럼을 수행하기 위해서 대부분의 일본인 학교는 쉬는 시간이나 방과 후를 최대한 활용하고 있다. 쉬는 시간에 현지어강좌를 개설하거나 방과 후에 인터내셔널스쿨 강사를 고용하여 고등학교 진학희망자의 영어수업을 개설하거나 일본어능력을 키우기 위한 독서지도, 클럽활동 등을 수행하고 있다. 일반적으로 일본인 학교는 일본의 공립학교보다 10%~20% 정도 많은 수업시수를 가지고 있다. 이것은 보호자나 거주국정부로부터 요구되는 커리큘럼을 소화하기 위해서이다.

일본인 학교는 현지교와의 교류회나 교환유학, 홈스테이, 사회견학, 학교개방을 통한 일본관련 강좌 등 현지 사회나 문화에 접할 기회를 늘리기 위해 고심하고 있다. 문부성은 적극적으로 현지와의 교류를 증대시키기 위해 국제교류 디렉터를 파견하고 있다. 그밖에도 일본인 학교에 대한 친근감이나 지명도를 높이기 위해 다른 학교에 통학하는 학생들에게도 일본어보습수업, 일본문화강좌, 진로상담서비스 등을 제공하고 있는 학교가 많다. 입학예정의 학생들뿐만 아니라 여름방학 등을 이용한 체험입학생, 단기유학생을 현지 혹은 일본으로부터 수용하는 경우도 있다.

일본인 학교의 재학생 수는 2002년 이후 일본인 학교보다 영어수업을 주로 하는 국제학교나 현지교에 다니는 학생들이 많아지고 있다. 이유는 먼저 영어지향의 보호자가 증가하고 영어권에서는 현지교, 비영어권에서는 국제학교를 선택하기 때문이다. 또한 귀국학생들이 많아지면서 귀국학생학급이나 별도 입시, 일본인 학교 출신자는 자격이 없는 영어입시 등 현지교 출신자에 대한 일본수용 측의 태세가 준비되었기 때문에 현지교를 선택하기 쉽게 된 것도 하나의 요인이다. 기타 수입이나 개인의 취향, 통근조건, 스쿨버스 운행상황, 현지 좁은 일본사회의 관계 회피 등 가정에 따라 그 이유는 다양하다. 현지교에 다니는 재외일본인 중에는 국제결혼 자녀도 다수 포함되어 있다.

재정적인 면에서 일본인 학교는 시설관리비, 채용관리자의 인건비, 스쿨버스 운영비, 안전 대책과 같은 지출비용, 그리고 입학금, 수업료, 기부금 등과 같은 수입비용 등의 균형을 맞추지 않으면 안 된다. 현지 채용자는 교원 외에도 사무, 청소, 정원사, 버스 운전수, 경비원 등이 있다. 주말에는 교사를 일본어 보습학교에 대여하여 임대료 수입을 올리는 학교도 있다. 거주국의 법률에 의해 좋은 조건으로 토지를 임대받거나 어느 정도 수익까지는 세금이 면제되기도 하고 현지채용자의 해고나 감봉이 금지되어 있다. 직원은 1년 계약은 너무 짧다는 이유로 인정되지 않는 경우도 있어 거주국 법률에 능통하고 인맥이나 정보를 가지고 있는 직원이 필요하다.

기업 주재원이나 국가공무원, 단체임원에게는 자녀교육수당이 나오지만 그 액수는 기업에 따라 천차만별이다. 이과실, 음악실, 미술실, 가정교실, 컴퓨터실, 도서실과 같은 특별교실, 체육관, 전천후운동장, 트럭, 풀장 등의 시설, 스쿨버스, 안전대책, 외국어, 진로지도, 특수교육 전문가를 필요로 하는 학교의 수업료는 비싸다. 부임자의 수당지급액에도 상한선이 있기 때문에 일부는 개인부담이다. 현지 일본인기업과 일본인회에 기부금이 부과되는 경우도 있어 기업에 부담이 매우 크다. 기부금을 지불하는 경우와 지불하지 않는 기업이 발생하기 때문에 시설비나 관리비라는 명목으로 일률적인 액수를 각 가정으로부터 징수하는 학교들도 있다. 일본인 학교가 없는 지역에서는 국제학교의 수업료를 바탕으로 교육수당이 산출되었지만 이것보다 수업료가 적은 일본인 학교들이 나오면서 수당이 감액되어 국제학교에 대한 부담이 증가하기 때문에 일본인 학교의 진출을 희망하지 않는 보호자들도 나타나고 있다.

일본인 학교는 중학교까지만 있고 중학생의 자녀가 있는 가정이나 장기체류예정의 가정으로부터는 불안의 목소리가 높아지고 있다. 사립재외교육시설, 즉 일본 학교법인의 해외분교는 불황의 영향으로 폐교가 속출하고 있다. 이들 학교는 학생기숙사가 있기 때문에 다수의 학생들이 일본

국내에서 입시시험을 보고 유학생으로 재적하고 있다. 반대로 학생들만 일본에 귀국시켜 학생기숙사가 있는 고등학교에 입학시키는 보호자들도 있다. 기숙사제 고등학교는 먼 거리 학생들도 입학할 수 있는 장점이 있지만 가족들과의 이별, 높은 경쟁률, 교육내용의 불신, 거친 교내 상황 등을 이유로 싫어하는 보호자들도 많다.

국립특별지원 '교육종합연구소'에서는 지원을 필요로 하는 자녀의 보호자, 일본인 학교나 보습수업교의 교원을 대상으로 교육상담, 정보제공 등을 수행하고 있다. 또한 동유럽과 미국 등 특별지원교육이 앞선 국가에 있는 일본인 학교에서는 현지 교육제도를 조사연구하거나 현지 전문가로부터 조언을 듣거나 활용 가능한 문헌과 시설을 소개받을 수 있다. 문부성은 1996년 이후 재외교육기관이 안고 있는 문제를 해결하기 위해 일부 일본인 학교와 보습수업교를 '해외교육연구협력교'로 지정하여 특별지원교육에 대해서도 실천교육을 수행하고 있다.

일본인 학교는 치안, 정세가 다른 외국에 비해 안정된 일본국내 학교에 비교하여 위기관리 레벨은 높은 편이며 많은 일본인 학교 교문은 자동폐쇄로 항상 닫혀있고 높은 벽과 가시철선으로 둘러싸여 있으며 경비원이 24시간 혹은 수업시간 중에 상주하고 있다. 대부분의 일본인 학교는 등하교 시의 안전을 확보하기 위하여 스쿨버스나 보호자의 송영에 의한 등하교만을 허가하고 있다. 정치정세가 불안정한 국가에서는 일본대사관이나 현지경찰과의 협력체제를 구축하고 있으며 일본국내 긴급연락망을 가지고 있는 학교도 있다. 또한 현지에서 재해, 테러, 반일데모, 감염증 발생 등과 같은 긴급 시 대책과 방안을 수립하고 있다.

문부성은 해외자녀교육진흥재단 등을 통해 일본인 학교를 비롯한 재외교육시설의 안전대책비용을 일부 부담하고 있다. 방호울타리, 외벽차단, 가시철선, 문의 강화, 자동개폐문, 인터폰, 비상구, 차단기, 방범카메라, 감지식 라이트, 긴급사이렌, 휴대무선기, 휴대유도등, 교내방송설비,

방연마스크, 교사방탄유리, 통학버스 방폭시트 및 확산방지필름, 총탄관통방지필름, 긴급피난용 사다리, 긴급 시 용수를 위한 지하수 펌프와 같은 물품의 설치구입을 원조비에서 지원하고 있다.

4) 일본인회

일본인회는 해외에서 장기 거주하는 일본인의 교류회라고 할 수 있다. 일본인이라면 누구라도 가입할 수 있는데 영주자나 회사원, 시니어층, 학생(유학생) 등, 연령과 거주목적에 따라 입회자격을 구분하거나 출신도도부현 단위로 가입하는 현인회 등 그 형태는 다양하다. 회원이 되기 위해서는 회비의 납부가 필수이다.

일본인회의 목적은 친목, 교류, 정보교환, 공통의 이익을 옹호하는데 있다. 활동내용의 범위는 다양하며 일본어보습수업교나 일본어가 통하는 진료소를 운영하는 경우도 있다. 영주자뿐만 아니라 일본인 유학생과 해외주재 비즈니스맨, 국제결혼 일본인도 참가할 수 있는데 참가여부는 어디까지나 임의이고 재외일본인이라도 일본과 같은 마을사회를 싫어하여 입회하지 않은 사람들도 있다. 개인뿐만 아니라 법인회원이 있는 경우도 있다. 대부분 단독 사무소를 가지고 있지 않으며 현지 일본기업이 대신하여 사무국을 계승하거나 회원자택을 사무국으로 겸용하기도 한다.

사진 4.7 브라질 일본인회관과 일본인 가족

일본인들이 거주하고 있는 세계 각지에는 일본인 묘지가 조성되어 있다. 일본인 묘지는 다양한 이유로 일본이외의 국가나 지역에서 사망한 일본인이나 일계인들을 매장한 장소인 매장지, 또는 묘지가 있다. 전쟁, 이주, 귀화, 포로, 직업상의 이유 등으로 도항하여 그곳에 거주하거나 체류 중 사망한 일본인의 묘지이다. 또한 여행 중 사고로 사망한 자들이 일본인 묘지에 묻힌 경우도 있다.

제5장
일계인의 정체성과 문화적응

전술한 바와 같이 해외거주 일본인은 2015년을 기준으로 일본국적자인 재외방인은 약 132만 명, 일본국적을 상실한 일계인은 약 300만 명 정도로 알려지고 있다. 국가별로는 미국, 중국, 오스트레일리아, 영국, 캐나다, 브라질 순으로 많이 거주하고 있다. 브라질의 경우 이민역사가 이미 100년 전에 시작된 만큼 일계인 영주자가 많고 장기체류자 및 단기체류자는 그리 많지 않다. 브라질 일본이민 100년사(2008)에 의하면 해방 전 일본인 19만 명, 해방 후 약 6만 명이 브라질로 건너간 것으로 나타났다. 현재 브라질 거주 일계인 수가 계속 감소하는 경향에 있는데 그 이유는 일계인의 고령화와 일본으로의 귀환이민을 들 수 있다.

현재 브라질에서 일본으로의 귀환이민자는 일본과 브라질의 경제적 상황에 좌우되어 약 20만 명을 초과하고 있다. 하지만 브라질은 세계에서 가장 큰 일계인사회가 존재하고 있고 그들의 후예인 일계브라질인도 160만 명 정도로 추정되고 있다. 이 장에서는 1908년 이후 브라질로 이민 간 일계인 사회와 1990년대 이후 일본으로 귀환한 일계인 사회에 대한 현지 문화적응과 정착기제를 중심으로 살펴보고자 한다.

1. 일계인의 문화적응과 정체성의 관계

일반적으로 적응이란 개인과 환경사이에 조화롭고 만족할 수 있는 환경이 유지되는 상태를 말한다. 그러면 이주민들의 이문화 적응이란 무엇인지 살펴보도록 하자. 이것은 "어떤 한 개인이 자신이 태어나 자란 사회환경을 떠나 새로운 환경에 차근차근 익숙해져가는 과정이다."라고 한다(高井, 1989). 또한 아들러(Adler, 1975)는 이주민의 이문화적응단계의 최종단계를 '자립(Independence)'으로 보았으며 이 단계를 적응에 도달한 상태로 정의하였다. 따라서 이러한 아들러의 정의에 의하면 이문화적응이란 결국 "사회적 심리적 문화적 차이를 수용하고 생활을 즐길 수 있는 상태이며 스스로의 행동을 선택하고 책임을 질 수 있는 상태, 그리고 개인들이 이문화 현지에서 자신들의 존재의의를 표출할 수 있는 상태"라고 할 수 있다.

그러면 이와는 달리 부적응상태란 어떤 것인지 살펴볼 필요가 있다. 부적응이란 적응행동이 조화롭지 못하거나 부드럽지 못한 상태로 심신이 불편한 상태를 초래하는 경우이다. 이문화의 부적응에 대하여 다나카(田中, 2005)는 "인간은 문화에 규정된 면을 가지고 있는 존재로서 이 때문에 이문화접촉이 혼란과 갈등을 초래하고 스트레스를 발생시킨다고 해석하였다." 이러한 이문화에 대한 혼란과 갈등으로 이문화에 잘 적응하지 못한 상태를 부적응상태라고 할 수 있다. 노부코(Nobuko, 2007)의 재미일계인 연구에 의하면 뉴욕에 거주하는 일계인 어머니들의 정신건강이 일본국내의 여성들보다 낮은 것으로 조사되었다. 그 이유는 가족과 멀리 떨어진 가운데 이민여성의 자녀양육과 교육이 불안과 부담을 더욱 강하게 느끼게 한다는 것이 주요 원인으로 밝히고 있다.

그러면 이문화사회에서 일계인들의 이러한 혼란과 갈등, 그리고 스트레스는 어떻게 해결할 수 있을 것인가? 다케시타(竹下, 2001)는 대만에 거주하는 일본인 아내의 사회적 네트워크 연구에서 일본인 여성들은 이주하기 전에 형성된 일본에서의 사회적 네트워크를 유지하면서 대만에서 새로운 일본인과의 네트워크를 형성함으로서 일본인으로서의 정체성을 유지할 수 있었다고 밝히고 있다. 또 다른 연구에서 다카미야(高宮, 2006)는 다문화간 심신의학연구에서 음식섭취 장애를 발생시키는 요인으로 이를 치료하기 위해서는 정체성과 가치관의 회복, 문화적 배경의 고려가 필요하다고 주장하였다.

이와 같이 문화적응과 정체성의 유지는 밀접한 관련이 있는 것으로 기존 연구들은 밝히고 있다. 문화적응 연구에서 정체성은 민족정체성, 문화정체성, 사회정체성과 같은 의미로 사용되거나 정체성이 인간존재의 한

중심에 서 있는 것처럼 묘사되는 경우가 많았다. 게다가 정체성의 이러한 정의들도 활용상에 있어서 의미가 명확하지 않거나 다양한 의미들이 중첩되어 인간존재의 전체인양 논의되어 온 경우도 종종 존재했다. 따라서 문화적응과 정체성의 관계를 보다 명확히 규명하기 위해서는 정체성의 개념과 정의를 확실히 정립할 필요가 있다.

정체성의 의미는 자기정체성, 사회적 정체성, 실존적 정체성, 생물학적 정체성 등 적어도 4개 이상의 의미로 구분되어 사용되는 경우가 많다. 또한 이러한 의미들은 민족적, 문화적, 국민적, 종교적, 언어적 정체성 등과 같이 모두 사회적 귀속의식이나 소속의 명확성과 안정성을 가리키는 사회적 정체성과 밀접히 관련되어 있다. 그리고 이문화 접촉에 의한 정체성에 관한 혼란현상들은 언뜻 보면 국민적, 민족적, 문화적 존재, 어떤 대상에 대한 귀속의식과 일체감, 즉 사회적 정체성으로서 문제가 발생한 것처럼 보인다. 하지만 실제로 이러한 것들은 개인의 정체성, 즉 자기정체성의 확립, 혼란, 위기의 문제라고 볼 수 있다.

에릭슨(Erikson, 1995)은 정체성에 대하여 일생을 통한 심리적 사회적 발달과정으로서 보고 그것은 시간의 축과 공간의 축의 교차지점에 위치하고 있다고 설명하였다. 좀 더 상세히 살펴보면 정체성의 발달과정은 시간적 확대와 자기가 관여하고 있는 세계라는 공간적 확대에 의해 평생 발전해나가는 과정에 있다는 것이다. 모국을 떠난 이주민의 경우 지금까지의 자신의 가치관, 상식과 언어적 소통 등이 이주지에서는 통하지 않는 장면에 직면하여 모든 상황에서 불편과 곤란을 경험함과 동시에 자존감과 긍정적인 생각에 부정적인 변화를 초래할 가능성이 있다. 이것은 어느 한 국가 안에서 발달되어 온 정체성이 다른 공간으로 이동함에 따라 방향전환을 하지 않을 수 없는 상황에서 초래된 혼란의 상태라고 할 수 있다. 이러한 이주민의 문화적응과정에서 정체성의 확립과 혼란에 관한 연구는 집단적 레벨과 개인적 레벨의 관점에서 검토할 필요가 있다.

2. 재미일계인의 문화적응과 정체성

재미일계인에 대한 연구는 실제로 같은 시대에 살았던 일계인들에 의해 수행되어 왔다. 재미일계인은 다른 아시아계 이민과는 달리 신이민자들이 적어 미국 전체 인구에서 차지하는 비율은 매년 감소하고 있다. 이민 초기 일계인들은 아시아계 이민자들 가운데 다수를 차지하였지만 1990년대 이후 강제수용보상운동이 종결된 이래 크게 주목받지는 못하고 있다. 재미일계인들은 역사적으로 100년 이상의 비교적 오래전에 미국으로 건너가 일계인 공동체를 형성하고 제2차 세계대전 중에는 강제수용을 당했으며 1945년 해방이후에는 근면하게 배우고 일함으로서 미국에서 사회경제적 지위향상을 달성했다. 재미일계인의 이민역사는 중국계 이민에 이어 역사적으로는 두 번째로 오래된 민족이다. 때문에 재미일계인 연구는 소수민족이 주류문화에 적응해나가는 과정을 연구하는데 가장 적합한 연구대상이 될 수 있다.

재미일계인은 1945년 이후 미국에서 모델 마이너리티(Model Minority, 모범적 소수민족)로 불러졌으며 한때 고학력자들이 많고 연수입이 높은 아시아계 민족으로서 재미일계인의 성공이야기가 화제를 불러일으키기도 했다. 여기에다 재미일계인은 소수민족가운데 학력, 수입, 교육적인 측면에서 가장 미국문화에 적응도가 높고 동화된 민족으로 알려지고 있다. 다카하시(高橋, 1997)나 후지타(藤田, 1991)의 연구에 의하면 재미일계인들은 미국 주류사회로의 동화가 진행되어도 민족적인 연대는 유지되고 있으며 일계인들이 타민족과의 결혼이나 직장에서 미국사회에 동화되어도 일본적 전통을 유지하고 있다고 보고하였다.

그러면 왜 재미일계인들은 미국 현지에서 주류사회로의 동화가 급속히 진행되었는가에 대하여 살펴보고자 한다. 제2차 세계대전은 재미일계인에게 큰 전환점이 되었는데 전쟁 중 10년간 계속된 반일계인정책이나 판결이 철회되었기 때문이다. 1950~60년대 미국사회는 '인종의 도가니(Melting Pot)'론을 신봉하고 있었으며 재미일계인들은 성공한 소수민족으로 사회적 지위상승과 미국주류사회로의 동화가 급속히 진행되었다. 왜냐하면 당시 재미일계인이라는 존재자체가 일상적인 차별경험과 강제수용소 체험에 의해 부정적인 이미지를 가지고 있었기 때문이다. 때문에 재미일계인 2~3세들은 그들 자녀들에게 일본어를 가르치지도 않았고 일본문화의 가치관이나 일본인을 조상으로 하는 자신들의 출신문화를 강조하지도 않았다.

반대로 교육적인 측면에서 일계인 1세들은 미국공립학교에서 강조한 미국이라는 국가에 대한 충성심과 미국인으로서의 정체성을 강조하게 되었고 미국인과의 교류를 더욱 강화하였다. 재미일계인들의 미국인으로서의 정체성은 강한 일본인의식과 일본인의 특성을 보여주었던 일계인 1세들의 세대적 대립에 의해 더욱 강화되었다. 재미일계인 1세와 2세들 간의 세대 간 대립은 일본어만을 말할 수 있는 1세와 영어만을 말할 수 있는 2세들 간의 언어적 차이뿐만 아니라 공통의 문화와 가치관을 공유할 수 없는 상황이 발생한 것이다.

종교적인 측면에서도 재미일계인 1세와 2세들 간의 차이는 더욱 뚜렷하여 2세들에게 '미국화'의 지표로서 삼는 문화요소의 하나가 되었다. 가령 재미일계인 불교신자들은 일본적이며 동화가 늦어지고 있다고 생각하는 경향이 있었다. 일례로 1952년 재미일계인의 귀화권리 획득이 실현될 쯤에는 일본 전통 종교인 신사보다 기독교로 개종하여 교회에 다니기 시작한 재미일계인들이 더욱 많이 생겨날 정도였다고 한다. 그러나 재미일계인 2세들은 혼인에서만큼은 일계인들과 결혼하는 경향이 강했다고 한다. 그 이유는 백인과 타인종간 통혼금지법이 당시에 존재했기 때문이다. 이 법은 1950년대 캘리포니아 주를 포함한 대부분의 주들이 법률을 고수하고 있었기 때문이다. 거기에다 법률뿐만 아니라 아무리 재미일계인들

사진 5.1 일본인의 귀화시험과 집단귀화 선서식

이 백인사회에 동화하려고 해도 수용되지 않았으며 타 인종사회와의 교류도 거의 없었다. 아시아계 소수민족들과는 식민지지배의 역사적 기억이 존재하고 일계인 1세들의 의식 속에는 일계인들은 일계인과 결혼해야 한다는 의식이 강하게 존재하는 측면도 작용했다.

재미일계인 1세의 정체성은 미국인에 의한 배척이나 차별의 영향으로 일본인들이 미국사회로 동화하기에는 한계가 많다는 것을 느끼게 되어 항상 일본으로부터 건너온 이민이라는 의식을 가지고 있었다. 반면 미국 이민사회에서 새롭게 형성된 일계인의 정체성 형성에는 3개 요인의 영향을 받았다. 첫째, 가정이나 공동체 환경에 의한 인종적 혹은 문화적 정체성의 교화이다. 둘째, 미국학교에서의 '미국화' 이데올로기의 추종이다. 셋째, 미국사회에서의 차별이나 배척 등 인종차별이다. 이러한 가운데 재미일계인 1세들은 2세들이 미국사회에서 고학력에 의한 훌륭한 미국인이 되는 것이 일인으로서의 자랑이라고 가르치게 되었다. 일계인 2세들은 대부분 미국적 가치관과 행동양식을 배우는 일반 미국학교에 다니게 되었고 일계인 이외의 인종과는 교류가 없었기 때문에 청년들에게는 영어가 그들의 일상적인 제1언어가 되었다. 이러한 과정에서 일계인 2세들은 정체성을 형성하는 시기에 부모로부터 배운 일본적 가치관과 훌륭한 미국인이 되기 위해 배운 미국적 가치관과의 중간에 끼게 되었다. 일계인 2세들은 국적상 미국인이었지만 미국사회로부터는 일본인이라는 인식 때문에 주류사회의 동화과정에서 많은 어려움을 당했다. 또한 그들은 일계인이었지만 한편으로는 일본인들을 업신여기는 경향이 있었다. 그들은 미국사회에서 차별과 배척으로 인하여 일계인으로서의 정체성을 표면적으로 상실하였고 잠재적 정체성을 가진 자들로 바뀌었다.

일반적으로 민족정체성은 가정, 공동체 환경, 타 민족집단과의 상호작용에 의해 형성되는 경우가 대부분이지만 재미일계인 2세들은 미국 공립학교에서 미국화와 미국인으로서의 정체성 형성에 큰 영향을 받았다고 볼 수 있다. 왜냐하면 재미일계인 2세들은 성장기에 타 민족집단과 거의 사회적 접촉과 교류가 적었고 전통적으로도 정치에 관심을 보이지 않았기 때문이다. 이들이 정치에 관심을 가지지 않는 이유는 크게 세 가지로 설명된다. 첫째, 해방이전 대부분의 일계인 1세들에게 시민권이 부여되지 않았기 때문이다. 둘째, 일계인 1세의 대부분이 일본에서조차 투표권을 가진 경험이 없었고 정치에 대한 관심이 적었던 사람들이었기 때문이다. 셋째, 이러한 재미일계인 사회에서 자라난 2세들은 성인이 된 이후에도 적절한 지도자나 조언자를 찾지 못했기 때문이다. 재미일계인들은 1952년 이민귀화법(The Mccarran－Walter Immigration and Naturalization Act and Japanese－Americans)에 의해 시민권과 투표권을 획득했지만 영어에 의한 선거와 지식테스트 등에 의한 방해, 오랫동안 차별당한 경험 때문에 정치에 대한 관심이 적을 수밖에 없었다.

이러한 환경에서 자라난 재미일계인 2세들은 다른 아시아계 소수민족들과의 통합보다는 미국 백인사회와의 동화를 중시했다. 일계인들은 1950년대 말부터 백인거주지역인 교외로 이사하는 2세들이 증가하였다. 그 동기는 큰 집이 필요하다거나 자녀들의 환경 등을 고려한 측면도 있었지만 주류사회로의 동화를 지향하여 이사하는 경우도 종종 있었다. 이러한 가운데 재미일계인 3세들은 다양한 타 집단과의 교류와 어릴 적 경험한 흑인해방운동, 소수민족운동을 경험하면서 외부집단에 대한 열린 감정을 가지게 되었다.

재미일계인 사회는 1960년대 3세들이 중심에 서면서 정체성과 문화, 정치행동을 주류사회로 통합시키기 위한 목표를 제1순위로 생각하게 되었다. 1960년대~70년대 대두한 아시아계 미국인운동은 일계인공동체에 큰 영향을 끼쳤으며 그 중심에 일계인 3세들이 존재했다. 다민족사회에서 자라나 미국화 된 일계인 3세들은 아시아계 미국인과의 교류가 활발했고 소수민족의 사회문제에도 관심을 가지기 시작했다. 거기에다 미국사회에서 아시아계 소수민족의 공통적인 차별, 억압경험의 인식은 소수민족운동을 문화적 인종적 공통성에 기반 한 운동으로 변화시켰다.

이러한 가운데 1970년대 본격화된 제2차 세계대전 중 일계인 강제수용에 대한 보상운동은 재미일계인과 아시아계 소수민족에 대한 인종차별이 아직 존재하고 있다는 사실을 재인식시켜 주었다. 그리고 마침내 일계인 강제수용 보상운동은 1976년 포드대통령에 의한 '제2차 세계대전 중 일계인에 대한 강제수용은 잘못 되었다.'고 하는 사실에 대해 건국 200년을 기념한 '미국의 약속(The American Promise)'에 서명하게 했다. 1980년대에는 레이건 대통령이 '일계미국인에 대한 보상법'에 서명하였으며 1988년 '제2차 세계대전 중 부당한 처우의 피해자로 생존하고 있는 일계인 6만 명에게 1인당 2만 달러의 보상금을 지급하고 국가로서 사죄한다.'라고 표명함으로서 일단락되었다.

이러한 일계인강제수용에 대한 보상운동은 일계인 3세들에게 재미일계인의 정체성 강화와 그들 세대 간의 연대감을 강화시켜주었다. 그러나 역설적이게도 이러한 보상운동은 재미일계인의 미국화를 강화시켰다는 주장도 있다. 왜냐하면 일계인강제수용에 대한 보상은 재미일계인으로서의 가치관, 규범, 사상 등이 의심할 것 없는 것으로 확실하게 미국화 되는 계기가 되었고 재미일계인으로서의 의식이 더욱 강화되었기 때문이다.

이것은 아시아계 소수민족운동에서도 나타난 결과와 마찬가지로 미국사회에서 미국화와 백인사회로의 동화는 반드시 일치하지 않는다는 것을 극명하게 보여주는 사건이었다.

일반적으로 모국을 떠난 미국사회로의 이민은 1세~2세들이 육체적인 노동으로 고생하고 3세부터 고등교육을 받아 미국사회로 진출하는 것이 전형적인 패턴이라 할 수 있다. 재미일계인의 경우 제2차 세계대전 당시 강제수용경험과 고등교육이 미국사회에서 성공열쇠라는 신념에서 대부분의 2세들도 고등교육을 받아 미국사회로 진출하는 경우가 많았다. 그러나 이러한 패턴은 역설적이게도 미국사회에서 동화가 진행됨에 따라 '민족적 자살'이라는 현상을 발생시키고 있는 것이다. 일반적으로 미국사회에서 재미일계인은 한국계나 중국계에 비해 구심력이 약하고 타민족과의 결혼이 많았다. 재미일계인의 고등교육에 의한 고학력자의 생산은 타 인종집단과의 접촉기회를 확대하고 백인사회에 거주하는 성향을 강화시켰으며 타 인종과의 대학캠퍼스나 직장에서의 접촉을 증가시키는 것으로 나타났다. 더욱이 타 인종과의 통혼은 이민역사가 오래될수록 증가하는 경향이 있었기 때문에 2000년 미국 국세조사에서 재미일계인의 30%정도가 자신들의 정체성을 재미일계인보다는 혼혈이라고 주장하는 결과를 초래하였다.

이상과 같이 1960~70년대 재미일계인 3세들은 일계인이라는 정체성을 부끄럽게 생각하는 일계인 1~2세들과는 달리 일본과의 연계에 긍정적으로 생각하는 경향이 강해졌다. 그 배경으로는 첫째, 전반적으로 재미일계인들의 경제적 사회적 지위가 해방직후와 비교하여 향상됨에 따라 자신감을 가지게 되었다. 둘째, 미국사회에서 공민권운동의 영향을 받아 발생한 옐로우파워 운동이 아시아계인 일계인들에게 정체성을 강화시키는 긍정적인 효과를 가져왔다. 셋째, 재미일계인의 뿌리인 일본의 경제성장과 일본인에 대한 자부심을 가지게 되었다. 넷째, 이러한 결과 1970년대 미국사회에서 재미일계인 보상운동의 전개가 가능하게 되었던 것이다.

요약하면 재미일계인에 대한 비유로서 1세는 대나무, 2세는 바나나, 3세는 꿀벌이라는 용어로서 비유되고 있다. 그 이유는 1세의 경우 대나무처럼 강하고 탄력적으로 차별 사회를 살아냈다는 의미가 담겨져 있다. 2세의 경우는 미국사회의 편견과 차별에 승리하기 위해 외견상으로는 일계인 그대로였지만 내면적으로는 미국화를 지향했다는 것이다. 3세의 경우는 미국사회에서 재미일계인에 대한 차별과 헤이트크라임이 사라지면서 침묵의 마이너리티였던 일계인들이 벌처럼 날개를 치며 차별에 저항하게 되었다는 의미이다.

재미일계인들은 한때 미국사회에서 모델 마이너리티(Model Minority)로서 높이 평가받았지만 미국화에 의한 미국인의 가치관을 가지게 되면서 일본인의 전통이 붕괴되고 일계인의 결속에 의한 긍정적인 면들이 점차 사라지게 되었다. 이러한 경향은 일계인 3세로 갈수록 강해지면서 그들 부모로부터 백인처럼 미국사회에 따르도록 종용받았지만 한편으로는 그들의 부모인 2세부터 일계인문화에 연결되도록 하는 암묵적 지시에 무의식적으로 따르게 되었다. 그 결과 재미일계인 3세들은 자신들의 이중문화유산, 즉 미국문화와 일본문화를 동일시하려는 혼란에 빠지게 되었고 어느 단계부터는 소외감을 느끼게 되었다. 재미일계인 2세들은 시대적 상황에 의해 일본적인 것을 내면에 잠재화시켜 미국사회에서 살아왔지만 그들이 부모가 된 이후에는 일본적 가치관을 무의식적으로 그들 자녀인 3세들에게 가르쳤던 것이다.

이제 미국사회에서도 소수민족에 대한 제도상의 차별이 철폐되고 편견적인 행동들이 적어짐에 따라 일계인자신들이 그들의 정체성을 직접 선택할 수 있는 자유재량권이 부여되었다. 과거와 같이 재미일계인들이 무리하게 미국화를 지향할 필요도 없어지고 다양한 3세~4세들이 등장하게 되었다. 그러나 이들은 또한 일계인공동체나 일계인 사회의 문제에도 관심을 보이지 않는 세대들의 등장하였던 것이다. 게다가 재미일계인 사회는 다른 아시아계 사회와는 달리 뉴커머의 유입이 가장 적은 자극이 없는 사회로 재미일계인으로서의 전통 승계, 정체성 유지와 극복은 점점 더 어려운 과제가 되어 가고 있다.

3. 일계인의 일본문화적응과 정착기제 사례

일본인의 해외이주는 메이지 이후 해외로 진출하기 시작하면서 1970년대 초반까지 지속되었다. 1980년대 이후 일본 기업의 노동력 부족으로 1990년 입국관리법이 개정되면서 30만 명이상의 일계인들이 일본으로 귀환하게 되었다. 이들은 주로 군마 현 오이즈미마치(群馬県大泉町), 요코하마시 쓰루미구(横浜市鶴見区), 시즈오카 현 하마마츠시(静岡県浜松市), 나고야시 오수(名古屋市大須) 등지에서 주로 자동차 부품조립, 전자제품 조립, 악기산업, 식품공장 등에서 비숙련 공장노동자로 일했다. 2008년 리먼쇼크 이후 경제위기와 불황으로 약 10만 명 정도가 브라질로 재귀국하였고 현재 20만 명 정도가 정주형태로 일본에서 생활하고 있다.

이러한 이유에서 일본 나고야 지역에서 생활하고 있는 귀환일계인들에 대한 연구결과는 1990년대 비슷한 형태로 대량 유입된 중국조선족들을 비롯한 결혼이주여성 등 다문화 사회 한국에도 많은 시사점을 제공해 줄 수 있을 것으로 생각된다. 현지조사에 의하면 현재 일본에서 생활하고 있는 일계인 1세의 자녀들은 일본어문제, 학업성취와 학교생활적응, 취업문제 등이 가장 큰 문제로 대두되고 있었다. 그 이유는 학부모의 직업(장시간의 아르바이트 노동), 학생들의 일본어능력 부족과 학업저하, 그리고 데카세기 이민에 따른 학업성취 동기부족 등이 큰 문제가 되고 있기 때문이다.

이 절에서는 일본의 동화정책(assimilation)과 이민수용정책(reception)이 요코하마시 쓰루미구, 시즈오카 현 하마마츠시, 나고야시 오수지역에 거주하는 일계인을 대상으로 일계인의 문화적응과 정착과정에 어떤 영향을 미쳤는지에 대하여 살펴보고자 한다. 이러한 일본 내 일계인에 관련된 문화적응의 지역적 사례는 일본기업이나 일본정부의 필요에 따른 일계인에 대한 일본어 강요와 교육정책에서도 잘 드러나고 있다. 따라서 이절에서는 일계인의 문화적응 실태에 대하여 현재 일계인들이 직면한 일본어와 교육문제의 실태에 대하여 현지사례를 중심으로 상세히 살펴보고 대안방안을 제시하는데 역점을 두고자 한다.

연구방법은 일본 나고야시 오수지역(名古屋市大須)을 방문하여 현지에서 인터뷰를 실시하였으며 이들 지역에 거주하는 일계인들을 대상으로 문헌자료수집, 수집자료의 분석, 현지 참여관찰 및 인터뷰조사를 실시하였다. 특히 일계인 집중 거주지역 중에서도 나고야시에 거주하는 일계인 문화적응과 정착이라는 두 가지 문제에 초점을 두고 살펴보고자 한다.

일본 현지에서 일계인을 대상으로 실시한 이주에 따른 일본사회의 문화적응과 정착과정에서 그들이 직면하고 있는 문제(언어문제, 교육문제, 취업문제)점에 대하여 인터뷰 내용을 중심으로 분석하고자 한다.[1]

일본 요코하마 쓰루미구(국제라운지 사토관장, 60대 남성)

1990년대 이후 계속적으로 증가한 일계인들은 2007년까지 절정기에 약 30만 명에 달했으나 2008년 리먼쇼크(경제위기)를 계기로 감소하기 시작하여 최근 약 20만 명 정도가 일본 각지에 거주하고 있다. 일본에 거주하고 있는 일계인들은 일본에 정착하기 시작한지도 25년이 경과되면서 정주화 경향이 뚜렷해지고 있다. 이러한 정주화과정에서 일계인들은 많은 문제에 직면하게 되었다. 현재 그중에서도 가장 큰 문제는 그들 자녀의 일본에서의 교육문제와 취업문제이다.

---

1 이 자료는 2014년 2월 26일 일본 현지 요코하마시 쓰루미구, 시즈오카 현 하마마츠시, 나고야시 오수지역에 거주하는 일계인 대상으로 현지조사를 통한 인터뷰 내용을 정리한 것임.

사진 5.2 나고야 일계인 집거지 9번 주택 단지 전경과 브라질 학교

먼저 일계인 자녀의 교육문제를 살펴보면 브라질 출신 일계인부모들은 일본어 구사를 못 하고 포르투갈어를 사용하는 경우가 많은 것으로 나타났다. 또한 부모들이 일본학교에서 필요한 언어를 모르기 때문에 자녀교육을 지원할 수 없는 상황이다. 일계인부모들은 일상적인 일본어를 사용할 수 있을지라도 학교에서 사용하는 전문적인 용어는 잘 모르는 경우가 많다. 일계인 자녀들은 일본어 한자를 모르기 때문에 중학교(의무교육)를 졸업해도 고등학교와 대학에 진학하는데 상당히 어려움이 많다. 이렇게 되면 일계인들은 학력에 의해 취업이 힘들어지는 악순환이 반복된다.

일본어 능력부족으로 나고야 오수지역에서 발행되고 있는 일계인대상의 포르투갈어 신문에 실린 광고를 보면 구인란에 일본어 40%이상, 30%이상, 50%이상이라는 광고가 게재되어 있다. 이것이 무엇을 의미하는지 현지 일계인에게 물어본 결과, 일본회사가 일계인을 대상으로 일본어를 완벽하게 구사하지는 못할지라도 어느 정도 구사하면 채용하겠다는 의미라고 했다. 그러나 일본어 구사능력에서 합격선 비율이 어느 정도인지 정확하게는 알지 못하고 면접에 의해 좌우되는 것으로 나타났다.

일계인의 취업 문제를 살펴보면 현재 나고야 지역 일계인들은 아르바이트로 고용되어 일하는 경우가 많았다. 대개 일계인들은 연령에 따라 그들이 일하는 아르바이트 장소가 바뀌는 것으로 나타났다. 이러한 현상을 상세히 살펴보면 대개 20~35세의 청년층 대부분은 일본의 경제불황으로 브라질로 귀국하는 경우가 많았다. 그러나 일계인 노동자가 40세 이상이 되고 자녀가 일본에서 태어난 경우에는 브라질로 귀국하기보다는 자녀들을 위하여 일본정주의 길을 선택하는 것으로 나타났다. 일계인들이 50세 이상이 되면 도시락공장 아르바이트, 사회복지 개호시설, 호텔청소업 등에 종사하는 것으로 나타났다. 대개 일계인들이 55~60세 이상이 되면 호텔청소업에 종사하는 경우가 많아 주변 지역에만 해도 호텔종사자가 3만명 정도 되는 것으로 나타났다.

사회복지 개호시설에 종사하는 일계인들의 경우 과거 일본인들이 어른을 존중하는 정신이 그들에게 아직까지도 그대로 남아 있어 문화적으로 유리하게 작용한다고 했다. 또한 일계인들은 사회복지 개호분야(실업해소 차원)에서 종사하는 것을 보람으로 생각하는 경향도 있다. 이들 사회복지 개호분야에서 일하는 일계인들은 옛날 일본인들이 부모나 어른을 존경하는 정신이 아직까지도 남아있어 효도정신이 강하다고 한다. 또한 일계인들은 취업지원센터나 일계인협회를 통해 사회복지 개호 자격증을 취득하고 연수를 받는다. 특히 일계인들은 일본인과 얼굴이 비슷하고 일본어 구사가 가능한 이들이 많기 때문에 복지시설에 종사하더라도 일본인들이 다른 외국인들과는 달리 위화감을 느끼지 않는다고 한다. 일본인들은 사회복지 개호분야에서 일하더라도 급료가 적기 때문에 이직률이 매우 높다. 이러한 일본인의 틈새노동시장에서 이 분야에 일계인들이 취업하는 구조가 발생하고 있다.

이상과 같이 일본에서 생활하는 일계인들 대부분은 일본어를 잘 구사하지 못하기 때문에 일본에서 3D(힘들고 더럽고 위험한 직종)업종에 종사하는 이들이 많다. 가령 도시락공장(저녁과 새벽까지 일함)에서 일하는 일계인들은 저녁에 출근하여 아침에 퇴근하는 경우가 많다. 이렇게 되면 낮에 학교 가서 공부하는 그들 자녀들과의 생활패턴이 정반대이기 때문에 의사소통에도 한계가 있고 자녀의 공부를 도와주거나 함께 놀아줄 수 있는 환경이 안 된다. 그리고 일계인들은 일본에서 학력이 뒤처지기 때문에 아무리 열심히 공부해도 좋은 직업에 취업하기 점점 힘들어지는 사회적 구조가 형성되어 있다.

시노다상 카를로스(50대 후반, 나고야에서 브라질 학교 운영, 남성)

현재 일본에는 재일외국인들이 약 140만 명 정도가 살고 있다. 이들 외국인들은 1위가 중국, 2위가 재일코리안, 3위가 필리핀인으로 23만 명 정도이며 제4위는 일계브라질인으로 19만 명 정도가 생활하고 있다. 2008년 리먼쇼크 때 일본정부로부터 30만원 정도의 귀국지원금을 받고 2만 명 정도가 브라질로 귀국하였다. 이들 일계인들은 기업이나 회사와 노동계약 시 3개월 정도 일본입국 허가비자를 받고 있지만 일본에서 1년을 체류하게 되면 노동계약 회사로부터 직접 비자 허가가 필요하다. 최근에는 취업에 일본어가 필수이기 때문에 일본입국 조건에서 일본어 구사능력이 매우 중요해졌다.

최근 일계인 집거지역에서 발행되고 있는 일계인대상 정보지나 잡지를 보면 일본어 능력을 매우 중시하고 있다. 이것은 순전히 일본어 구사능력의 필요성이 그만큼 중요해졌다는 일본사회의 현상을 그대로 반영하고 있는 것으로 생각된다. 일본어 구사능력 이외에도 일계인들이 일본기업에 취업하기 위해서는 자가용이 필요한 경우가 많다. 이러한 현상도 얼마 전까지는 대부분의 일본기업들이 노동자들을 직접 집에서 픽업해오고 데려다 주는 경우가 많았지만 지금은 상황이 달라졌다.

일계인들은 대부분 회사의 비자가 불필요한 3개월간 단기간 노동계약을 한다. 이들이 종사하는 산업분야는 자동차, 금속, 농업비즈니스 등 일본기업이 브라질에 진출하고 있으며 일본－브라질간의 정치경제적 상황에 직접적으로 관련되어 있는 경우가 많다. 일계인들이 일본에 유입된 지도 이미 25년이라는 세월이 흘렀고 일터에서 10~14시간의 노동에 시달리고 있기 때문에 따로 일본어를 공부할 시간이 없다. 장시간 노동으로, 교육을 받을 시간이 부족한 형편이다. 일계인들은 일상생활에서 일본어 교육이 필요한데 이것은 단지 일계인 노동자만의 문제가 아니다. 일계인들이 원래부터 기업노동자로서 일본에 도일했기 때문에 일본정부의 문제이기도 하다. 일계브라질인들이 경제적인 이유로 도일하여 많은 정책적 혜택을 제공한 것은 좋지만 그동안 이들에 대한 생활과 교육 지원이 전혀 없었다.

최근 일계인들이 일본에서 생활보호대상자(아르바이트)로 기초수급을 받고 취업하지 않는 경우가 많이 발생하고 있다. 일본정부는 정치경제적 조건에서 일계인 노동자를 물건 취급하듯이 수용하였지만 이것은 브라질로 일본 경제 진출(기업) 기반을 위한 마련하기 위한 노동자 수용에 지나지 않았다. 일계인 노동자들이 일본인과 외모가 비슷하여 수용했다고 하지만 이들은 일본에서 무질서한 브라질 생활문화의 전파와 일본생활 부적응(문화, 일본어) 등 다양한 문제가 발생하여 일본에서 브라질인들이 게토화 되고 있다. 현재 상황으로서는 상당히 일본 사회적응이 어려운 상태이다.

일본정부의 국제교류는 형식과 체면을 중시하기 때문에 외국인을 차별하고 무시하는 경향이 계속되고 있다. 처음 일계인들이 일본에 오기 전에는 일본이라는 나라가 대단하다고 느끼지만 점점 다음은 어떻게 되겠지, 그리고 다른 외국인노동자와 다를 바 없는 상황이 되며 경제와 정치적 상황에 따라 그들의 상황도 변하고 있다. 향후 일본과 브라질의 좋은 점을 수용하고 어떻게 발전시켜나갈 것인지가 중요한 관건이다. 현재 일본에는 1990년대 전후 도일한 일계인 1세대에 해당되는 이들이 약 15만 명쯤 되면 이들 중 55세 이상은 약 3만 명 정도 된다. 이들은 기업에서 퇴직한 후 연금을 받을 수 없다. 이들은 회사퇴직 후 브라질로도 귀국할 수 없는 형편이다.

전 세계적으로 300만 명 정도의 브라질인들이 해외로 이주하여 거주하고 있는데 일본에만 이들을 위한 브라질학교가 존재한다. 향후 유럽이나 미국 등에도 이들을 위한 브라질 학교가 설립될 것으로 예상하고 있다. 일본에서 일계인의 교육문제가 대두됨에 따라 브라질 정부는 세계 조류에 편승하여 이에 대응하려는 움직임을 보이고 있다. 1999년 브라질 문부성은 일본에 브라질학교 설립을 인가하였으며 이에 따라 브라질 정치가들에 의한 법률개정이 불가피한 상황에 직면해 있다. 현재 전 세계 브라질인 디아스포라들은 대통령 선거에만 투표권을 행사할 수 있다.

해외에 거주하는 브라질인 약 300만 명이 모국 브라질로 송금을 하고 있다. 브라질경제에서 주요 수입원은 커피수출이 1위, 해외송금이 2위를 차지할 정도로 브라질인 디아스포라들의 모국경제에 미치는 영향은 막대하지만 아직까지도 브라질 국회의원선거에서 투표권을 행사할 수 없다. 브라질정부는 전문대학설립을 인가하고 해외거주 브라질인대표자회의를 결성하여 룰라정부 때 16명의 대표자를 브라질외무성이 선발하여 외국현지정보수집기능을 강화했지만 외국거주 브라질인을 위한 정책은 분명하지 않는 상황이다.

일본정부는 일계인 노동자에게 국적이 브라질인(일계브라질인)2세들에게 3년간의 노동 비자를 부여하고 있으며 일본－브라질 간 경제적 중개자로서 메리트가 있기 때문에 지방자치단체선거에서 시장과 참의원선거에 투표권을 부여하고 있다. 일계인 노동자들은 현재 직업과 교육을 동시에 해결할 수 없는 상황이다. 부모 세대의 일계인 1세의 경우 돈을 벌어 빨리 브라질 귀국할 예정이었지만 일본생활이 10~20년 경과함에 따라 일본에 정주하는 세대가 증가하고 있다. 일계인 자녀들의 교육에 있어서 일계인 1세대~2세대가 실패하여 일본－브라질간의 채널이 없는 상황이다. 일본사회에 거주하고 있는 외국인과의 협력과 사회통합을 위해 외국인 선거참여가 매우 중요해지고 있다.

현재 일계인들은 일본노동시장의 변화로 일본어의 필요성이 점점 증

사진 5.3 일계인 집거지 내 일계인을 위한 브라질 식료품점과 직업학원

가하고 있다. 일본에 일계인 자녀들이 약 3만 명(14세 이하) 정도 거주하고 있는데 이들은 향후 일본과 브라질 간의 가교역할을 담당하고 국내 외국인과의 중요한 교류역할을 할 수 있을 것이다. 일계인들은 국제교류 상의 중요한 역할을 담당할 것이며 일본어, 일본문화, 일본을 지키기 위해서라도 일계인들이 필요하다. 과거 일본이외의 외국인을 차별하고 배제하는 섬나라 근성을 수정할 필요가 있다.

일본인들은 일계인들과의 소통이 매우 중요하다. 일계인 노동자를 무조건 물건으로 취급하는 것은 경제상황을 더욱 악화시키는 것과 다를 바 없다. 현재 일본은 노동력부족과 인재부족에 시달리고 있기 때문에 현실적인 노동자수용정책을 제도적으로 정비할 필요가 있다. 일계인 노동자들을 위한 정책적 지원은 일자리 찾기 지원을 위한 핼로우워크 지원이 10만 엔에다 교통비를 지원하고 있다. 취업을 위한 교육 지원은 3개월 코스로 18시간에 13만 엔~18만 엔 정도를 지원하고 있다.

일계인 노동자들이 일하기 원하는 급료가 많은 곳은 일본어가 필수이다. 일계인 노동자들에게 급료가 센 곳은 자동차부품회사로서 시급이 900~1400엔 정도 된다. 브라질에 파견회사가 일본어 학교를 설립하고 파견회사는 일본 내 일계인 노동자들에게 아르바이트 일자리와 기숙사를 제공한다. 또한 파견회사는 일계인 노동자들이 일본으로 오기 위한 비행기 왕복권을 제공하고 나중에 일본에 취업하여 급료에서 천천히 갚아 나가도록 지원하고 있다. 파견회사는 일계인 노동자들이 일본기업에 취업하기 위해 필요한 서류준비와 주택(파견회사)임대료를 선불해주고 나중에 급료에서 지급하도록 배려하고 있다. 또한 일본에서는 사회적으로 일계인 노동자들에게 문신을 금지하는 경향이 있지만 브라질에서는 하나의 아름다움의 표현방식으로 문화적 차이의 전형적인 사례라 할 수 있다.

니시 제퍼슨 목사(일계인 2세, 30대, 남성)

제퍼슨 목사는 일계인들이 가장 많이 거주하고 있는 나고야 9번 단지 내에 있는 일계인 교회의 담임목사이다. 교회는 일계인 노동자들의 일본생활 정착에 있어서 가장 중요한 역할을 담당하고 있는 것으로 나타났다. 브라질은 원래 기독교 국가로 인구 약 42% 정도가 크리스천이라고 한다. 일계인 노동자들이 일본에 도착하자마자 가장 먼저 찾는 것이 교회이다. 이러한 이유 때문에 나고야 시 주변에만 해도 11개 이상의 교회가 활동하고 있다. 제퍼슨 목사는 일계인 노동자들이 일본어에 약한 이유에 대해 돈벌이 후 곧 귀국을 전제로 하기 때문에 일본어 공부의 필요성을 느끼지 못하기 때문이라고 한다. 일계인의 직업은 일본에서는 일반적으로 노동직이 많아 45세 이상이 되면 대부분 퇴직하고 이후에는 도시락공장이나 청소업으로 전업하는 경우가 많다.

이 교회에서는 일계인들이 일본에서 생활하는 가운데 직면하는 문제들을 상담해주거나 매주 토요일에는 홈리스 일본인, 아프리카인, 필리핀인, 브라질인들을 위한 예배와 식사를 제공하고 직업도 소개해준다고 했다. 교회는 주변 9번 단지에 거주하는 약 2,000명의 일계인 노동자들을 위해 일본어를 무료로 가르쳐주고 있다. 교회에서의 예배는 포르투갈어, 영어, 일본어로 예배드리고 있으며 성경으로 정신적 어드바이스, 안정된 생활을 위한 조언, 직업소개와 일본어 서비스를 제공하고 있다. 이 교회는

사진 5.4 나고야 9번 단지 일계인 집거지 일계인 교회

다양한 인종들이 모이고 있는데 특히 캐나다인, 중국인, 브라질인 등이 많고 이들 중 대표자는 일계인이 맡고 있다.

일계인 노동자들은 2008년 리먼쇼크이후 실업자가 증가하였으며 이에 따라 교회신자들도 과거 300명 정도에서 100명 정도로 감소하였다. 주변지역에 거주하는 일계인들도 과거 5,000명 정도였는데 지금은 거주자가 2,000명으로 감소하였다. 일계인 노동자들의 실업률이 높아지면서 브라질로 귀국하는 이들이 많아졌기 때문이다. 일본에 남아 있는 경우에도 생활보호대상자나 아르바이트로 생계를 유지하는 이들이 많아졌다.

일계인 노동자의 급료는 대부분 시급으로 책정되는데 제조업의 경우 시급 1200~1300엔 정도이며 도요타공장은 900엔~1,100엔 정도로 낮아졌다. 그밖에 일계인들은 주로 사회복지 개호분야에 취업하거나 돈벌이를 위해 토요일과 일요일에 아르바이트가 가능한 일자리와 잔업을 선호하는 경향이 있다. 일계인 노동자들에게 사회보장(보험, 연금), 즉 미래가 보장된 것은 아무것도 없다. 그들에게 당장 시급한 것은 안정된 직업을 구하고 일본어를 배울 수 있는 학교를 지원하는 것인데 이러한 일을 지금 일계인 교회가 떠맡고 있다. 일계인 교회에서는 그들에게 직업을 소개하고 생활지원을 해주고 있다. 일계인 교회는 취업알선업자들이 교회를 설립하여 직업을 소개하고 생활을 지원하고 있으며 그들의 교회정착을 통해 일본 사회적응에 기여하고 있는 것이다.

세르비츠 마스코(일계인 식품 슈퍼마켓 사장, 60대, 남성)

마스코 사장은 1990년대 이전에 도일하여 사업에 성공한 일계인 1세에 해당된다. 그의 슈퍼마켓은 시즈오카 현 하마마쓰 역 가까운 곳에 자리하고 있다. 슈퍼마켓은 처음에는 브라질 빵을 굽는 것에서 출발하여 지금은 빵공장을 따로 세웠으며 각종 브라질 생활용품이나 식품을 판매하고 있으며 슈퍼마켓 내에 식당도 운영하고 있다. 토요일이나 휴일에는 이 식당에서 브라질출신 일계인 가수를 초청하여 축제를 열기도 한다. 매주 주말마다 삼바축제, 춤, 노래공연을 실시하고 있다.

그의 말에 따르면 최근 일계브라질인들이 약 7,000~8,000명 정도 감소하였으며 직업이 없는 청년들이 많다고 했다. 그러나 그는 일계인 청년들이 일을 하려면 얼마든지 일자리를 구할 수 있는데 힘든 일을 싫어하여 취업을 하지 않는 경우가 많다고 했다. 향후 브라질에서 월드컵 개최로 일본정부가 대대적으로 지원하고 있지만 이들 일계인 노동자들은 직업이 없이 생활보호대상자로 기초연금을 받아 생활하고 있는 경우가 많다. 이들은 일본에서 일을 하지 않아도 충분히 먹고 살 수 있다는 것을 이용하고 있는 것이다.

일계인 노동자들은 사실 일본어를 못해도 취업할 수 있지만 스스로 일을 하려는 사람이 없다. 그리고 최근 일본경제의 활성화로 일자리가 많이 늘어나고 있지만 일할 사람을 찾지 못하고 있다. 나는 벌써 일본생활 26년째이다. 분명히 지금으로부터 6년 전인 리먼쇼크 때는 직업이 없어서 어려웠다. 하지만 지금은 상황이 많이 달라졌다.

이곳에는 브라질학교가 7개교가 있었는데 최근 3개교로 줄어들었다.

일본학교에 입학하는 일계인 자녀들의 숫자가 점점 많아지고 있기 때문이다. 일계인들은 리먼쇼크, 생활 곤란, 대지진 등으로 교회를 찾는 사람들이 증가하고 있다. 아마 정신적 여유를 찾기 위해서 그런 것 같고 미국의 현상과도 비슷하다고 볼 수 있다.

일본에 정주하고 있는 일계인 청년세대는 힘든 일을 싫어하고 게으른 경향이 있다. 과거 일계인 노동자들은 악기산업과 자동차사업 등 3D산업의 힘든 일을 도맡아서 해왔다. 그러나 지금은 상황이 다르다. 1990년대 이후 일계인 노동자들이 점차 일본사회에 적응하기 시작하면서 3D산업의 종사에서 좋은 조건의 직업, 시급과 잔업이 많은 직업으로 이동하게 되었고 이제는 일본어구사능력이 점차 필요하게 되었다. 이러한 변화과정은 일계인 노동자들에게 직업을 선택할 수 있게 한 계기가 되었으며 초기 이민 상태에서 벗어나 점차 정주화와 문화적응이 어느 정도 진행된 것으로 생각할 수 있을 것이다.

4. 일계브라질인의 문화적응과 정착기제

베리(Berry, 1997)는 이민집단의 실증연구로부터 문화적응태도를 분석한 바 있다. 그는 이 연구에서 개인인 일정의 다름을 경험하여 자기조정을 위한 심리 과정을 경험하기 때문에 문화변용에 관련된 문제의 근원은 문화적이지 않고 문화 간 발생한 문제라고 주장하였다. 그리고 문화변용태도 연구에서 2차원적 모델을 제시하였다. 〈그림 5.1〉에 제시한 바와 같이 이 모델은 자신의 문화적 정체성과 특징을 유지할 것인가, 아니면 이주지의 사회와 좋은 관계를 유지할 것인가에 대한 물음으로 4유형으로 분류하고 있다. 먼저 통합은 고유문화를 유지하고 이주지의 사회와도 교류하는 유형이다. 동화는 고유의 문화적 정체성의 유지를 희망하지 않고 일상생활

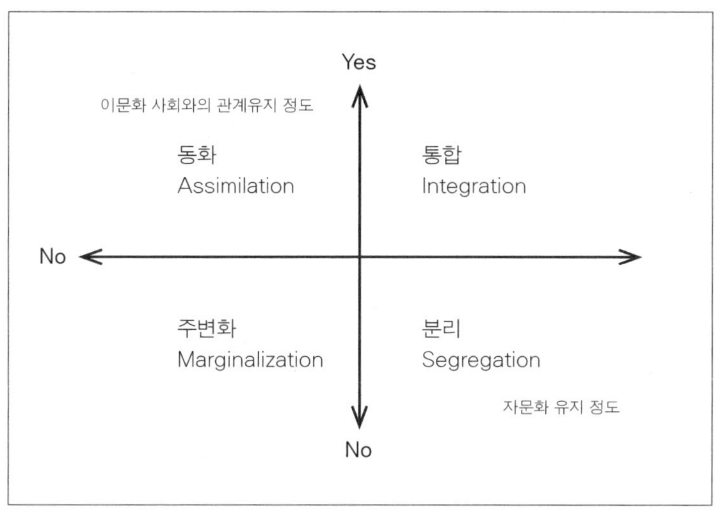

그림 5.1 일계인의 문화적응 전략(Acculturation strategies)

에서 이주지와의 교류를 희망하는 유형이다. 분리는 자신의 어머니 문화를 유지하면서 동시에 이주지와의 교류를 회피하는 유형이다. 주변화는 고유문화를 유지하는 것에 소극적이면서 이주지와의 교류에도 관심이 없는 유형이다. 이들 가운데 통합의 지향성이 심리적 적응도가 높은 것으로 주장하고 있다. 베리의 연구는 난민, 단체체류자이외에도 장기체류이민자 등 다양한 사례를 적용하고 가치관 등의 인지나 개인의식에 중점을 두고 있다는 점에서 일계인의 문화적응에도 적용 가능할 것으로 생각된다.

일본 거주 일계인들은 1990년대 전후 이주하기 시작하였지만 비교적 짧은 이민 역사로 인하여 일본어, 교육, 취업문제에 많은 어려움을 겪고 있는 것으로 나타났다. 특히 일계인들은 일본에 돈벌이 노동자(デカセギ)로 도일한 경우가 많아 일본어 구사능력 문제, 자녀교육, 처음 공장노동자에서 고령으로 인한 서비스산업(개호복지 및 도시락 산업 등)으로의 전업 등 정착과정에 상당히 많은 문제점에 노출되고 있었다. 또한 일본정부가 처음 일계인들을 도입하게 된 배경에는 일본인 2~3세의 후예들로 언어와 문화

적 차이의 해결이라는 강점이 크게 작용하였다. 그러나 이와는 반대로 일본－브라질 간의 문화적 차이로 인한 노동의 가치와 일에 대한 개념이 상당히 큰 것으로 나타났다. 이러한 문제들은 일계인의 일본 사회적응을 방해하는 요인들로 보인다.

표 5.1 일계브라질인의 일본 문화적응 과정과 정착기제[2]

문화적응 범주와 과정	개념정의	주요 행동변화 내용
일본 이민 전	경제적 기대, 꿈, 희망, 낙관	도일 전 일본에서의 경제적 기대와 돈벌이로 꿈과 희망, 낙관적 생각을 가지게 된다.
문화충격	불안과 고독, 실망	일본에서 처음 경험하거나 이해할 수 없는 경험을 하는 가운데 불안과 고독감이 증폭된다. 한편 다른 것에 대한 흥미를 느끼거나 깊이 생각하지 않도록 노력하면서 안정을 유지한다.
문화부적응	이해 부족 브라질과 다른 부분 언어장벽 생활의 어려움 가족의 어려움 신체적 이상	자신과 타자와의 가치관의 다름을 느끼고 이해 부족을 고통으로 생각한다. 일상생활에서 발생 된 일이나 사람과의 관계에서 브라질과의 다름을 의식한다. 일본어를 이해할 수 없는 자신에 대하여 초조해지고 자존감이 저하된다. 생활환경과 습관의 다름으로 생활의 어려움이 스트레스를 유발한다. 자신도 일본생활에 어려움을 느끼지만 자신의 가족도 어려움을 느낀다. 정신적인 이유로 신체적인 이상이 발생한다.
문화적응 노력	적극적 노력 일본문화에 맞추어 행동 일본적 환경 유지 생각방식 통제	개성과 특기를 살리고 적극적으로 일본문화에 적응하려고 노력한다. 현지 일본습관이나 사람에 맞추어 행동한다. 브라질어 환경과 브라질 문화를 어느 정도 유지하면서 정신적 안정을 유지한다. 자신생각을 통제함으로써 스트레스나 불안을 경감시킨다.
내버려둠	시간의 흐름에 맡김	자신이 적극적으로 움직이지 않고 자연적인 흐름이나 물리적 변화로 사태가 좋아진다.

2 迫こゆり(2015)「在伯日本人の異文化適応過程に関する探索的検討－文化受容と不適応症状及び適応促進要因を中心に－」『岡山大学大学院社会文化科学研究課紀要』第40号, p. 129.

문화적응 범주와 과정	개념정의	주요 행동변화 내용
다양한 도움, 지지세력	남편이나 아내의 도움 주위 사람의 도움 일본거주 브라질인, 일계인 도움 종교적 도움 브라질 가족 도움	남편이나 아내가 가까이 있어서 마음의 안정을 취할 수 있다. 자신 주변의 사람들로 인해 고난을 극복할 수 있다. 일본거주 브라질인과 일계인으로부터 정신적 서포트나 생활면의 서포트를 받아 안정된다. 종교에 의지하여 기도하거나 고민을 이야기하여 안정을 도모한다. 브라질 가족으로부터 정신적 물질적 지원으로 이주지에서 어려움을 극복할 수 있다.
평가	일본사회, 일본인에 대한 평가 일계인공동체, 일계인에 대한 평가 브라질 재평가	브라질과 비교하여 일본사회, 일본인에 대한 평가를 한다. 일계인 공동체, 일계인에 대한 존경과 의문 등 다양한 생각을 가지게 된다. 일본문화와 접촉함으로서 브라질의 좋은 점, 브라질의 나쁜 점 등을 생각하게 된다.
문화수용과 적응	정주이유 문화수용 문화적응	일본에 계속 살게 된 이유를 발견하게 되면 정착하려는 의식이 높아진다. 문화를 이해하고 그 문화에 친근감을 느끼고 수용한다. 일본생활을 즐기고 자신이 일본에서 사는 의미를 자각하여 인생의 목표나 보람을 가진다.

그러나 이러한 일계인의 일본사회 정착과정에서 가장 큰 역할을 담당하고 있는 것이 일계인 대상의 교회로 브라질 현지에서 노동자모집 – 일본으로의 이주 – 일본사회의 정착을 위한 일본어 교육과 취업알선, 일본에서의 정신적인 케어 등 적극적인 역할을 담당하고 있는 것으로 나타났다.

특히 일계인의 문화적응과 정착과정에 미치는 중요한 요인을 살펴보면 다음과 같다. 역설적이게도 일계인 부모들의 일본어 구사능력부족은 일본인 및 일본사회와의 일정거리를 유지하게 하는 에스닉전략으로 생각할 수 있다. 이것은 적대적 환경에서의 생존전략으로 일본 사회통합과 문화적응에 부정적 영향을 미치고 있는 것으로 나타났다. 즉, 학부모들이 일본어를 잘 구사할수록 거주국 일본에 대한 소속감, 신뢰, 이민자 가족의 문화적응이 촉진되는 경향을 보였다. 반대인 경우 일본사회에 반항적이거나 부적응의 정체성을 표출하는 것으로 나타났다.

부모세대와는 달리 일본에서 태어난 일계인 2세들의 정체성은 일본인의 정체성에 가깝고 부모세대와의 의사소통이 큰 문제로 나타났다. 특히 도일목적이 데카세기 노동자로서 일본에 정착한 일계인1세들은 잔업과 식품산업 등에 종사하는 관계로 장시간 노동에 시달리기 때문에 일본어 부족현상이 뚜렷하고 일계인 2세와의 의사소통이 더욱 어려워지고 있는 경우가 많다. 이러한 현상들은 일계인 부모와 자녀들 간의 정체성과 동화를 둘러싼 문화 적응의 갈등을 조장하게 되고 부모들의 일본 문화적응과 정체성에 대한 거부감을 더욱 확대시켜 향수병이나 상실감으로 이어지는 경우도 초래한다.

결국 일본정부의 일계인 노동자에 대한 동화와 수용정책이 제도적으로 일계인 부모들에게는 적대감정, 자녀들에게 일본 문화적응을 강요하게 되면서 일본정부와 일계인 부모와의 긴장감을 조성하고 있는 것으로 나타났다. 현재 일계인 사회는 일계인 학부모들의 불완전한 일본 문화적응과 학생들의 완전한 일본사회의 동화 사이에서 갈등하고 있는 것으로 추측된다. 이러한 상황에서 일본에서 교회를 통한 일계인의 이주와 정착은 일계인공동체를 대신하여 일계인들의 이주와 정착에 매우 중요한 정착메커니즘을 제공하고 있다고 볼 수 있다.

제6장
재한일본인의 한국이주와 문화적응

1. 일본인의 한국이주

한국인의 일본이주는 오랜 역사를 거슬러 올라가 1592년 임진왜란이나 1597년 정유재란을 계기로 조선인들이 일본에 강제로 끌려가면서 발생되었다. 이후 한국인의 이주는 1876년에 체결된 한일강화도조약, 1910년 한일합방을 계기로 일본에 대량 이주하기 시작했다. 당시 일제강점기 강제연행과 징용 등에 의한 발생된 한국인의 대량 이주는 1945년 해방 전후 약 246만 명에 달하는 재일동포들이 귀환하기 시작하면서 일본에는 약 60여만 명이 현지에 남아 정착하기에 이르렀다. 1980년대 이후에는 글로벌시대를 맞이하여 한국인들이 일본으로 유학이나 취업을 찾아 떠나게 되면서 일본에는 올드커머와 뉴커머를 합쳐 약 91만 명에 달하는 재일코리안들이 거주하고 있다. 이들 재일코리안의 이주동기와 정착에 관한 연구는 최근 많은 이민연구를 통해 잘 알려져 있다.

이와는 반대로 한국에 체류하고 있는 약 3만 명에 달하는 재한일본인들의 생활은 연구성과가 거의 없어 일반인들에게 잘 알려지지 않고 있다. 이들의 발생적 기원을 보면 1945년 해방 이전부터 한국에 정착해오던 일본인이나 일본인 아내, 그리고 해방 이후 1965년 한일국교정상화를 계기로 체류하게 된 일본인들은 주로 기업의 주재원이나 상사, 대사관 직원 등이 동부이촌동을 중심으로 거주하면서 형성된 일본인타운, 1990년대 일본 입국관리법의 개정과 통일교의 국제결혼 주선으로 도한한 일본인, 그리고 글로벌시대 한류의 영향으로 2004년 이후 한국어나 한국문화를 배우기 위해 자발적으로 도한한 유학생과 국제결혼이주여성 등으로 구분할 수 있다.

그러나 과거와는 달리 재한일본인들의 체류자가 증가하고 체류형태나 거주배경 등이 다양화되면서 이들에 대한 관심이 증폭되고 있지만 이들을 대상으로 한 연구는 거의 없는 편이다. 글로벌시대 한일관계가 식민지경험이나 독도영유권문제, 역사교과서 왜곡문제 등으로 어느 때보다도 정치적으로 첨예하게 대립되면서 한국에 거주하는 재한일본인들의 삶에도 크게 영향을 미칠 수밖에 없기 때문에 이들에 대한 연구가 절실한 상황이다.

최근 일본의 우경화와 더불어 한류에 대한 반한감정이 고조되고 있는 상황에서 그들의 논리를 조금이라도 상쇄할 수 있는 방법은 무엇보다도 재한일본인의 연구를 통해 그들을 이해하고 문화교류를 강화시키는 작업이 필요할 것으로 생각된다.

따라서 이 연구의 목적은 글로벌시대 한국에서 생활하고 있는 재한일본인들을 대상으로 설문조사와 면접조사를 통해 그들이 한국에서 어떤 문화적응 패턴과 다문화적 수용태도를 보여주고 있는지를 고찰하는데 있다. 이 연구는 기존 이민연구에서 개발된 문화적응 모형을 재한일본인들에게 적용하여 한국에서의 문화적응 과정에서 겪는 적응유형이나 수용성을 통해 시사점을 도출하고자 한다. 이러한 연구결과는 재한일본인의 한국문화적응 패턴을 탐색하여 새로운 연구 관점이나 지견을 후속 연구자들에게 제공할 수 있을 것으로 생각된다.

2. 재한일본인의 이주와 적응

이 연구에서 주목하고 있는 재한일본인에 대한 기존연구는 그동안 재한일본인 기업가, 문화공동체, 법적지위에 관한 연구들이 존재한다. 2000년대 들어서면 재한일본인의 문화적응에 관한 연구에 조금씩 관심을 보이기 시작했다. 이들 연구는 국제결혼에 의한 재한 일본인 아내, 그리고 재한일본인 유학생을 주요 연구대상으로 삼고 있다.

초기 재한일본인의 문화적응에 관한 연구로는 김응렬(1996)의 재한 일본인 아내의 생활사 연구가 있다. 그는 1945년까지 한국 또는 일본에서 한국남성과 결혼한 후, 현재까지 한국에서 정주하고 있는 일본인을 연구대상으로 삼았다. 이 연구를 통해 그는 한국사회의 내면과 한국인의 이민족에 대한 태도를 밝히고자 시도하였다. 연구결과에 따르면 일본인 아내들은 반세기에 걸쳐 한국사회에서 생활해왔지만 한국사회에 뿌리를 내리지 못할 뿐만 아니라 일본사회에 유대감이나 일체감을 느끼지 못하는 이중차별을 겪고 있으며 고립된 삶을 영위하고 있는 것으로 나타났다. 그는 이 연구 결과를 통해 한국에서 일본인 아내가 처한 상황이 '그들의 문제'가 아닌 '우리 사회의 문제'라는 인식전환을 주장하였다.[1]

한편 김석란(2007)은 해방 전후부터 최근에 이르기까지 재한일본인 아내의 결혼동기에 관심을 가지고 연구하였다. 연구결과에 따르면 일본인 여성들은 종교관계(특히 통일교 관계)로 한국의 농촌지역에 거주하는 경향이 있다고 밝혔다.[2]

다음으로 재한일본인 유학생을 대상으로 한 연구에는 이명관(2002), 서선자(2010)의 연구가 있다. 먼저 이명관(2002)의 연구는 통일교 신앙을 가진 재한일본인 2세들의 중·고등학교 유학생과 담임교사를 대상으로 학교생활 및 한국문화 적응에 관해서 연구했다. 이를 통해 그들은 일본인 유학생들의 한국 생활 및 문화적응을 돕기 위한 우수한 전문교사 영입, 유학생 선발기준 강화를 통한 우수 인재발탁, 전문 교육시스템 개발, 그리고 그들 부모의 특별한 관심과 배려 등의 필요성을 제안하였다.[3]

외국거주 일본인을 넓은 의미에서 '일계인'으로 정의하고 국내외 거주 일본인을 대상으로 활발한 연구활동을 전개하고 있는 연구자는 임영언(2010, 2011, 2012)이다. 그의 연구의 주요 내용은 주로 국내외 거주하는 일본인들을 대상으로 한 연구성과를 소개하고 실태조사를 통해 파악하고 있

1 김응렬, "재한일본인처의 생활사," 『한국학 연구』 제8호, (1996), pp. 453-503.

2 김석란, "재한일본인 아내의 결혼동기에 관한 연구," 『일어교육』 제42호, (2007), pp. 241-258.

3 이명관, "재한 일본인 유학생들의 학교 및 한국생활 적응에 관한 연구: 통일교회 신앙을 지닌 중 · 고생을 중심으로," 선문대학교 신학전문대학원 석사학위 논문, (2002).

다. 특히 이 연구와 관련하여 2012년에는 동부이촌동 일계인 집거지 실태 조사를 통해 일본인의 한국거주 실태를 분석하였다.[4]

이와 더불어 서선자(2010)는 대구와 부산지역의 대학에 재학 중인 일본 유학생을 대상으로 베리의 문화적응 이론을 적용하여 문화적응유형과 대학생활 적응수준을 각각 조사한 후, 문화적응 유형이 대학생활 적응에 미치는 영향을 분석하였다. 조사에 따르면, 체류기간에 따른 문화적응의 차이는 동화=주변화 > 통합 > 분리의 형태로 나타났다. 또한 6개월 미만의 단기유학생이 장기유학생들보다 대학생활에 보다 잘 적응하는 것으로 나타났다. 이것은 오베르크의 문화충격 이론에서 제시한 우호적 관계 단계가 위기단계보다 문화적응 스트레스가 적다는 사실과 일치하는 결과를 보여 주고 있다.[5] 더 나아가 문화적응유형에 따른 대학생활적응의 결과는 통합 유형이 분리, 주변화 유형보다 적응을 더 잘 하는 것으로 나타났고, 동화 유형이 주변화 유형보다 적응을 더 잘 한다는 연구결과를 보여 주었다.[6]

3. 재한일본인의 문화적응 요인 및 수용태도 분석

1) 연구방법 및 인구통계학적 특징

이 연구는 한국에 거주하고 있는 재한일본인(유학생, 회사원, 전업주부 등)을 대상으로 비확률표본 표집방법을 활용하여 표본을 추출하여 설문조사를 실시하였다. 조사대상자는 한국에 거주하는 일본인 유학생조직이나 단체

4 임영언, "재한일본인의 집거지 공동체 형성과 디아스포라적 문화의 특성 고찰," 『동북아연구』 제27권 2호, (2012).

5 정명희, "결혼이주여성의 한국사회적응 스트레스 발생요인에 대한 실증연구," 『국제지역학회』 제15권 2호, (2011).

6 서선자, "재한 일본인 유학생의 특성에 따른 문화적응유형과 대학생활적응과의 관계," 대구대학교 교육대학원 석사학위 논문, (2010).

들과 사전약속을 통해 현장을 방문하여 설문조사를 의뢰하였다. 이 연구를 위한 설문조사표는 베리(Barry, 2001)[7]가 미국에서 동아시아 이민자를 대상으로 문화적응 측정변수로 활용한 설문지를 참고하여 작성하였다. 설문조사표는 일본어로 번역하여 서울이나 부산 등 일본인들이 거주하는 현지에 직접 방문하거나 메일 발송, 우편발송 등 다양한 연구방법을 동원하여 자료를 수집하였다.

이 연구의 조사기간은 2013년 2월부터 실시하였으나 4월 말까지 상당기간 자료수집에 시간이 소요되었다. 그 이유는 한국 내 일본인 집거지 거주자들이 일정부분 제한되어 있고 여러 장소에 매우 산재되어 생활하고 있으며 개인정보의 노출을 꺼리는 관계로 설문조사 자료수집에 상당히 어려움이 많았다. 따라서 이 연구는 조사기간 이외에도 설문조사 자료수집을 위해 모두 3차에 걸쳐 현지방문, 지인을 통한 설문조사 협조의뢰, 전화를 통한 설문조사 독려 등 다양한 방문을 통해 총 120부를 수집하여 분석에 활용하였다.

다음 〈표 6.1〉은 재한일본인들을 대상으로 총 120명의 자료를 수집하여 인구통계학적 분석을 제시한 표이다. 먼저 재한일본인의 성별을 보면 여성이 67.5%, 남성이 32.5%로 주로 여성응답자들이 높은 비율을 차지하였다. 그 이유는 주로 한국에 거주하는 일본인들은 유학이나 취업, 결혼에 의해 체류하는 경우가 많았기 때문에 남성보다는 여성이 많은 것으로 생각된다. 또한 이러한 현상은 재한일본인의 연령별 분포에서도 뚜렷하게 나타나고 있다. 재한일본인 응답자의 연령별 분포를 살펴보면 20세 이하 9.2%, 20세~40세 48.3%, 30세~40세 27.5%, 40세 이상 15.0%로 응답자의 75.8%가 20대에서 40대 사이에 집중되고 있다. 이것은 재한일본인들 대부분이 젊은 층에 속해 있다는 것을 알 수 있으며 최근 한류에 의한 한

---

7 Barry, "*The East Asian Acculturation Measure (EAAM)*," (2001).

표 6.1 재한일본인 조사대상자의 인구통계학적 특징

질문항목		빈도(%)	질문항목		빈도(%)
성별	남성	39(32.5)	거주 이유	가족동반	16(13.3)
	여성	81(67.5)		가족과 자녀교육	2(1.7)
연령	20세 이하	11(9.2)		취업/직장	20(16.7)
	20세~30세	58(48.3)		결혼	26(21.7)
	30세~40세	33(27.5)		기타	56(46.7)
	40세 이상	18(15.0)	연 수입	100만 엔 이하	12(10.0)
학력	중졸이하	2(1.6)		200~400만 엔	34(28.3)
	고졸	31(25.8)		400~600만 엔	13(10.8)
	전문대졸	12(10.0)		600~800만 엔	8(6.7)
	대졸	48(40.0)		800~1000만 엔	6(5.0)
	대학원졸	16(13.3)		1000만 엔 이상	11(9.2)
	기타	11(9.2)		기타	36(30.0)
직업	학생	51(42.5)	법적 지위	귀화자	6(5.0)
	자영업	4(3.3)		영주자	14(11.7)
	판매서비스	3(2.5)		정주자	29(24.2)
	사무관리/전문직	21(17.5)		단기체류자	43(35.8)
	전업주부	23(19.2)		기타	28(23.3)
	가사노동/무직	4(3.3)	결혼 여부	기혼	46(38.3)
	기타	14(11.7)		미혼	72(60.0)
종교	기독교	50(41.7)		이혼	1(0.8)
	가톨릭	1(0.8)		기타	1(0.8)
	불교	15(12.5)	세대 구분	1세	81(67.5)
	무종교	48(40.0)		1.5세	1(0.8)
	기타	6(5.0)		2세	6(5.0)
이주 시기	2000년 이전	8(6.7)		3세	3(2.5)
	2002년-2005년	10(8.3)		기타	29(24.2)
	2005년-2010년	38(31.7)			
	2010년 이후	64(53.3)			

국이나 한국인 이미지의 변화로 유학이나 결혼여성이 많은 것으로 추측할 수 있다. 기타 연령은 20세 이하가 9.2%로 가족체류에 의한 것으로 추측되며 50대 이상도 5명이 포함되었다.

다음은 재한일본인의 학력별 분포를 살펴보면 고졸 이하가 27.4%, 전문대 및 대졸이 50.0%, 대학원졸 13.3%, 기타가 9.2%였다. 전체적으로 재한일본인의 학력은 전문졸업 이상이 63.3%로 고학력자가 많은 것으로 나타났으나 고졸이하도 27.4%였다. 일본에서의 고등학생의 전체 대학진학율이 53.2%인 것을 감안하면 상당히 높은 수치에 해당되나 한국의 대학진학율에 비하면 매우 낮은 비율로 생각된다.[8]

재한일본인의 직업별 분포를 살펴보면 학생이 42.5%, 전업주부 19.2%, 사무관리직 17.5%로 나타나 설문조사 응답자의 대부분이 일본 유학생과 결혼으로 한국에 체류하고 있는 여성이 많은 것을 짐작할 수 있다. 기타 소수이기는 하지만 자영업자 및 판매서비스업자도 일부 포함되어 있다.

그러면 재한일본인들은 어떤 종교를 선호하는가? 이들의 종교적 성향을 살펴보면 기독교가 41.7%, 무종교라고 응답한 비율이 40%에 달했으며 기타 불교 순이었다. 일본종교의 특성상 기독교와 가톨릭은 1941년 태평양전쟁 당시 종교가 강제로 통폐합되었기 때문에 하나의 종교로 볼 수 있다. 또한 재한일본인들이 무종교란 개념은 한국의 유교와 같은 성격을 가지고 있기 때문에 신도(신사(神社))의 신자들이 응답한 것으로 생각된다. 일본의 신도는 종교라기보다는 일본인들의 생활신앙 그 자체로 자리 잡고 있기 때문에 무종교로 응답했을 가능성이 상당히 높을 것으로 추측된다. 재한일본인의 이주시기별로 살펴보면 일본인의 대부분이 2004년 한류 붐을 전후로 증가하기 시작하여 2005년 이후 31.7%, 2010년 이후에는 53.3%

---

8 김태영, 『Social Characteristics and Neo-Confucianism of Chosun Korea and Tokugawa Japan』, 한국일본연구 총연합회 제2회 국제학술대회 및 Symposium 발표논문, (2013), pp. 215-217. 이 논문에 의하면 2007년 기준 한국의 대학진학율은 82.8%, 일본의 대학진학율은 53.2%로 나타나고 있음.

로 증가하여 한류가 일본인의 한국유학이나 국제결혼자를 증가시켰을 것으로 추측할 수 있다.

그러면 재한일본인들은 왜 한국에 거주하게 되었는가? 그들이 한국에 거주하게 된 이유에 대하여 질문한 결과 가족동반이 13.3%, 직장 때문이 16.7%, 결혼이 21.7%, 기타 유학이 46.7%였다. 재한일본인들 대부분이 유학이나 결혼에 의해 한국에 체류한 경우가 많았지만, 기타 직장이나 가족동반의 비율도 높게 나타났다. 재한일본인의 이러한 한국체류 증가추세는 2004년 이후 한류에 의한 한국에 대한 호감도의 증가나 한국인과의 결혼에 의한 것으로 추정할 수 있을 것이다.

재한일본인 대상의 인터뷰에 따르면 최근 한국 내 일본인들이 증가하였지만 특히 재일동포들이 한국에 유학 온 경우도 증가하고 있는 것으로 나타났다. 또한 재일동포의 유학의 형태가 과거와는 달리 단순한 한국어 공부에서 대학이나 대학원과정에 진학하여 전문연구자가 되기 위해 공부하는 경우가 많아 향후 그들에 의한 재일동포 연구에도 상당히 긍정적인 영향을 미칠 것으로 생각된다. 재한일본인의 연수입의 분포를 살펴보면 "200~400만 엔"이 28.3%, "400~600만 엔"이 10.8%, "100만 엔 이하"가 10%, 기타 순으로 나타났다. 재한일본인들 대부분이 유학생이나 전업주부라고 응답한 비율이 높기 때문에 대체로 연수입은 낮게 나타났다. 그러나 그밖에 연수입이 "1,000만 엔 이상"이라는 응답자도 9.2%정도로 나타났는데 여기에는 대개 자영업자나 판매서비스업 등 주로 개인비즈니스에 종사하고 있는 재한일본인들이 포함된 것으로 판단된다.

한국에 거주하는 재한일본인의 법적지위를 살펴보면 단기체류자가 35.8%로 가장 높았고 정주자 24.2%, 영주자 11.7%, 귀화자 5%, 기타 23.3%로 나타났다. 재한일본인들 가운데 단기체류자나 정주자와 영주자의 비율이 높은 이유에는 유학생이나 전업주부가 많기 때문인 것으로 풀이된다. 재한일본인 응답자의 결혼여부를 묻는 질문에서는 미혼이 60%,

기혼이 38.3%로 이것은 유학생과 전업주부의 비율이 높기 때문이다. 재한일본인의 세대구분에서는 대부분 자신을 제1세대로 생각하는 비율이 67.5%로 높게 나타났으며 자신의 세대를 기타로 응답한 경우 단기체류자로서 자신의 세대구분에 대하여 잘 모르거나 명확하지 않기 때문인 것으로 생각된다. 그러나 분명한 것은 재한일본인의 역사가 1965년부터 거주하기 시작했지만 2004년 이후 증가하여 거주역사가 매우 짧다는 것을 반증하고 있는 것이기도 하다.

2) 재한일본인 문화적응 유형 및 요인분석

그러면 재한일본인들은 한국에서 어떻게 생활하고 있는가? 재한일본인들이 한국에서의 생활을 잘 적응하고 있는지에 대한 문화적응 유형을 분석하기 위해 먼저 요인분석을 실시하였다. 재한일본인의 요인분석결과 KMO 샘플링 적합성 척도는 .781, Bartlett 구형성 검정에서 구형성 검정치 값은 2161.223, 유의확률은 .000(P〈.001)으로 통계적으로 유의하기 나타나 요인분석을 하기에 적합한 자료로 확인되었다. 요인분석 결과 총 4개의 요인으로 추출되었고, 두 개를 제외한 모든 분류요인이 적재량 .50이상으로 높게 나타나 27개 문항이 모두 분석에 사용되었다. 최종 요인분석 결과는 〈표 6.2〉에 제시한 바와 같다.

재한일본인의 문화적응에 대한 요인분석 결과 총 27개 문항이 4개의 범주요인으로 분류되었으며 각 요인의 고유값은 1.00이상이었다. 추출된 4개 요인들의 재한일본인들의 문화적응 유형에 대한 설명변량은 약 58%로 이는 재한일본인의 문화적응도를 잘 설명해 주고 있음을 의미한다.

표 6.2 재한일본인의 문화적응 유형의 요인분석

질문항목	성분				공통성
	1 (주변화)	2 (분리)	3 (동화)	4 (통합)	
1. 일본어보다 한국어 문장 잘함	.028	.000	.638	−.298	.478
2. 집에서 주로 한국어를 사용함	−.025	.151	.572	−.006	.406
4. 일본인보다 한국인과 어울림	.034	−.426	.753	.093	.762
5. 한국인이 나를 더 이해해줌	.249	−.523	.567	.156	.679
6. 한국인에게 감정을 잘 전달함	.120	−.527	.592	.118	.647
7. 한국인과의 교제가 더 편함	.155	−.520	.519	.281	.642
8. 친구는 대부분이 한국인임	−.017	−.135	.622	.117	.400
9. 주로 한국음악을 들음	.011	.619	.081	−.028	.375
10. 친한 친구는 대부분 한국인임	.090	.658	−.250	−.095	.510
11. 한국인 모임에 가기를 좋아함	−.026	.787	−.020	−.052	.631
12. 한국인이 더 평등하게 대해줌	.171	.668	−.035	−.029	.502
13. 한국인과 노는 것이 더 좋음	.123	.886	−.022	−.065	.822
14. 한국인과 함께 있을 때 더 편함	.013	.785	−.107	.007	.626
16. 일본어와 한국어로 농담함	−.047	−.061	.730	.189	.595
17. 모국어처럼 한국어로 생각함	−.088	−.041	.771	.159	.648
18. 일본, 한국 친구가 다 있음	−.077	−.121	.291	.765	.715
19. 일본친구와 한국친구 둘 다 나를 소중하게 여겨줌	−.119	.000	.242	.818	.790
20. 일본인과 한국인 둘 다 편함	−.128	−.156	.251	.712	.665
21. 인간관계에 어려움을 느낌	.598	−.032	−.050	−.215	.410
22. 일본인도 한국인도 나를 좋아하지 않는다고 느낌	.638	.157	.087	−.001	.442
23. 아무도 나를 이해해주지 않음	.767	−.021	−.056	−.146	.612
24. 의사소통에 어려움을 느낌	.830	−.074	−.071	.098	.705
25. 친구 삼기에 어려움을 느낌	.830	−.059	−.084	.116	.694
26. 주변사람이 나를 인정 안 해줌	.816	.192	.017	−.026	.701
27. 주변사람이 나를 신뢰 안 해줌	.829	.076	.050	−.067	.700

질문항목	성분				공통성
	1 (주변화)	2 (분리)	3 (동화)	4 (통합)	
28. 주변사람이 나를 이해하는데 어려움을 가지고 있음	.828	-.019	.015	-.106	.696
29. 다른 사람과 있으면 불편함	.719	.016	.145	-.287	.623
고유값	5.500	4.557	4.174		2.521
설명변량(%)	18.965	15.713	14.392		8.693
누적변량(%)	18.965	34.677	49.070		57.762

주) 회전된 성분행렬[a] a.5 반복계산에서 요인회전이 수렴되었음. 요인추출방법: 주성분분석.
회전방법: Kaiser 정규화가 있는 베리맥스.

다음은 요인분석을 통해 도출된 4개의 요인에 대해 신뢰도를 분석한 결과는 다음 〈표 6.3〉와 같다. 요인별 Cronbach 알파는 각각 .912, .847, .862, .838로 나타났으며 전체문항의 Cronbach 알파는 .761로 상당히 높게 나타나 요인별 평가문항들이 비교적 일관된 내용을 평가하고 있는 것으로 나타났다.

표 6.3 문화적응 유형 변수의 신뢰도 분석

문화적응 유형	문항	문항 수	Cronbach 알파 값
1(주변화)	21,22,23,24,25,26,27,28,29	9	.912
2(분리)	9,10,11,12,13,14	6	.847
3(동화)	1,2,4,5,6,7,8,16,17	9	.862
4(통합)	18,19,20	3	.838
전체		27	.761

3) 재한일본인 문화적응도와 다문화적 수용태도

전술한 바와 같이 다문화적 수용태도는 재한일본인들이 한국생활에서 느끼는 주관적인 평가로서 감정적 인지적인 요소들을 포함하는 것들이다. 즉 그들 자신들의 한국생활에 대한 총체적인 판단이며 자기평가의 성격을 가지고 있다. 스미스(Smith, 1999)의 연구는 문화적응의 차이를 발생시키는 문화적 요인이나 메커니즘의 발견에 매우 큰 공헌을 해 온 것으로 알려지고 있다.

먼저 재한일본인의 문화적응 유형을 분류하면 제1유형부터 제4유형으로 구분 가능하다. 각각의 유형들을 살펴보면 먼저 주변화는 한국사회와의 관계를 유지하지 않으면서 동시에 일본문화와도 접촉을 꺼리는 유형이다. 제2유형은 분리로 한국사회와의 관계는 유지하지 않고 일본문화의 문화적 정체성과 특수성을 유지하는 유형이다. 제3유형은 동화로 개인이 한국사회와의 관계를 긴밀히 유지하지만 일본의 문화적 정체성과 특수성을 포기하는 경우이다. 제4유형은 통합으로 한국사회와의 관계를 유지하면서 동시에 일본문화의 문화적 정체성과 특수성을 유지하는 유형으로 분류할 수 있다.

재한일본인의 문화적응유형에 관한 조사결과, 평균과 표준편차를 제시하면 다음 〈표 6.4〉와 같다. 전체적인 분석결과를 살펴보면 응답자들 대부분이 한국사회에서 동화와 통합의 성향이 강한 것으로 분석되었다(거의 대부분의 평균값이 3.0 이상으로 나타나고 있음). 아래 표에 제시한 바와 같이 재한일본인들은 한국음악, 한국친구, 한국모임, 한국인과의 친목과 교류 등에 관심이 높은 것으로 나타났으며 그 중에서도 특히 한국이나 일본에서 친구의 존재여부에 대한 항목에 높은 평균점수를 부여하였다.

이러한 분석결과는 재한일본인들이 1980년대 이후 특히 2000년 이후 한국에서 증가하기 시작하여 2004년 한류붐을 계기로 한국을 좋아하여

표 6.4 재한일본인의 문화적응 수용태도 분석

질문항목	평균 (M)	표준편차 (SD)a	분석 수a
1. 일본어보다 한국어 문장 잘함	1.6250	1.04570	120
2. 집에서 주로 한국어를 사용함	2.0083	1.32523	120
4. 일본인보다 한국인과 어울림	2.7750	1.13362	120
5. 한국인이 나를 더 이해해줌	2.5583	.98558	120
6. 한국인에게 감정을 잘 전달함	2.4833	1.15942	120
7. 한국인과의 교제가 더 편함	2.6833	1.07675	120
8. 친구는 대부분이 한국인임	2.8000	1.29381	120
9. 주로 한국음악을 들음	3.0417	1.27942	120
10. 친한 친구는 대부분 한국인임	3.2583	1.18461	120
11. 한국인 모임에 가기를 좋아함	3.1167	1.14630	120
12. 한국인이 더 평등하게 대해줌	3.0500	.94246	120
13. 한국인과 노는 것이 더 좋음	3.2917	.93840	120
14. 한국인과 함께 있을 때 더 편함	3.3333	1.03982	120
16. 일본어와 한국어로 농담함	3.0083	1.31887	120
17. 모국어처럼 한국어로 생각함	2.8250	1.31355	120
18. 일본, 한국 친구가 다 있음	4.0667	.92340	120
19. 일본친구와 한국친구 둘 다 나를 소중하게 여겨줌	4.0333	.95207	120
20. 일본인과 한국인 둘 다 편함	3.6750	.97155	120
21. 인간관계에 어려움을 느낌	2.3250	1.03032	120
22. 일본인도 한국인도 나를 좋아하지 않는다고 느낌	2.3833	.96304	120
23. 아무도 나를 이해해주지 않음	1.9833	.88861	120
24. 의사소통에 어려움을 느낌	2.7000	1.12720	120
25. 친구 삼기에 어려움을 느낌	2.7917	1.16602	120
26. 주변사람이 나를 인정 안 해줌	2.1667	.95560	120
27. 주변사람이 나를 신뢰 안 해줌	2.0833	.88482	120
28. 주변사람이 나를 이해하는데 어려움을 가지고 있음	2.3250	1.06244	120
29. 다른 사람과 있으면 불편함	2.0750	.92729	120

한국에 체류하는 일본인들이 많아졌기 때문으로 생각된다. 또한 한류의 영향, 한국인과의 국제결혼자의 증가 등의 영향을 많이 받은 것으로 생각된다.

분석결과 전체적으로 한국에 거주하는 재한일본인은 동화와 통합형의 평균이 주변화와 분리보다는 높게 나타났다. 이러한 결과는 재한일본인들이 한국사회에 적응도가 매우 높은 것으로 추측할 수 있지만 한편으로는 문화적응에 대한 스트레스가 높은 것으로 짐작할 수 있다.[9] 재한일본인들이 한국에서 문화적응의 차이를 발생시키는 문화적 요인이나 메커니즘에 대해 살펴볼 때 일본인들에 대한 반감이 높은 한국에서 재한일본인들이 살아가기 위한 하나의 방편으로 전략적 선택의 결과로 해석할 수 있다. 동시에 이러한 연구결과는 재한일본인의 동화와 통합의 문화적응 유형은 반대로 다양화된 한국사회를 보여주지 못하고 있다는 연구결과를 의미할 수도 있다. 이는 이미 다문화 된 한국사회의 현실을 보여주고 있으며 향후 다문화 사회 한국의 나아가야 할 방향성을 제시하고 있는 것으로 짐작된다.

4. 재한일본인의 문화적응 특징

이 연구의 목적은 글로벌시대 한국에서 생활하고 있는 재한일본인들을 대상으로 설문조사와 면접을 통해 문화적응 유형을 고찰하는데 있다. 연구방법은 설문조사를 통해 재한일본인들의 한국에서의 문화적응 과정에서 발생하는 문제점이나 특징, 시사점 등을 도출하고자 시도하였다.

이 연구는 베리(Berry, 1997)의 동화(Assimilation), 통합(Integration), 분리

---

9 김은실, "결혼이주여성의 문화적응스트레스, 사회적 지지와 사회적응," 충북대학교 석사학위 논문, (2007).

(Segregation), 주변화(Marginalization) 등 4가지 유형의 문화적응(Acculturation)이론을 재한일본인들에게 적용하여 설문조사와 면접조사를 통해 재한일본인의 문화적응도를 분석하였다. 연구방법은 한국에 거주하고 있는 재한일본인(유학생, 회사원, 전업주부 등)을 대상으로 비확률표본 표집방법으로 표본을 추출하여 설문조사를 실시하였다. 조사대상자는 한국에 거주하는 일본인 유학생단체, 상사 주재원, 모임, 일본인 교회출석자 등으로 이들을 직접 현지 방문하여 설문조사를 실시하고 자료를 수집한 결과 총120부가 수집되어 이 논문의 분석자료로 활용하였다.

연구결과 재한일본인의 문화적응 유형은 평균과 표준편차를 비교분석한 결과 전체적으로 응답자들 대부분이 한국사회에 대해 동화와 통합의 성향이 강한 것으로 나타났다. 특히 기존연구에서는 문화적응에 영향을 미치는 요소로서 언어능력과 체류기간이 상당히 중요한 영향을 미치는 요인으로 설명하고 있는데 이는 체류기간이 길수록 이민사회에 그만큼 문화적응도가 높다는 것을 의미한다. 그러나 본 연구에서는 문화적응과 수용태도에 언어능력이나 체류기간도 중요한 영향을 미치지만 한일관계에 따른 문화적 요인도 상당히 중요한 영향을 미친다는 것을 보여주고 있다.

조사결과에 의하면 재한일본인들은 한국음악, 한국친구, 한국모임, 한국인과의 친목 등에 대한 관심이 많은 것으로 나타났으며 그 중에서도 한국과 일본 양국에서 친구의 존재여부에 대한 평가항목에 평균점수가 높게 나타났다. 이러한 분석결과는 재한일본인들의 한국문화적응이나 수용태도가 1980년대 이후 특히 2004년 한류 붐을 계기로 한국이미지 개선에 의해 한국을 좋아하게 되어 한국에 체류하는 일본인들이 많아졌다거나, 한류의 영향, 한국인과의 국제결혼자 등의 영향을 상당히 많이 받은 것으로 짐작된다.

특히 연구결과 한국에서 주류문화와 고유문화의 경계선에서 생활하고 있는 재한일본인들의 경우 베리의 문화적응 유형 중 제3유형=동화로 개인이 한국사회와의 관계를 긴밀히 유지하지만 일본의 문화 정체성과 특수성을 포기하는 유형, 제4유형=통합으로 한국사회와의 관계를 유지하면서 동시에 일본문화의 문화 정체성과 특수성을 유지하는 유형이 높게 나타났다.

이러한 결과는 재한일본인들이 한국사회에 적응도가 매우 높은 것으로 추측할 수 있지만 한편으로는 전략적 선택의 결과로서 한국 문화적응에 대한 스트레스가 높은 것으로 짐작할 수 있다. 기존연구에서 제시한 바와 같이 이 연구에서도 한국정부가 주도한 다문화적 수용성은 혈통주의에 의한 한국사회 중심의 동화주의적 성향이 강하고 '인정의 정치'에 소홀해왔다는 점을 지적할 수 있을 것이다. 한편 재한일본인들의 입장에서는 한국사회에서 분리나 주변화처럼 주류문화와 고유문화에 대한 편향적인 전략보다는 양쪽문화의 수용을 어느 정도 허용하는 동화나 통합전략을 구사하고 있는 것으로 평가할 수 있을 것이다.

이 연구의 시사점은 반일감정이 강한 한국에서 재한일본인들이 생존하기 위한 수간으로 전략적 선택의 동화와 통합의 문화적응 유형은 반대로 다양화된 한국사회를 보여주고 있지 않다는 연구결과를 의미한다. 이 연구결과는 한국거주 일본인 전체의 특성으로 일반화시키기에는 많은 한계점을 가지고 있다. 하지만 다문화시대 향후 한국사회가 좀 더 많은 다문화가정을 포용하고 인정하는 다양화된 사회로 발전해 나가야 한다는 것을 시사하고 있다. 향후 연구과제로서는 문화적응 연구에 대하여 연구대상을 재한일본인에 한정하지 않고 연구영역을 재미한인, 중국조선족, 고려인 등 국내거주 외국인으로 확대할 필요가 있을 것이다.

제7장
재한일본인의 문화적응과 네트워크

1. 문화적응과 네트워크 관계

현재 한국에 거주하고 있는 재한일본인은 약 3만 명으로 추정되며 최근 미미하기는 하지만 서서히 증가하는 것으로 나타났다.[1] 반면 1980년대 이후 글로벌시대를 맞이하여 한국인들이 대거 일본에 진출한 것과는 대조적으로 일본인의 한국진출이 서서히 증가하는 것은 긍정적인 것으로 보인다.

한일관계는 일제강점기의 경험과 한일국교정상화(1965), 재일코리안문제, 영토문제 등 다양한 현안들이 상호 복잡하게 얽혀있어 긴장과 화해의 반복 속에 외교 관계가 유지되어 온 측면이 있다. 이러한 한일관계를 역사적인 연속선상에서 살펴보면 현재 양국정부의 쉽게 풀리지 않는 외교적 딜레마는 충분히 짐작할 수 있다.

한편 1980년대 이후 한일관계는 세계적인 글로벌화 추세와 더불어 일본의 다문화주의 표방으로 한일 간 사회문화적 교류를 더욱 활성화되는 계기를 가져왔다. 특히 1998년 당시 김대중 정부의 일본대중문화의 개방은 한일문화교류를 촉발시키는 계기가 되었다. 이와 더불어 일본에서는 2004년 말부터 '한류열풍'으로 한국과 한국문화에 긍정적인 이미지가 강화되었고 일본사회에서 한국에 대한 관심을 높여 주었다.

이와는 반대로 한류의 이면에는 최근 일본인들의 재일코리안을 향한 반한류의 기류와 혐한 또한 거세지고 있다. 이러한 일본사회의 우경화의 영향으로 지금도 한일관계는 긴장과 화해의 반복선상에 놓여 있다. 이러한 한일관계 속에서 한국 속의 일본인들이 증가하고 있기 때문에 그들이 한국에서 느끼고 있는 소수민족으로서의 정서적 스트레스는 연구대상으

1 출입국 외국인정책본부: http://www.immigration.go.kr/HP/TIMM/imm_06/imm_2011_12.jsp(검색일:2014.02.05.). 2011년 12월 31일 기준으로 한국에 거주하는 일본인 총 체류자(합법체류자 56,933명, 불법체류자 1,236명)는 58,169명으로 집계되어 중국, 미국, 베트남에 이어 4위를 차지하고 있음.

로 충분한 가치가 있을 것이다.

이 연구는 그동안 재일코리안 관련 연구가 소수민족으로서의 민족차별에 집중되어 온 것과는 달리 한일간의 역사적 정치적 긴장관계 속에 살고 있는 한국 거주 재한일본인에 초점을 두고 있다는 점에서 차별성을 가지고 있다. 즉, 재한일본인이 외국인으로서 그들이 한국에 구축하고 있는 네트워크의 특징과 한국 생활에서의 '문화적응 스트레스'를 규명하고 이를 극복하는 방안을 도출하였다. 따라서 이 연구의 목적은 구체적으로 재한일본인들의 네트워크 구축과 특징, 그리고 문화적응 스트레스를 고찰하여 그들의 한국생활 적응과 정서적 안정에 필요한 요인을 도출하고자 한다.

최근 한국 거주 재한일본인들이 증가하기 시작하면서 그들이 한국생활에서 경험하는 언어적응문제, 자녀양육문제, 문화적 차이에 따른 갈등 등 다양한 문화적응 스트레스를 경험할 것으로 생각된다. 이러한 연구는 재한일본인과 직접적인 관련성이 없더라도 1980년대 이후 글로벌화가 가속화되면서 한국사회에서도 최근 다문화가정을 대상으로 한 문화적응 스트레스 관련 연구들이 지속적으로 발표되고 있다. 다문화가정의 스트레스 관련 연구의 변수들은 대개 '사회적 지지'와 '사회적 자본(네트워크)'에 주목한 것들이 대부분이다. 기존연구의 결과는 다문화가정이 한국생활에서 그들을 지탱해주는 사회적 지지와 사회적 자본으로서 그들 민족 자체 내에 충분한 네트워크가 부재상태일 때 강한 불안과 스트레스를 느낀다는 것이다(김범중, 이홍직 2010:315－325).[2] 이 연구에서는 재한일본인들의 네트워크 특성을 살펴봄으로서 그들이 한국생활에서 받고 있는 '문화적응 스트레스(이후 스트레스)'의 정도를 도출할 수 있을 것으로 판단되며 이에 대한 대안도 제시할 수 있을 것으로 생각된다.

2　미국이주 한인노인들의 정신건강 향상을 위한 사회자본 강화책으로써의 사회적 프로그램 및 서비스 대책 방안 참조. 김범중, 이홍직(2010:315-325)「미국 이주 한인노인의 정신건강에 영향을 미치는 요인에 관한 탐색」『스트레스硏究』18(4).

이 연구에서 가장 중요한 개념의 하나인 '문화적응 스트레스'는 라자러스(LaZarus, 1984)와 베리(Berry, 1987)가 사용한 개념을 준용하고 있다. 이들에 의하면 '문화적응 스트레스'란 "이주민들이 주거 및 주변환경, 음식, 경제, 언어, 사회제도, 대인관계 및 정서나 행동 등을 포함한 심리, 정서적 차원 등에 변화를 겪을 때 발생한다."고 정의하고 있다. 즉 모국을 떠나 현지에서 생활하는 이주민들이 직면하는 다양한 문제들이 복합적으로 작용하여 느끼게 되는 총체적인 스트레스로 이해할 수 있을 것이다.

또한 본 연구에서 사용되고 있는 중요한 개념인 '사회적 지지'란 이주민들의 자주적 모임, 모국 친구들과 한국인과의 교류와 모임, 종교활동 등 개인을 중심으로 형성된 가족, 친척, 친구, 동족집단 등 다양한 형태의 네트워크로 정의할 수 있다(추현화 외: 285 – 298).[3] 이것을 단적으로 표현하면 '사회적 자본(Social Capital)'인 바 모국을 떠난 이주민들의 거주국에서의 사회적 관계, 즉 그들 상호간의 신뢰, 동족집단 내 협력, 정보공유, 지역사회참여 등을 포함하고 있다(남인숙, 안숙희, 2011:99 – 108).[4]

한국 거주 이주민의 문화적응 스트레스에 관한 기존연구들은 대부분 스트레스와 '사회적 지지(네트워크)'간의 상관관계를 밝히고 있는 것이 주를 이루고 있다.(이진숙, 2010: 920).[5] 특히 이승종(1996), 노유성(2004), 이규은 외(2011)의 일련의 연구들은 최근 한국사회에서 이주민들의 사회적 지지와 문화적응 스트레스간의 인과관계를 밝히고 있다. 이들의 연구 결과는 사회적 지지가 활발한 이주민들일수록 문화적응 스트레스 또한 감소한다는 사실을 밝혀냈다.

---

3 결혼이주여성 배우자의 결혼적응 연구결과 사회적 지지가 영향력 있는 요인변수로 나타났음. 추현화, 박옥임, 김진희(2008:285-298) 「국제결혼 이주여성 배우자의 가족스트레스, 사회적 지지가 결혼적응에 미치는 영향」『한국가정관리학회』 학술발표대회 자료집.

4 도시와 농촌에 거주하는 결혼이주여성의 스트레스, 배우자 지지와 결혼 만족도 비교연구 참조. 남인숙, 안숙희(2011:99-108) 「도시와 농촌 거주 결혼이주여성의 스트레스, 사회적 지지 및 결혼만족도 비교」『Korean journal of women health nursing』17(2).

5 문화적응 수준이 높을수록 스트레스는 낮아지는 연구결과로는 이진숙(2010:919-932) 「국제결혼 이주여성의 문화적응스트레스와 관련요인에 대한 연구」『한국생활과학회지』19(6) 참조.

이 연구에서 다루고 있는 이주민들의 네트워크 관계와 문화적응 스트레스를 직접적으로 취급하고 있는 최근 연구들은 박형원(2010:308－316), 정애화 외(2011: 5509－5517), 양혜승(2012:55－95), 이영실 외(2012:171－194), 정의정 외(2012:222－ 231) 등의 논문이 있다. 이들은 주로 한국에 거주하는 이주민들의 정보교류, 문화적 차이, 사회적지지, 부부갈등, 이중문화 등으로 발생되는 문화적응 스트레스를 다루고 있다는 점에서 연구대상은 다르지만 본 논문과 비슷한 맥락에서 접근하고 있다.

미국의 사회인류학자인 루스 베네딕트(Ruth Benedict, 1944)는 일본문화의 대표적인 저서라 할 수 있는 '국화와 칼'을 저술하였다. 주로 1868년 메이지 유신 이후 일본의 근대화 과정에서 파생된 문제점이나 일본인들의 은혜, 의리, 충성, 효, 의무 등 일본인의 행동양식과 의식구조에 대하여 분석하였다. 이 연구에서 베네딕트는 일본인들의 의식구조에 대하여 "다른 사람들에게 수치를 당하지 않고 조화를 강조하는 와(和)와 폐(迷惑)를 끼쳐서는 안 된다"는 것이 일본문화의 근간을 구성하고 있다고 주장하였다. 일본인들의 이러한 문화의식은 어렸을 때부터 서서히 형성되어 왔기 때문에 다른 문화권으로 이주하더라도 쉽사리 바뀌지 않는 그들만의 독특한 문화적 특성을 형성하고 있는 것으로 보인다.

일찍이 콜만이나 포르테스(Coleman, 1988:95－120; Portes, 1998:1－24)가 지적한 바와 같이 '사회적 자본'은 "이주국에서 동족의 타인들과의 관계에 의해 형성되는 네트워크"를 의미한다. 이러한 일본인 간에 형성된 사회적 자본 형태의 강한 네트워크는 이주국에서의 사회적 고립감이나 현지사회와의 '사회구조적 간격(structural hole)'을 해소하는 역할을 하지만 그렇지 못할 경우 문화적응 스트레스를 경험하게 될 가능성이 높아진다. 따라서 자국 내에서 형성된 일본인의 문화의식에 근거하여 모국을 떠나 생활하는 재한일본인들의 사회적 자본(네트워크)과 스트레스 관계는 한국에서 일본인 상호간 네트워크의 부재에 의해 야기되는 스트레스라 할 수 있을 것이다(김현숙

외:153－176).[6]

이상과 같은 기존연구를 요약하면 결국 이주민들은 현지 거주국 사회에서 동족출신의 친구나 현지주민과의 사회적 교류정도, 즉 이주민간의 네트워크 구축정도가 현지생활에서 경험하는 문화적응 스트레스의 해소에 영향을 미친다고 추정할 수 있을 것이다. 따라서 이 연구에서는 기존연구들을 바탕으로 수집된 자료에 근거하여 재한일본인의 네트워크 특성을 고찰하고 그들이 한국생활에서 직면하고 있는 문화적응 스트레스를 도출하여 해결방안을 모색하고자 한다.

2. 재한일본인의 네트워크 특성 분석

이 연구에서는 재한일본인들의 네트워크 특성을 도출하기 위하여 한국에 거주하는 일본인들을 대상으로 설문조사를 실시하였다. 그리고 설문조사결과를 바탕으로 인구통계학적 변수와 네트워크 특성간의 차이분석(T검정)을 실시하였다. 설문조사는 2013년 2월에 서울, 부산 등 대도시에 거주하는 일본인을 대상으로 총 120부가 수집되어 본 논문의 분석자료로 활용하였다.

이 연구의 분석방법은 먼저 설문조사의 신뢰성을 확보하기 위하여 질문항목별 신뢰도와 타당도를 분석하였다. 다음은 재한일본인의 네트워크 특징별 요인분석을 실시한 후 인구통계학적 변수를 활용한 차이분석(T검정)을 실시하였다. 재한일본인의 인구통계학적 특성의 변수는 성별, 유학여부, 소득수준별, 학력별, 결혼여부별로 설정하여 한국 거주 재한일본인

6 이와 관련해서는 김현숙, 김희재, 최송식(2010:153-176) 「결혼이주여성의 문화적응스트레스와 부부 적응: 자아탄력성의 매개효과 및 조절효과를 중심으로」 『한국가족자원경영학회지』 14(2) 참조. 결혼이주여성들은 개인의 성격에 따라 스트레스를 경험하고 대처하는 정도가 다름.

의 네트워크 특징에 차이가 있을 것으로 가정하고 이를 검증하였다. 이러한 재한일본인들의 네트워크 특성분석은 한국사회에서 그들이 겪는 '문화적응 이주스트레스'을 도출하는 데 유용할 것으로 생각된다.

이 연구의 절차는 다음과 같다. 먼저 수집된 자료의 신뢰계수를 통해 사용될 척도의 신뢰도를 측정하였으며 빈도분석과 백분율, 평균, 표준편차 등의 기술적 통계분석을 통해 네트워크 구축의 특징을 분석하였다. 또한 재한일본인의 인구통계학적특성과 네트워크 특성에 따른 평균의 차이(T검정)를 검증하였다. 한국 거주 재한일본인의 인구통계학적 특성과 네트워크 구축간의 상관분석을 통해 이들 간의 관계를 살펴보았다. 그리고 마지막으로 면접조사를 통해 확보된 자료를 바탕으로 재한일본인의 문화적응 스트레스를 유형화하였다.

1) 재한일본인의 네트워크 구축 실태

재한일본인의 네트워크 구축의 실태 및 필요성에 관한 평균과 표준편차의 분석결과는 〈표 7.1〉와 같다. 아래 표에 제시한 바와 같이 전체적으로 응답자의 대부분이 인터넷사이트 구축을 통한 네트워크 활성화가 필요하다고 응답하였다(대부분의 평균값이 3.43이상으로 높게 나타났음). 특히 조사대상자들은 네트워크 구축의 필요성에 대해서도 일본인 단체와의 적극적인 교류, 일본관련 인터넷 사이트 보기, 재한일본인 간의 인터넷사이트 구축 등 3항목에 대해 높게 반응하는 것으로 나타나 이에 대한 개선이 재한일본인들의 사회적 관계(네트워크)를 활성화하는데 필요한 과제로 인식하고 있는 것으로 나타났다.

표 7.1 재한일본인의 네트워크 구축실태 분석

인터넷 구축의 필요성에 대한 질문항목	평균 (M)	표준편차 (SD)	분석 수
1. 한국인단체(학교, 지역사회 등)에서 적극 활동하고 있다.	2.7083	1.30542	120
2. 한국에 있는 일본인 단체나 조직과 항상 연락하고 있다.	2.6417	1.28204	120
3. 한국정부는 일본인이 필요한 정보를 충분히 제공하고 있다.	2.5083	.81988	120
4. 향후 일본인이나 기타 여러 단체와 적극적으로 교류하고 싶다.	3.5667	.95911	120
5. 일본의 인터넷사이트를 자주 보고 있다.	4.2500	.93710	120
6. 재한일본인 간의 소통이 가능한 인터넷 사이트 구축이 필요하다.	3.4333	.93245	120
7. 한국정부의 재한일본인 지원프로그램이나 일본인 정책에 대하여 잘 알고 있다.	2.3000	.94913	120
8. 일본인 단체나 조직에 자주 참여하고 있다.	2.5750	1.17153	120
9. 참가하고 있는 단체나 조직의 활동에 만족하고 있다.	2.9083	1.06901	120
10. 참가하고 있는 단체나 조직의 사람과 자주 만난다.	2.8333	1.21152	120
11. 참가하고 있는 단체나 조직의 사람들과 매우 친하다.	2.9667	1.20874	120
12. 현재 한국이민(유학, 사업, 기타)생활에 만족하고 있다.	3.4750	1.09975	120
13. 재한일본인을 위한 한국정부의 정책이나 지원은 충분하다.	2.7500	.90980	120

2) 재한일본인의 네트워크 구축 요인분석

다음은 요인분석을 통해 재한일본인들의 네트워크 구축실태와 성별, 유학여부별, 소득별, 학력별, 결혼여부별로 차이가 있는지를 살펴보았다.

표 7.2 재한일본인의 네트워크 척도의 타당성 및 신뢰도 분석

질문항목	제1요인	제2요인	제3요인	제4요인	공통성	신뢰도(α)
일본인 간 강한 네트워크 10,9,11,8,2 항목	.925	.080	.156	-.012	.882	.907
	.902	.167	.041	.025	.834	
	.893	.002	.153	.129	.822	
	.821	.121	.081	.135	.732	
	.584	.159	.108	.509	.724	
한국정부의 제도적 지원 만족 13,3,12	.168	.736	.001	.005	.289	.551
	.067	.716	.137	.379	.368	
	.042	.678	-.074	-.060	.837	
인터넷 구축 정보 필요 6,4,5	.089	-.063	.812	.136	.621	.479
	.141	.030	.770	-.102	.574	
	.118	.200	.341	-.743	.499	
한국단체에서 교류활동 1,7	.221	.252	.199	.594	.821	.373
	.335	.118	.313	.401	.302	
고유 값	3.720	1.711	1.598	1.537		
설명변량(%)	28.617	13.164	12.294	11.821		
누적변량(%)	28.617	41.780	54.074	65.895		

요인추출 방법: 주성분 분석.
회전 방법: Kaiser 정규화가 있는 베리맥스.

a. 6 반복계산에서 요인회전이 수렴되었습니다.

요인분석결과, KMO 샘플링 적합성 척도는 .784, Bartlett 구형성 검정에서 검정 값은 660.797, 유의확률은 .000($p<.001$)로 유의하게 나타나 요인분석을 실시하기에 적합한 자료로 확인되었다. 요인분석 결과 총 4개의 요인으로 추출되었고 모든 요인의 요인적재량이 .30이상으로 나타나 13개 문항이 모두 분석에 활용되었다. 최종 분석결과는 〈표 7.2〉과 같다.

요인분석결과를 보면 전체 13개 문항이 모두 4개의 범주요인으로 분류되었으며 각 요인의 고유값은 1.00 이상이었다. 추출된 4개 요인들의

네트워크 구축실태에 대한 전체 설명변량은 약 66%로 나타났다. 재한일본인의 네트워크 특성에 대해서는 각 요인에 포함된 평가문항들의 내용을 고려하여 4개 요인들을 각각 '일본인 간 강한 연대', '한국정부지원 만족도', '인터넷 구축 필요성', '한국단체활동'으로 명명하여 제시하였다.

요인분석을 통해 추출된 4개 항목에 대한 신뢰도 분석결과를 살펴보면 〈표 7.2〉와 같다. 네트워크 요인별 Cronbach 알파는 '일본인 간의 강한 네트워크', '한국정부 지원', '인터넷사이트 구축필요', '한국단체에서 활동' 등 각각 0.907, 0.551, 0.479, 0.373으로 나타났다. 이들 전체 항목에 대한 Cronbach 알파값은 0.3이상으로 요인별 평가항목들이 비교적 일관된 내용을 평가하고 있는 것으로 나타났다.

3) 네트워크 구축과 차이분석

차이분석(T검정)을 실시하기에 적합한 분석자료의 신뢰도와 타당도를 근거로 이번에는 재한일본인들의 네트워크 특성과 성별, 유학여부별, 소득별, 학력별, 결혼여부별 차이분석(T검정)을 실시하였다. T검정은 두 집단 간의 차이가 있는지의 여부에 대하여 평균점수를 통해 비교하고자 할 때 실시하는 통계분석기법 중의 하나로 변수에 따른 집단의 특성을 검증하기에 적합하다.

재한일본인의 성별에 따른 네트워크 구축 특성의 차이분석결과, 성별간의 통계적인 유의미한 차이는 발견되지 않았다. 또한 강한연대, 한국정부지원, 인터넷구축의 필요성에 대해서는 빈도분석에서 남성보다 여성이 더욱 적극적으로 필요하다고 응답한 것으로 나타났지만 T검정에서는 성별간의 통계적 유의미성을 확보하지는 못했다.

다음은 재한일본인들이 유학여부(유학과 비유학), 즉 유학으로 한국사회에 체류하고 있는지 아니면 다른 목적으로 체류하고 있는지의 여부에 따

표 7.3 유학여부에 따른 네트워크 구축 차이분석

네트워크 특징	평균			t	자유도	P
	유학 (n=51)	비유학 (n=69)	평균차이			
일본인 간 강한 연대	13.039	14.579	-1.540	-1.654	118	.101
한국정부 지원만족도	9.117	8.449	.668	1.765		.080
인터넷 구축 필요성	10.784	11.594	-.809	-2.253		.026
한국단체 활동	5.176	4.884	.292	.884		.378

라 네트워크 구축에 어떤 차이를 보이는지 알아보기 T검정을 실시하였다. 재한일본인의 유학여부에 따른 네트워크 구축의 T검정결과에서는 인터넷 구축의 필요성과 한국정부의 지원만족도에서 유학과 비유학의 차이는 신뢰수준 80%에서 유의미성이 확보되었다.

이러한 분석결과는 한국에 유학으로 체류하고 있는 재한일본인의 경우 한국정부지원에 대한 만족도가 높은 것을 나타내며 일본인 간의 인터넷 구축의 필요성도 절감하고 있는 것으로 생각된다. 즉 재한일본인들이 유학생일 경우 재한일본인 사회에 대한 관심도가 높고 한국사회에 대한 정보에도 상당히 관심이 높은 것으로 추측할 수 있다. 한편 일본인 간의 강한연대는 T검정 분석결과 통계적으로 유의하지는 않았지만 비유학생들이 높은 것으로 나타났고 한국단체와의 활동에는 유학생들이 더욱 적극적으로 활동하려는 경향이 강한 것으로 나타났다. 즉 한국에서 유학생으로 체류하고 있는 재한일본인들은 비유학생들보다 한국사회에 훨씬 개방적이고 교류에도 적극적인 것으로 나타났다.

다음은 재한일본인의 소득에 따른 네트워크 구축 차이분석에서 T검정 분석결과를 살펴보면 소득이 낮은 사람일수록 인터넷구축에 적극적인 것으로 나타났다. 이러한 결과는 재한일본인들 중 학생신분이나 주부들의 경우 일본인 간의 상호 정보교류의 한 방법으로서 인터넷구축이 매우 유

표 7.4 소득에 따른 네트워크 구축 차이분석

네트워크 특징	평균			t	자유도	P
	낮음 (n=59)	높음 (n=61)	평균 차이			
일본인 간 강한 연대	14.135	13.721	.414	.445	118	.657
한국정부 지원만족도	8.711	8.754	-.042	-.111		.912
인터넷 구축 필요성	11.762	10.754	1.008	2.874		.005
한국단체 활동	5.169	4.852	.317	.970		.334

용하다고 생각하고 있는 것으로 분석된다.

한편 T검정결과 통계적으로 유의하지는 않았지만, 한국정부의 지원만족도에서는 소득이 높은 사람일수록 한국정부의 지원정책이나 일본인 정책에 대하여 잘 알고 있다고 응답하였다. 또한 소득이 낮은 사람일수록 일본인 상호간의 강한 연대와 한국단체와의 활동을 중요하게 생각하고 있었다.

전체적으로 소득에 따른 네트워크 구축실태의 분석결과를 살펴보면 재한일본인의 경우 상류층일수록 한국정부나 일본정부의 지원정책에 대한 관심이 높고 소득이 낮은 사람일수록 일본인 간의 강한 연대라는 폐쇄적인 사고를 하고 있으며 한국단체와의 활동도 중요하게 인식하고 있는 것으로 나타났다.

이번에는 재한일본인의 학력에 따른 네트워크 구축 차이분석에 대하여 살펴보고자 한다. T검정결과 재한일본인이 대학졸업이상일 경우 한국인 단체와의 활동에 대해 중요하게 인식하고 있으며 한국단체와의 교류에도 매우 적극적인 것으로 나타났다. 즉 재한일본인은 학력이 높을수록 한국인이나 한국단체와의 활동이 매우 필요하다고 인식하고 있었다. 기타 항목에서 학력에 따른 집단 간의 네트워크 특성의 차이는 통계적인 유의미성을 확보하지 못했다.

표 7.5 학력에 따른 네트워크 구축 차이분석

네트워크 특징	평균			t	자유도	P
	대졸이하 (n=45)	대졸이상 (n=75)	평균차이			
일본인 간 강한 연대	14.111	13.813	.297	.310	118	.757
한국정부 지원만족도	9.066	8.533	.533	1.372		.173
인터넷 구축 필요성	11.422	11.146	.275	.737		.463
한국단체 활동	5.488	4.720	.768	2.321		.022

다음은 재한일본인의 결혼여부에 따른 네트워크 특성에 대한 T검정을 실시하였다. 분석결과, 재한일본인 간의 강한 연대와 인터넷 구축의 필요성에서 결혼과 비혼과의 집단 간의 차이는 현저했다. 즉 재한일본인들은 비혼자들보다 기혼자들이 일본인 간의 강한 연대의 필요성과 인터넷 구축의 필요성을 더욱 절실히 느끼고 있는 것으로 나타났다.

이러한 결과가 왜 나타나는지에 대하여 상세히 살펴보면 한국에서 재한일본인은 비혼자들이 기혼자들보다 사회생활에 적극적이고 반대로 기혼자들은 한국생활에 소극적일 가능성이 크기 때문일 것으로 짐작된다. 왜냐하면 결혼한 재한일본인의 경우 비혼자들보다 한국에서의 활동범위가 제한되어 있고 이에 따라 정보획득의 방법으로서 인터넷구축의 필요성에 적극적일 것으로 추정되기 때문이다. 기타 한국정부지원에 대해서

표 7.6 결혼여부에 따른 네트워크 구축 차이분석

네트워크 특징	평균			t	자유도	P
	결혼 (n=46)	비혼 (n=74)	평균 차이			
일본인 간 강한 연대	15.934	12.975	3.259	3.582	118	.000
한국정부 지원만족도	8.630	8.797	-.166	-0.428		.669
인터넷 구축 필요성	11.869	10.864	1.004	2.778		.006
한국단체 활동	5.173	4.905	.268	.798		.426

는 비혼자, 한국단체활동에서는 결혼자의 평균값이 다소 높게 나타났으나 그 차이는 미미하고 통계적으로 유의하지 않았다.

다음은 재한일본인의 인구통계학적 변수와 네트워크 특성간의 상관관계를 살펴보기 위해 상관분석을 실시하였다. 상관분석결과를 보면 재한일본인의 경우 결혼을 하지 않는 사람(비혼자)일수록 일본인 간의 강한 연대를 원하고 있는 것으로 나타났으며(부의 관계), 한국정부지원은 비유학자와 부의 관계로 결과적으로 유학생인 경우 한국정부지원에 대해 긍정적인 것으로 나타났다.

또한 재한일본인들이 가정생활을 하는 전업주부일 경우 일본인 간의 의사소통의 장소로서 온라인상(On－line)의 인터넷구축을 희망하고 있는 것으로 나타났으며 오프라인상(Off－line)의 모임을 중시하는 강한 연대를 희망하고 있었다. 재한일본인의 인터넷 구축은 유학생과 정의 관계이며 비혼자이고 소득이 낮은 사람일수록 인터넷 구축을 선호하는 경향이 강했다.

표 7.7 인구통계학적 변인과 네트워크 특성 간의 상관관계 분석

네트워크 특징	강한연대	한국정부 지원	인터넷 구축	단체 활동	유학 여부	결혼 여부	소득 수준	학력별
강한연대	1							
한국정부 지원	.267**	1						
인터넷 구축	.229**	.066	1					
단체활동	.476**	.302**	.137	1				
유학여부	.151	−.160*	.203*	−.081	1			
결혼여부	−.313**	.039	−.248**	−.073	−.643**	1		
소득수준	−.041	.010	−.256**	−.089	−.306**	.150	1	
학력별	−.028	−.125	−.068	−.209*	.413**	−.292**	−.039	1

주) ** p<.01, * p<.05

이상과 같은 분석결과를 요약하면 재한일본인이 한국에서 유학하고 있는 경우 인터넷구축에 관심이 많고 비혼자나 저소득층 역시 일본인 간의 소통의 장소로서 인터넷 구축을 희망하고 있는 것으로 나타났다.

3. 재한일본인의 문화적응 스트레스 유형 및 사례분석

한일관계는 한반도 식민지지배와 해방을 거쳐 1965년 국교정상화를 이룩하였다. 한일국교정상화 이후 한일관계는 한반도를 둘러싼 주변정세와 외교적 관계에 민감하게 반응하면서 변화해 왔다. 이러한 한일관계의 중심에 있는 소수민족 집단이 일본에서는 재일코리안이다. 그동안 한일관계의 주요 쟁점은 식민지지배의 청산, 역사교과서문제, 독도를 둘러싼 영유권문제 등으로 이들 사건들이 한일정부의 국가 간 외교문제로 확대될 때마다 직접적인 영향을 받게 된 이들이 일본에 거주하는 재일코리안이었다.

예를 들면 1965년 한일국교정상화 이후 일본에서는 재일코리안들을 대상으로 1960~70년대 발생한 일본에 거주하는 '조선학교 학생 습격사건', 1980년대 후반 조선학교 여학생 대상으로 발생한 '치마저고리 습격사건', 그리고 2004년 한류가 본격화 된 이후 '혐한류'와 '배외주의 사상' 등이다. 이러한 일련의 재일코리안에 대한 일본인들의 차별은 글로벌시대 '헤이트 크라임(hate crime: 차별범죄)'에서 '헤이트 스피치(hate speech: 차별선동)'로 확산되고 있는 상황이다.

이와 비슷한 입장에서 한국에도 약 3만 명에 달하는 일본인들이 거주하고 있으며 이들 역시 한일관계에 조그마한 논쟁이 발생하게 되면 매우 민감해지고 한국에서의 비슷한 민족차별이나 스트레스를 겪고 있을 것으로 예상된다. 이 연구에서는 재한일본인들의 이러한 문제들을 문화적응

표 7.8 재한일본인의 문화적응 스트레스의 유형[7]

문화적응 스트레스 유형	주요 내용
정치적 스트레스	재한일본인들이 한일 정치적 관계로부터 느끼는 스트레스
문화적 스트레스	재한일본인들이 한국에서의 문화적응 과정에서 느끼는 스트레스
제도적 스트레스	재한일본인들이 한국사회의 제도적 적응과정에서 느끼는 스트레스
사회적 스트레스	재한일본인들이 한국사회 적응과정에서 느끼는 스트레스

스트레스로 간주하고 면접조사를 통해 스트레스 유형을 살펴보았다.

한국에 거주하는 재한일본인들을 대상으로 문화적응 스트레스에 대한 면접조사를 실시한 결과 다음과 같은 유형화가 가능하였다. 전술한 바와 같이 이주민의 문화적응 스트레스에 대하여 베리(Berry, 1987)는 "이주민들이 현지에서 주거 및 주변환경, 음식, 경제, 언어, 사회제도, 대인관계 및 정서나 행동 등을 포함한 심리적, 정서적 차원 등의 변화를 겪을 때 발생한다."고 정의하였다. 본 논문에서는 베리(1987)의 이론을 적용하여 재한일본인들이 한국생활에서 겪는 문화적응 스트레스 유형을 〈표 7.8〉에 제시한 바와 같이 정치적, 문화적, 제도적, 사회적 스트레스로 분류하여 유형화를 시도하였다.

1) 정치적 스트레스

재한일본인들의 정치적 스트레스라는 것은 한일관계의 역사적 맥락이나 정치적 상황에 따라 그들이 한국생활 속에서 느끼고 있는 스트레스를 지칭한다. 이들이 경험하는 스트레스 요인들은 대개 한일 간 첨예하게 대립된 정치적 관계들로부터 발생될 것으로 생각된다. 가령 일본수상의 '야스쿠니 신사참배'를 둘러싼 식민지지배의 정당성 갈등문제, 독도영유권

7 베리(Berry, 1987)의 문화적응 스트레스를 기준으로 정하여 필자가 현지 면접조사에서 입수된 자료를 중심으로 분류하여 작성하였음.

을 둘러싼 영토문제, 역사교과서 왜곡문제와 식민지지배 보상 등 한일 간 외교문제로의 확대에 의해 한국사회에서 한국인들이 재한일본인들을 바라보는 막연한 시선을 의식하는데서 비롯될 것으로 생각된다. 이것은 일본에 거주하는 재일코리안들이 총련과 북한과의 관계에 의해 일본인들의 시선이 결정지어지는 것과 같은 맥락에서 이해될 수 있을 것이다.[8]

이와 비슷한 맥락에서 재한일본인들의 인터뷰 조사결과를 보면 "TV 방송이나 스포츠중계 등에서 일본선수를 욕하지 말았으면 좋겠다. 최근 한국으로 관광객을 포함하여 단기어학연수나 유학생, 한국태생 재한일본인, 국제결혼 등 재한일본인의 다양화가 진행되는 가운데, 한국에 거주하는 외국인들이 가지고 있는 일본인에 대한 이미지, 그리고 그들의 행동 하나하나가 한국인들의 눈에 어떻게 비추어지고 있는지 개인적으로 매우 신경 쓰인다." 등 이었다(임영언 2012:286－288).[9]

이상에서 살펴본 바와 같이 한국에 거주하고 있는 재한일본인들은 독도영유권을 둘러싼 한일 간 대립격화, 집단적 자위권과 평화헌법 9조 개정을 둘러싼 일본정부의 우경화, 일본인들의 역사인식 부재 등 다양한 한일 간의 정치적 현안과 사회적 현상들이 그들의 심리적 정서적 차원에도 영향을 미치고 있는 것으로 생각된다.

2) 문화적 스트레스

미국의 루스 베네딕트(1944)는 일본문화의 대표적인 저서라 할 수 있는 "국화와 칼"(루스 베네딕트, 김윤식외 옮김 2002)을 발표한 바 있다. 이 연구의 주요

8 이 문제 대한 좀 더 깊은 논의는 임영언(2013:279-304)「디아스포라적 관점에서 본 북한-총련-일본 관계 연구」『한국동북아논총』 제18집 제1호 참조.

9 한일역사 의식부족과 정치적 민감성에 대해서는 다음 논문을 참조바람. 임영언(2012:286-288)「재한일본인의 집거지 공동체 형성과 디아스포라적 문화의 특성 고찰」『동북아연구』 제27권 2호.

내용은 1868년 메이지 유신 이후 일본의 근대화 과정에서 발생된 일본사회의 문제점이나 일본인들의 행동양식과 의식구조에 대하여 분석하고 있다(김기홍 1998: 112－113). 이 연구에서 저자는 일본인들의 의식구조에 대하여 은혜, 의리, 충성, 효, 의무 등을 강조하고 특히 일본인의 문화의식에 대하여 "다른 사람들과 조화를 강조하는 와(和)와 폐(迷惑)를 끼쳐서는 안 된다."는 일본인의 정신구조를 밝히고 있다. 일본인의 문화의식은 어렸을 때부터 형성되어 온 것으로 어른이 되어서도 쉽사리 바뀌지 않는 문화적 특성을 형성하고 있다.(진혜란 2002: 103－138)

이러한 일본인들의 문화적 특성은 그들이 거주하고 있는 한국에서도 그대로 유지하려는 성향이 강하여 문화적 스트레스 현상을 유발할 것으로 추측할 수 있다. 예를 들면, 면접조사 결과 "옛날부터 한국인들은 일본인들과 비슷한 점이 많이 있었다. 가령 술 마시기를 강요하는 분위기, 윗사람에게 절대적으로 복종해야 하는 사회적 억압, 부모세대의 결혼에 대한 집착 등이 여기에 속한다.

그러나 요즘 한국의 젊은 세대들은 일본인과 별반 차이 없어 보인다. 한국의 젊은 세대들도 결혼에 관해 여러 가지 이야기를 듣는 것을 고통스러워하거나 술을 강요하는 것을 좋게 생각하지 않는 경향이 있다. 또한 겸손을 미덕으로 여기는 일본인들에 비해 한국인들은 어떤 사실에 대해 좀 과장되게 말하는 경향이 있다. 이러한 한일 간의 문화적 차이를 받아들일 수 있느냐의 여부에 따라 한국인과 일본인 상호간의 인간관계가 달라진다. 예를 들면 한국에 1년 이상 체류하게 되어 한국음식 맛에 질렸을 때, 일본 식재료 판매점이나 음식점 등이 모여 있는 리틀재팬(Little Japan) 같은 거리를 만들었으면 좋겠다." 등이었다.

위에 제시한 바와 같이 일본인들의 문화적 스트레스는 일본인의 문화적 의식과 행동양식의 양 측면에서 한국인들의 의식구조와의 차이에서 발생되고 있음을 확인할 수 있다. 또한 한일 간의 의식구조와 정서적 측면에서도 일본음식이나 일본인의 집거지는 한국생활 적응에 따른 스트레스 해소에 상당히 중요한 부분을 차지하고 있는 것으로 보인다.

3) 제도적 스트레스

한국 거주 재한일본인들이 느끼는 제도적 스트레스는 넓게 보면 문화적 스트레스의 일종으로 이해될 수 있을 것이다. 한국에서 거주하기 위해 필요한 사회제도적으로 해결해야 행정적인 일들에 대한 한일 간 제도적 절차상의 차이의 발견이나 이러한 것들을 해결하기 힘들 때 발생되는 스트레스라 할 수 있다(오애리 외 2009:566－567).[10]

면접조사결과를 보면, 제도적 차이에서 발생하는 재한일본인들의 스트레스는 크게 두 가지로 요약된다. 첫째, 외국인들에 대한 한국 구청이나 시청에서의 행정적인 절차의 차이이다. 예를 들면, "한국에서 관청에 따라서 일에 대한 대응이나 처리가 말하는 사람마다 다를 때가 많다. 외국인가족에 대한 한국정부의 법률적 제도적 장치가 전혀 없는 것이 조금 아쉽다. 특히 외국인가정의 장애아를 위한 지원도 전혀 없는데 일본에서는 외국인가정에 대해서는 일본인과 똑같이 아동에 대한 지원을 시행하고 있다. 다문화가정(아이사랑카드)에는 유아를 위한 한국정부의 지원이 있는데, 외국인가정에는 아직 없다." 등이다.

둘째, 한국 거주 외국인으로서 재한일본인의 지위나 권리의 차이에서 발생하는 문제이다. 예를 들면 "학교의 제도적 측면에서 서울 일본인 학교의 경우 한국의 초등학교 및 중학교 졸업자격을 부여받을 수 없고 한국정부의 지원도 받을 수 없다. 일본인의 경우 한국의 연금제도에 가입하여 수급자격을 얻기 전에 귀국할 경우 일시금을 환급받을 길이 없다. 따라서 일

10 이와 관련해서는 오애리외(2009:566-567)「이주노동자의 직무스트레스와 인구사회학적 특성」『대한직업환경의학회』학술대회 논문집 참조.

본인 장기 체류자에 대한 일시금 반환제도가 필요하다. 또한 일본인이 영주권을 받아도 주민등록을 할 수 없고 외국인등록증에 영주라고 기재될 뿐이다. 영주권을 취득한 외국인에게는 주민등록을 발급해 주어야 하는 것이 당연하다고 본다." 등이다.

4) 사회적 스트레스

재한일본인들의 사회적 스트레스는 그들 상호간의 사회관계(사회적 자본이라 할 수 있는 네트워크)의 부재에서 야기되는 스트레스라 할 수 있다. 사회적 자본은 콜만이나 포르테스(Coleman, 1988:1－24; Portes, 1998:95－120)가 지적하는 바와 같이 이주국에서 타인들과의 관계에 의해 형성되는 네트워크를 의미한다. 이들의 연구결과에 의하면 사회적 자본은 이민자들이 거주국에서 강한 연대(Strong Ties)를 형성하여 '사회적 고립감(구조적인 간격: Structural Hole)'이라는 스트레스를 해소하는 매우 중요한 역할을 하고 있는 것으로 알려지고 있다. 이러한 사회적 자본의 형성에는 반드시 이민자 개인과 개인의 정서적 혹은 감정적 공유가 동반되는 것을 전제로 하고 있다. 물론 이들이 주장하고 있는 신뢰에 기반을 둔 사회적 자본(네트워크)이란 개인의 추상적인 심리상태보다는 구체적인 조직이나 단체와의 교류를 뜻한다(Coleman, James(1988:95－120).

면접조사결과, 재한일본인의 경우 네트워크 구축과 관련되어 한일 간 발생되는 스트레스 해결방안은 다음 세 가지 형태를 생각할 수 있다.

첫째, 한국사회와의 교류에 관심을 두고 네트워크 확대를 통한 스트레스 해결형이라 할 수 있다. 예를 들면 "한일교류회는 그냥 친해지기 위한 수단이 아니라 한일 상호간에 토론회 같은 것이 되었으면 좋겠고 육아를 위한 보조금 지원 등 한국생활에 필요한 다양한 정보에 대해 교류를 통해 얻고 싶은데 한일교류의 폭을 넓히기 위해서는 어떤 일을 먼저 해야 할지 모르겠다." 등이다.

둘째, 한국사회보다는 재한일본인들 상호 간의 네트워크 구축을 통한 사회적 스트레스를 해소하는 방안이다. 정서적으로나 감정적으로 흩어져 있는 동질의 일본인들이 한국에서 함께 모임으로서 발생될 수 있는 고립감을 해결할 수 있는 방안을 말한다.[11] 예를 들면 재한일본인의 경우 "재한일본인회(JSC)의 회비가 너무 비싸서 단체에 가입하지 못하고 있다. 한국사회에서 재한일본인끼리 적극적으로 교류할 수 있는 기회가 되었으면 좋겠다. 현재 재한일본인들끼리 모임을 가지려고 해도 그럴 만한 장소가 없다. 가령 모임에 아이를 데리고 갈 경우, 매트가 있는 회관에서 하고 싶은데 그런 곳이 별로 없다. 예전에는 '한울타리'라는 결혼이주여성을 위한 모임이 있었는데 갑자기 사라졌다." 등에서 나타난 바와 같이 재한일본인들은 한국사회와 일본인 간의 네트워크 구축을 통해 그들이 한국사회에서 받고 있는 다양한 스트레스들을 해결하기 위해 노력하고 있다는 것을 알 수 있다.

셋째, 위의 두 가지 방법이외에도 재한일본인의 문화적응 스트레스는 재한일본인 상호간의 네트워크 구축을 초월하여 재한외국인 상호간의 네트워크 구축, 또는 재한아시아인 간의 글로벌 네트워크 구축 등을 통해 해소할 수 있는 방안을 고려해 볼 필요가 있을 것이다.

4. 네트워크 특성과 스트레스

이 연구의 목적은 재한일본인의 네트워크 특성과 스트레스 관계를 분

11 이에 대한 연구는 김연표(2009:32) 「다문화가정 이주여성에서의 가족기능과 스트레스의 관계」 『스트레스硏究』17(1) 참조. 다문화가정 이주여성 스트레스는 문화적응 스트레스와 가족관계 스트레스로 가족기능이 이주여성 스트레스에 가장 영향을 미치는 요인으로 나타남.

석하여 한국생활에서 그들이 받고 있는 문화적응 스트레스의 유형과 해결방안을 도출하는데 있다. 연구방법은 재한일본인의 네트워크 특성을 고찰하기 위하여 네트워크 구축 실태에 대한 빈도분석, 신뢰도와 타당도 분석, 차이분석(차이검정 및 분산분석), 상관분석을 실시하였고 마지막으로 사례분석을 통해 재한일본인의 문화적응 스트레스 형태를 유형화하였다.

이 연구결과를 정리하면 다음과 같다.

첫째, 빈도분석결과에서는 인터넷사이트 활용, 일본인과 기타 단체와의 교류, 한국이주생활만족도, 인터넷사이트 구축 필요성 등에 대한 항목의 순으로 응답비율이 높게 나타났다.

둘째, 요인분석결과에서는 '일본인 간의 강한연대', '한국정부지원 만족', '인터넷 구축 필요성', '한국단체활동' 등으로 나타나 일본인들이 한국인들과의 교류를 희망하고 있지만 일본인 간의 네트워크 구축에 대한 희망도 강한 것으로 나타났다.

셋째, 차이분석(T검정)은 재한일본인의 네트워크 특성과 성별, 유학여부별, 소득별, 학력별, 결혼여부별로 차이분석을 실시하였다. 차이분석 결과 재한일본인의 네트워크 특성과 성별 간에는 유의미한 차이가 발생하지 않았다. 유학여부별로는 인터넷 구축의 필요성에 대하여 비유학자, 한국정부지원 만족도는 유학생들이 높은 것으로 나타났다. 소득별로는 저소득자들이 인터넷구축의 필요성을 희망하였으며 학력별로는 대학졸업의 고학력자들이 한국인단체와의 활동에 적극적이었고 결혼여부별로는 결혼자들이 일본인 간의 강한 연대와 인터넷 구축 필요성에 대한 희망이 높은 것으로 나타났다.

넷째, 상관분석에서는 비혼자일수록 일본인 간의 강한 연대, 한국정부지원만족은 유학생, 그리고 비혼자이며 저소득자일수록 인터넷구축에 대한 필요성을 강하게 주장하였다.

사례분석에서는 재한일본인들의 스트레스 유형을 정치적, 문화적, 제도적, 사회적(정보교류)측면으로 분류하여 유형화하였다. 이들 재한일본인의 스트레스 유형은 한일관계의 정치적 현안에 따라 일본에서 재일코리안들이 느끼고 있는 스트레스 보다 더욱 강한 것으로 보인다. 그 이유는 재한일본인들이 상대적으로 소수인데다 그들 상호간의 사회적 지지 기반인 '사회적 자본(네트워크)'의 구축이 취약하기 때문인 것으로 추정된다.

연구결과를 요약하면, 재한일본인들은 모국에서 형성된 일본인 상호간의 폐쇄적인 의식구조, 한국인 의식구조와의 차이 등으로 인하여 사회적 관계를 형성하기에는 일정한 한계를 보이고 있는 것으로 나타났다. 따라서 재한일본인들은 한국에서의 문화적응 스트레스를 극복하기 위하여 그들 상호간의 다양한 사회적 관계(네트워크) 구축에 노력하고 있는 것으로 나타났다. 구체적으로는 재한일본인 간의 단체나 조직 및 모임결성, 인터넷 구축, 한국사회와의 교류지향 등이다.

이 연구는 향후 재한일본인들이 문화적응 스트레스를 극복하기 위하여 일본인 상호간의 네트워크 구축을 초월하여 재한외국인 상호간의 네트워크 구축, 또는 재한아시아인 간의 글로벌 네트워크 구축 등을 통해 그들이 한국에서 겪는 스트레스의 해소 방안을 고려할 필요가 있음을 시사하고 있다.

제8장 맺음말

이 책은 일본인의 해외진출, 특히 미국 이민, 브라질 이민, 일본으로의 모국귀환과 한국진출 등 이주지에서 일계인의 문화적응과 정착기제에 대하여 살펴보았다. 연구방법은 일본 및 국내 일계인 집거지의 현지조사를 통한 문헌자료수집, 인터뷰조사, 설문조사 등을 활용한 자료수집과 이를 분석에 활용하였다. 먼저 이 책에서는 해외에 거주하고 있는 일본인을 지칭하는 용어로는 '재외방인'과 '일계인'을 사용하고 있다. 재외방인은 일본을 떠나 해외에서 3개월 이상 체류하고 있는 일본국적을 유지하고 있는 자로 정의하였다. 현재 해외에 체류하고 있는 일본국적자로서 '재외방인(이중국적자 포함)'은 약 132만 명으로 추정되고 있다. 그러나 해외에 거주하고 있는 일본인으로서 일본국적을 가지고 있지 않은 일본인의 피를 이어받은 일본인은 '일계인'으로 정의되며 이들은 전 세계 약 300만 정도로 추정되고 있다.

이 책에서 사용하고 있는 핵심키워드로서 일계인의 문화적응과 정착기제에 대한 개념과 정의는 다음과 같다. 베리(Berry, 1990)는 문화적응이 중립적인 용어이지만, 실제로는 다른 집단에 비해 어느 한 집단에 더 많은 변화를 일으키는 경향이 있다고 보았다. 그레이브스(Graves, 1967)는 문화적응에 대한 다양한 해석을 시도하였는데, 하나는 집단수준(Collective or Group－Level Phenomenon)의 문화적응이며, 다른 하나는 개인수준의 심리적(Psychological) 문화적응으로 구분하여 설명하였다.

전술한 바와 같이 베리(Berry, 1997)는 문화적응(Acculturation)이란 문화적 접촉이 동반되는 문화적·심리적 변화의 과정으로 정의하였다. 문화적 변화는 한 집단 내의 관습, 경제적, 정치적 삶의 방식의 변화 등을 의미한다. 심리적 변화는 개인들이 자신의 문화적 정체성과 문화변용에 대하여 갖게 되는 태도의 변화를 포함한다. 일계인 디아스포라들은 초기 현지 이주국에서 문화적응이 어려운 만큼 사회문화적, 교육적, 정책적, 경제적 측면의 정착기제가 각기 달리 표출될 수 있다. 베리는 문화적응이 이주 집단의 고유문화에 대한 문화적 유지와 이민사회의 주류문화에 대한 방향성(신분상승이나 조직화 등)이라는 접촉과 참여의 두 개의 축으로 구성된다는 다차원적 접근방법을 제시하였다. 더 나아가 그는 문화적응은 개인이 고유문화를 유지하느냐의 여부와 이주사회의 주류문화에 적극적으로 참여하고 그 관계를 유지하느냐의 여부에 따라 동화(Assimilation), 통합(Integration), 분리(Segregation), 주변화(Marginalization)라는 4가지 유형으로 구분하였다. 이처럼 문화적응이란 다른 문화를 가진 사람들이 둘 중 하나 또는 두 집단의 원래 문화 패턴의 변화들과 지속적이고 직접적으로 접촉했을 때 발생하는 현상이라고 정의할 수 있다. 그리고 이민자들이 현지 문화적응에서 동원되고 있는 단체나 모임, 문화적 활동 등 다양한 수단이나 방법 등을 정착기제라고 할 수 있다. 따라서 문화적응과 정착기제는 상호불가분의 관계라고 할 수 있다.

이 책에서 분석대상으로 다루고 있는 일계인의 문화적응과 정착기제 관련 중요연구지역 및 내용은 다음과 같다.

첫째, 브라질에서 일본으로 이주한 일본거주 일계브라질인의 문화적응과 정착기제를 다루고 있다. 일본에서의 일계인 집거지는 자동차와 가전산업 등을 주요산업으로 하는 산업단지나 지역주변에 형성되어 있다. 일계브라질인들은 주로 아이치 현(愛知県), 시즈오카 현(静岡県)을 중심으로 하는 동해지역 및 군마 현(群馬県)을 중심으로 하는 북관동지역(北関東), 그리고 오키나와 현(沖縄県)에 뿌리를 둔 일계인들이 집거하는 요코하마 시 쓰루미구(横浜市鶴見区) 등을 주요 지역으로 거주하고 있다. 그동안 이들 일계브라질인에 대한 연구는 노동문제, 공생문제, 문화적응, 자녀교육문제 등 긴급을 필요로 하는 문제에서부터 일계브라질인의 체류장기화에 따른 정착문제 등으로 이동해 왔는데 이 책에서는 이들 일계브라질인의 문화적응과 정착기제에 초점을 두었다.

둘째, 일본에서 1868년 메이지 유신과 더불어 해외로 본격적으로 진출하기 시작한 일본인의 하와이를 중심으로 한 미국이민과 본토이민, 1908년 이후 브라질을 중심으로 한 중남미 진출과 이들의 문화적응 및 정착기제를 다루고 있다. 일계인의 해외 현지적응 및 정착 메커니즘으로는 일계인 현지사회의 변화, 일계인타운의 건설, 일계인 학교의 건립, 일본인회의 결성 등에 대하여 주목하였다.

셋째, 해방이후 일본인의 한국이주에 대해서 살펴보았다. 일본인의 한국이민은 두 가지 측면에서 진행되어 왔다. 하나는 1945년 해방 이전 식민지기 일본인의 조선 진출이고 또 하나는 해방이후 일본기업의 한국 진출과 동부이촌동을 중심으로 한 일본인타운의 형성이라 할 수 있다. 일본인의 한국진출은 해방과 더불어 단절되었다기보다는 지금도 경주나자레원에 거주하고 있는 일본인 아내들을 중심으로 현재도 계속되고 있는 현상이라 할 수 있다. 그리고 해방 이후 일본인의 거주지를 중심으로 한국진출 중소기업 및 주재원들을 중심으로 한 세력권의 강화 및 확대와 더불어 성장해나가는 진출 전략을 보여주고 있다.

이 책에서 다룬 일계인의 문화적응과 정착기제에 대한 연구결과는 다음과 같다.

첫째, 일본정부의 국내외 일계인의 현지적응정책은 정치적 경제적 활용론보다는 일계인사회를 통한 일본기업의 현지 진출, 일본문화의 확대, 정체성 확립 등 포용과 협력, 지원과 공생이라는 두 가지 측면에서 강조되고 있는 것으로 나타났다.

둘째, 해외 일계인 중 재미일계인과 일계브라질인들의 문화적응과 정착기제는 현지에서 일계인타운과 공동체의 형성, 일본인 학교와 일본인회의 설립 등이 중요한 역할을 담당하고 있는 것으로 나타났다. 일계인타운은 일본마을, 일본인거리라고도 부르며 일본 국외에 위치하여 재외방인 또는 일계인들이 많이 모여드는 장소이자 거주지이다. 역사적으로는 일본인 마을이라고 부르는 경향이 강하며 영어로는 저팬타운(Japantown)이라고 한다. 해외에서 일본인들이 집거하는 지역을 편의상 일본인 마을이라고 부른 것이 용어의 유래이며 일본과의 인적 경제적 연결고리가 큰 국가의 도시에는 일본인 이민자나 기업 등이 파견한 일본인 주재원들이 단신 혹은 가족들과 함께 이주하거나 장기체류하는 이들을 대상으로 일본 요리점이나 일본 식료품을 취급하는 슈퍼마켓, 일본서적을 판매하는 서점 등의 상점, 일본인 학교와 현지 일본인회와 같은 시설이 건립되어 현지 일본인과 일계인의 편의를 제공하고 있으며 일계인의 현지 정착에 중요한 역할을 담당하고 있다.

셋째, 1990년대 이후 도일하여 정착하고 있는 약 20만 명에 해당되는 일본 내 일계브라질인들은 일본정부의 일계인 노동자에 대한 동화와 수용정책에 의해 제도적으로 일계인 부모들에게는 적대감정, 자녀들에게 일본 문화적응을 강요하게 되면서 일본정부와 일계인 부모와의 긴장감을 조성하고 있는 것으로 나타났다. 특히 현재 일본 내 일계인 사회는 일계인 학부모들의 불완전한 일본 문화적응과 학생들의 완전한 일본사회의 동화 사이에서 혼란을 겪고 있는 것으로 나타났다. 이러한 상황에서 일본에서 일계브라질의 문화정착은 일계인공동체를 대신하여 일계인 교회들이 일계인들의 문화적응에 매우 중요한 역할을 담당하고 있으며 일본 내 정착 기제의 역할을 수행하고 있는 것으로 나타났다.

넷째, 한국에서 주류문화와 고유문화의 경계선에서 생활하고 있는 재한일본인들의 문화적응은 베리의 문화적응 유형 중 제3유형(동화)으로 일본인 개인들이 한국사회와의 관계를 긴밀히 유지하고 일본 문화의 정체성과 특성을 포기하는 유형, 제4유형(통합)으로 한국사회와의 관계를 유지하면서 동시에 일본문화의 문화 정체성과 특성을 유지하는 성향이 높은 것으로 나타났다.

이러한 결과는 재한일본인들이 한국사회에 적응도가 매우 높은 것으로 추측할 수 있지만 한편으로는 전략적 선택의 결과로서 한국 문화적응에 대한 스트레스가 높은 것으로 짐작할 수 있다. 기존연구에서 제시한 바와 같이 이 연구에서도 한국정부가 주도한 다문화적 수용성은 혈통주의에 의한 한국사회 중심의 동화주의 성향이 강하고 '인정의 정치'에 소홀히 해왔다는 점을 지적할 수 있을 것이다. 한편 재한일본인들의 입장에서는 한국사회에서 분리나 주변화처럼 주류문화와 고유문화에 대한 편향적인 전략보다는 양쪽문화의 수용을 어느 정도 허용하는 동화나 통합전략을 구사하고 있는 것으로 생각할 수 있을 것이다.

다섯째, 재한일본인들은 모국에서 형성된 일본인 상호간의 폐쇄적인 의식구조, 한국인 의식구조와의 차이 등으로 인하여 한국사회의 문화적응 과정에서는 일정한 한계를 보이고 있는 것으로 나타났다. 이에 따라 재한일본인들이 한국에서의 문화적응 스트레스를 극복하기 위하여 그들 상호간의 다양한 사회적 관계(네트워크) 구축에 노력하고 있는 것으로 나타났다. 구체적으로는 재한일본인회를 통한 일본인 간의 단체 조직 및 모임결성, 인터넷 구축, 한국사회와의 교류지향 등을 통해 문화적응에 힘쓰고 있는 것으로 나타났다.

지금까지 일계인 디아스포라의 문화적응과 정착기제에 살펴보았다. 결론적으로 일계디아스포라의 문화적응은 다른 디아스포라 집단과 마찬가지로 일본을 떠나 현지 이주지에서 그들이 이주 당시의 기반이 어찌되었든 간에 베리가 지적한 바와 같이 동화(Assimilation), 통합(Integration), 분리(Segregation), 주변화(Marginalization)라는 4가지 문화적응 단계를 거쳐 적응－회복－위기－우호적 관계를 구축해나가는 과정을 걷게 될 것이다. 그러나 이러한 일계인디아스포라의 문화적응과 정착기제는 향후 과거의 단계적 과정을 초월하여 훨씬 중층적이고 복합적이며 다양한 수단과 패턴을 활용하는 방식으로 전개될 것으로 생각된다. 향후 연구과제는 이러한 일계인의 문화적응과 정착기제의 연구결과를 활용하여 한중일 디아스포라의 문화적응과 정착기제의 차이와 민족집단 간 전략적 선택 등을 비교하는 연구가 될 것이다.

| 참고문헌 |

김기홍.「루스 베네딕트 지음/김윤식 오윤석 옮김/을유문화사 펴냄」.『새가정486』, 새가정사, 1998.

김범중 · 이홍직.「미국 이주 한인노인의 정신건강에 영향을 미치는 요인에 관한 탐색」.『스트레스硏究』, 18(4), 대한스트레스학회, 2010.

김경아.「다문화가정지원정책의 성격」.『교육전남』, 제111호, 2008.

김석란.「재한일본인아내의 국적에 관한 연구—해방이전 결혼자를 중심으로—」.『日語日文学』, 第36輯, 2007.

김연표.「다문화가정 이주여성에서의 가족기능과 스트레스의 관계」.『스트레스硏究』, 7(1). 대한스트레스학회, 2009.

김지영.「「조국」문화로서의「한류」재일한국조선인의「한류」미디어 접촉을 중심으로」.『일본문화학보』, 제41집, 2009.

김응렬.「재한일본인의 생활사」.『한국학 연구』, 1996.

김은실.『결혼이주여성의 문화적응스트레스, 사회적 지지와 사회적응』, 충북대학교 석사학위 논문, 2007.

김현숙 · 김희재 · 최송식.「결혼이주여성의 문화적응스트레스와 부부 적응: 자아탄력성의 매개효과 및 조절효과를 중심으로」.『한국가족자원경영학회지』, 4(2). 한국인구학회, 2010.

남인숙 · 안숙희.「도시와 농촌 거주 결혼이주여성의 스트레스, 사회적 지지 및 결혼만족도 비교」.『Korean journal of women health nursing』, 7(2), 여성건강간호학회, 2011.

루스 베네딕트 · 김윤식 외 옮김.『국화와 칼』, 을유문화사, 2002

박남수.「다문화 사회에 있어 시민적 자질의 육성: 사회과를 통한 다문화교육의 모색」.『사회과교육』, 33호, 2000.

박형원.「해외이주 한인 여성의 문화적응 스트레스와 정신건강: 재영 한인 여성을 중심으로」.『한국콘텐츠학회논문지』, 0(8), 한국콘텐츠학회, 2010.

박형원.「해외이주 한인가정의 가족기능에 영향을 미치는 요인」.『보건사회연구』,

2(4), 한국보건사회연구원, 2012.
보건복지부.『여성결혼이민자 가족사회통합지원 대책』, KDI경제정보센터, 2006.
보건복지가족부.『다문화가족 생애주기별 맞춤형 서비스』, KDI 경제정보센터, 2008.
법무부 출입국 · 외국인정책본부.『출입국 · 외국인정책통계연보』, 2010.
설동훈 외.『국제결혼이주여성 실태조사 및 보건 · 복지지원정책방안』, 보건복지부, 2005.
______.『결혼이민자 가족 실태조사 및 중장기 지원정책방안 연구』, 여성가족부, 2006.
송석원.「일본정부의 일계인 정책-JICA의 해외일계인 지원사업을 중심으로」.『민족연구』, 2009.
이덕구.「일본여성결혼이민자의 한국사회 적응실태: 충남의 농촌지역(홍성, 예산, 청양)을 대상으로」.『문화관광연구』, 11권 2호, 2009
이명관.『재한 일본인 유학생들의 학교 및 한국생활 적응에 관한 연구: 통일교회 신앙을 지닌 중 · 고생을 중심으로』, 선문대학교 신학전문대학원 석사학위 논문, 2002.
이소래.「사회적 지지가 남한이주 북한이탈주민의 문화적응 스트레스(Accultural stress)에 미치는 효과」.『청소년상담연구』,2(4), 한국청소년원상담복지개발원, 1997.
이영실 · 조명희 · 홍성희.「결혼이주여성의 문화적응스트레스가 부부갈등에 미치는 영향 －사회적 지지의 조절효과 중심으로－」.『한국가족자원경영학회지』,6(4), 한국가족자원경영학회, 2012.
이진숙.「국제결혼 이주여성의 문화적응스트레스와 관련요인에 대한 연구」.『한국생활과학회지』, 9(6), 한국생활과학회지, 2010.
이재분.「다문화가정자녀의 학교교육 현황과 과제: 국제결혼가정을 중심으로」.『충북교육연구』, 통권 제9호. 2008.
유진이 · 홍영균.「다문화가족 지원센터 활성화 방안 연구」.『한국청소년시설환경학회 논문집』, 제5권 제3호, 2007.
오애리 외.「이주노동자의 직무스트레스와 인구사회학적 특성」.『대한직업환경의학회』, 학술대회 논문집, 2009.
임영언.「일계인(日系人)디아스포라: 초민족공동체 형성과정 연구」.『日本文化学報』, 第46輯, 2010.
______.「일계인(日系人)디아스포라의 귀환과 브라질타운형성에 관한 연구: 군마 현 오이즈미마치일계브라질타운을 중심으로」.『한국동북아논총』, 제16집 제4호,

2011.

______. 「일계인(日系人)디아스포라 브라질 이주사와 전시문화콘텐츠 고찰」. 『日本文化学報』, 第50輯, 2011.

______. 「재한일본인의 이주역사와 동부이촌동 일본인집거지 형성배경 고찰」. 전남대학교세계한상문화연구단 공동학술회의, 2011.

______. 「재한일본인의 집거지 공동체 형성과 디아스포라적 문화의 특성 고찰」. 『동북아연구』, 제27권 2호, 2012.

______. 「재한일본인의 집거지 공동체 형성과 디아스포라적 문화의 특성 고찰」. 『동북아연구』, 제27권 2호. 한국동북아학회, 2012.

임영언 외. 「디아스포라적 관점에서 본 북한-총련-일본 관계 연구」. 『한국동북아논총』, 제18집 제1호. 한국동북아학회, 2013.

______. 『일계인디아스포라: 초국적 이주루트와 글로벌네트워크』, 서울: 북코리아, 2013.

양혜승. 「이주노동자의 대인 커뮤니케이션 및 미디어 이용이 문화적응 스트레스에 미치는 영향」. 『방송과 커뮤니케이션』, 3(1). 문화방송, 2012.

윤인진. 『코리안 디아스포라: 재외한인의 이주, 적응, 정체성』, 고려대학교 출판부, 2005.

______. 「2007년 다문화가정자녀교육지원계획」. 『교육마당』, 21, 2007.

윤인진 외. 『다문화교육인력 양성사업 로드맵 구축 연구』, 문화교육예술진흥원18, 2008.

서선자. 『재한 일본인 유학생의 특성에 따른 문화적응유형과 대학생활적응과의 관계』, 대구대학교 교육대학원 석사학위 논문, 2010.

조현미. 「일본인 국제결혼여성의 혼성적 정체성」. 『일본어문학』, ol.45, 2009.

진혜란. 「국화와 칼, 술, 그리고 시 －중 · 일 · 한 삼국 문화현상의 차이에 대하여－」. 『동서비교문학저널』, 7호. 한국동서비교문학학회, 2002.

정의정 · 하규수. 「다문화가족 남성배우자의 이중문화스트레스, 의사소통이 결혼만족도에 미치는 영향」. 『한국콘텐츠학회논문지』, 2(2). 한국콘텐츠학회, 2012.

정명희. 「결혼이주여성의 한국사회적응 스트레스 발생요인에 대한 실증연구」. 『국제지역학회』, 제15권 2호, 2011.

정애화 · 김혜진 · 정현자. 「국제결혼한 필리핀 이주여성의 건강상태, 사회적 지지와 문화적응 스트레스」. 『한국산학기술학회논문지』, 2(12). 한국산학기술학회, 2011.

정진경 · 양계민. 「문화적응이론의 전개와 현황」. 『한국심리학회지: 일반』, 23권 1호,

2004.
최민경. 「일본과 일계인의 관계에 대한 통시적 고찰」. 『일본연구』, 22집. pp.353－385, 2014.
최경린 · 박정의. 「자아구성이 문화변용전략에 미치는 영향: 재한 중국인 유학생을 중심으로」. 『한국언론학보』, 55권 5호, 2011.
추현화 · 박옥임 · 김진희. 「국제결혼 이주여성 배우자의 가족스트레스, 사회적 지지가 결혼적응에 미치는 영향」. 『한국가정관리학회』, 학술발표대회 자료집, 2008.

Ashim C. Uwaje. "*Culture shock, Re-Integration and Re-Entry culture shock: Managing Cultural Differences*" Munich Business School, 2009.
Berry, J. W. "Immigration, Acculturation, and Adaptation," *Applied Psychology: An International Review*, 46(1), 1997.
Furukawa, Ayako. 『재한 일본인의 문화 충격에 관한 연구』, 세대학교 교육대학원 석사 학위 논문, 2006.
Oberg, K. "Culture Shock: Adjustment to New Environment." *Practical Anthropology* 7. www.munich-business-school.de (검색일: 2013년 4월 26일), 1960.
Barth, Fredrick. Introduction, in F. Barth(ed.), *Ethnic Groups Boundaries*, London: Allen & Unwin, 1969.
Cohen, Robin. *Global Diasporas*: An introduction. London: UCL Press, 1997.
Cohen, Abner. *Custom and Politics in Urban Africa*, *Berkeley*: University of California Press, 1969.
Marcus Banks. *Ethnicity: Anthropological Constructions*, New York: Routledge, 1996.
Safran, William. "Diasporas in modern societies: myths of homeland and return." *in Diaspora*, Vol.1, No.l, 1991.
Portes, Alejandro. "Social Capital: Its Origins and Applications in Modern Sociology," *Annual Review of Sociology 22*, PMID, 1998.
Coleman, James. "Social Capital in the Creation of Human Capital." *American Journal of Sociology 94*, PMID, 1988.

金鐘在, 玉城素編. 『渡日韓国人一代』,書出版社, 1978.
金春男. 「文化的背景に配慮した在韓 · 在日外国人高齢者の老後生活の支援: 在韓日本人と在日コリアンのための老人ホームをとおして」. 『社會問題研究』, 59巻, 2010.

朴燦鎬.『韓国歌謡史1895~1945』, 晶文社, 1987.
朴在一.『在日朝鮮人に関する総合調査研究』, 新紀元社, 1957.
朴慶植.『解放後在日朝鮮人運動史』, 三一書房, 1989.
宋美虎・喜田寛.『ナザレ園－金龍成先生との約束』, 株式会社喜田寛総合研究所, 1994.
李東準.『日本にいる朝鮮の子供ー在日朝鮮人の民族教育ー』, 秋社, 1956.
鄭哲.『民団ー在日韓国人の民族運動ー』, 洋々社, 1967.
イシ、アンジュロ.「単純労働者から起業家への道ー在日日系ブラジル人のもうひとつの顔」.『国際文化研修18号』, 1998.
______.「IT時代の移民と移民研究ー在日デカセギ日系ブラジル人の場合」.『移民研究年報7号』, 2001.
______.「エスニック・メディアとその役割ー在日ブラジル人のむ向けポルトガル語メディアの事例から」宮島喬・加納弘勝(編).『国際社会第2巻ー変容する日本社会と文化』, 2002.
石川友紀.「ブラジルにおける日本移民の地域的分布と職業構成の変遷第二次世界大戦前を中心に」.『琉球大学法文学部紀要』, 学・地理学編32, 1989.
石川雅典.「出稼ぎ送出の実態と家庭・地域生活ーアマゾン地区日系集団地の留守家族、出稼ぎ經驗者の調査から」(渡辺雅子編).『共同研究出稼ぎ日系ブラジル人上巻』, 明石書店, 1995.
石田智恵.「戦後日本における『日系人』, 誕生ー1957年『海外日系人大会』, 催の意味」.『移住研究年報』, 6. 日本移民学会. pp.97－108, 2010.
伊藤考司.『日本人花嫁の戦後 韓国・ナザレ園からの証言』, LYU工房, 1996.
岡部一明.『日系アメリカ強制収容から戦後補償へ』, 岩波書店, 1991.
大阪市社会部.『朝鮮人労働者問題』,文堂書房.『集成』, 1 卷, 1924.
大泉町企画調整部企画課.『くらしのべんり帳』, 2011.
大泉町住民課.『外国人登録の推移』, 2010.
緦谷智雄.『在韓日本人妻の形成과 生活適応에 関한 研究』, 고려대학교대학원 석사논문, 1994.
海外移住資料館.『海外移住資料館だより』, 特集号, 2010.
外交資料館所蔵.「第7回送金目録」『在外日本人送金送達雑件』, 第三巻参照, 1918.
外務省領事国政策課.『海外在留邦人数調査統計』, 平成28年要約版, 2015.
外務省領事国政策課.『海外在留邦人数調査統計』, 平成25年要約版, 2013.
上毛新聞社編.『サンバの町から:外国人とともに生きるー群馬大泉』, 上毛新聞社,

1997.
鎌塚扶.「大阪に於ける朝鮮同胞の一居住地帯を往訪して」.『総動員』, 1940.
喜多川豊宇.「浜松市における日系ブラジル人の生活構造と意識: 日伯両国調査を踏まえて」.『東洋大学社会学部紀要』, 4(1), 1996.
______.「ブラジル町の形成とディアスポラ: 日系ブラジル人の定住化に関する7年継続大泉町調査」.『東洋大学社会学部紀要』, 4(3), 1997.
小内透編著.『ブラジルにおけるデカセギの影響』, 御茶の水書房, 2009.
駒井洋監修・小林真生編著.『レイシズムと外国人嫌悪』, 明石書房, 2013.
京都市社会課.『市内在住朝鮮出身者に関する調査』,都市.『集成』, 3巻, 1937.
斉藤広志.「ブラジルにおける日系人の人口と地域的移動」.『南米研究』6, 1959.
______.「ブラジルにおける邦人移住者の地域的移動」.『国際経済研究』10, 1960.
坂中英徳著.『日本型移民国家の道』, 東信堂, 2013.
サンパウロ人文科学研究所編.『ブラジル日本移民史年表』, 無明舎出版, 1997.
篠田藤治.「在日朝鮮人の生活実態の概況(下)」.『親和』, 1954.
杉原達.「在阪朝鮮人の渡航過程ー朝鮮・済州島との関連でー」.『大阪・大世・スラム』, 新評論, 1986.
武者小路公秀監修、浜邦彦・早尾貴紀編.『ディアスポラと社会変容』, 国際書院, 2008.
独立行政法人国際協力機構横浜センター.『海外移住資料館展示案内－われら新世界に参加す』,用印刷株式会社, 2004.
東京商銀信用組合.『東京商銀三十年史』, 双葉印刷株式会社, 1984.
パウリスタ新聞社編.『日本・ブラジル交流人名辞典』, 五月書房, 1996.
樋口雄一. 小沢用作編.「在日朝鮮人部落の成立と展開」.『近代民衆の記録10在日朝鮮人』, 新人物往来社, 1978.
______.『協和会戦時下朝鮮人統制組織の研究』, 社会評論社, 1986.
樋口直人・高橋幸惠.「在日ブラジル出身者のエスニック・ビジネスー企業家供給システムの発展と市場の広がりを中心に」.『イベロアメリカ研究』,0巻1号、イベロアメリカ研究所, 1998.
一橋大学社会学部.『トランスナショナルな環境のもとでの新たな移住ポロセスーデカセギ10年を経た日系人の社会学調査報告』, 1999.
法政大学大原社会問題研究所所蔵思想対策研究会.『半島人問題ー思想対策研究会報告書第 2 辑』, 1994.
兵庫県学務部社会課.『朝鮮人の生活状態』, 兵庫県, 1937.

日本ブラジル交流史編纂委員会.『日本ブラジル交流史日伯関係100年の回顧と展望』, 本ブラジル修好100周年記念事業組織委員会・社団法人日本ブラジル中央協会, 1995.

日本赤十字社.『在日朝鮮人帰国問題の真相』, 日本赤十字社, 1956.

野口道彦他.『批判的ディアスポラ論とマイノリティ』, 明石書店, 2009.

前山隆.『エスニシテイとブラジル日系人』, お茶の水書房, 1996.

______.『異邦に「日本を祀る」:ブラジル日系人の宗教とエスニシティ』, お茶の水書房, 1997.

水島瑠美.『日系アメリカのアイデンテイテイ』, 卒業論文, 2005.

森幸一.「日系集団地にとっての『出稼ぎ』, もつ意味 3: 日系集団地の出稼ぎ送出形態とその影響」渡辺雅子『共同研究出稼ぎ日系ブラジル人上巻』,明石書店, 1995.

渡邊博顕.「間接雇用の増加と日系人労働者」.『日本労働研究雑誌』, o.531/October, 2004.

渡辺雅子.『共同研究出稼ぎ日系ブラジル人(上)論文編・就労と生活』, 明石書店, 1995.

米山裕・河原典史編.『日系人の経験と国際移動:在外日本人・移民の近現代史』, 文書院, 2007.

출입국 외국인정책본부: http://www.immigration.go.kr/HP/TIMM/imm_06/imm_2011_12. jsp(검색일:2014.02.05.).

JICA 沖縄国際センター概要: https://www.jica.go.jp/okinawa/enterprise/ku57pq000008ctix－att/summary_20150428.pdf(검색일 2016.11.21.)

移住者・日系人支援: https://www.jica.go.jp/about/report/2015/ku57pq00001qc1md－att/44.pdf#search(검색일 2016.11.21.)

| 부록: 재한일본인 민족문화정체성과 네트워크 조사표 |

이 설문지는 재한일본인의 민속놀이와 축제가 한국 현지에서 어떻게 행해지고 있는지 알아보기 위해 작성된 것입니다. 설문 내용은 향후 한국거주 재한일본인의 정체성형성과 문화공동체 네트워크를 구축하는데 크게 기여할 것으로 생각됩니다.
이 설문의 응답결과는 모두 통계 처리되며 연구목적 이외에는 사용되지 않습니다. 또한 조사 응답자의 신분, 이름 등 개인정보는 익명으로 처리되며 철저히 보장됩니다.
여러모로 바쁘시겠지만, 잠깐 시간을 내주시어 설문에 응해주시면 대단히 감사하겠습니다.

2013년 2월
전남대학교 세계한상문화연구단 연구교수 임영언
연락처: yimye@hanmail.net(T. 010-9883-2428)

Ⅰ. 귀하 자신에 대한 질문입니다(해당되는 곳에 ✓).

1.성별 ① 남성 ② 여성	2. 연령(만 세)
3. 학력	① 초등학교졸업 ② 중학교졸업 ③ 고등학교졸업 ④ 전문대학졸업 ⑤ 대학졸업 ⑥ 대학원졸업 ⑦ 기타 ( )
4. 직업 · 근무형태	① 학생 ② 자영업 ③ 판매서비스 ④ 공장 · 기능노무직 ⑤ 건설노동 ⑥ 사무관리 · 전문직 ⑦ 전업주부 ⑧ 가사노동 · 무직 ⑨ 기타( )
	① 정규직원 ② 계약 · 파견 직원 ③ 비정규 · 임시종업원 ④ 파트 · 아르바이트 ⑤ 기타( )
5. 종교	① 기독교 ② 가톨릭 ③ 불교 ④ 이슬람교 ⑤ 무종교 ⑥ 기타 ( )
6. 출신국 관련	① 출생지 ( ) ② 현재 거주지 ( ) ③ 현재 거주지 이주시기(년)
7. 거주 이유	① 가족 동반 ② 가족이나 자녀교육 ③ 취업이나 직장 관련 ④ 현지인과 결혼 ⑤ 이곳 출생 ⑥ 기타( )
8. 체류기간	(총 년 개월)
9. 국적	① 일본 ② 한국 ③ 기타( )
10. 연수입 (가족전체)	① 100만엔 이하 ② 200~400만엔 ③ 400~600만엔 ④ 600~800만엔 ⑤ 800~1000만엔 ⑥ 1000만엔 이상 ⑦ 기타( )
11. 가족경제	현재 가족 중 일하고 있는 사람은 모두 몇 명입니까?(명)

12. 법적지위 (체류자격)	① 국적 취득자　② 영주자　③ 정주자 ④ 단기 체류자　⑤ 기타(　　　　)
13. 결혼여부	① 기혼　② 미혼　③ 이혼　④ 사별　⑤ 기타(　　　　)
14. 세대구분	① 1세　② 1.5세　③ 2세　④ 3세　⑤ 기타(　　　　)

II. 다음은 재한일본인의 민속문화생활에 관한 질문입니다(해당되는 곳에 ✓표시).

1.あなたの家庭で守っている日本伝統行事は次のどれですか。 (該当する番号全てに○表示)	① お正月(元旦)　② 節分　③ ひな祭り ④ 端午の節句　⑤ 七夕　⑥ 七五三参り ⑦ 年末　⑧ 仲秋(お盆)　⑨ 冬至 ⑩ 成人式　⑪ その他(　　　　)
2.次は日本の伝統遊びです。あなたは次の日本伝統遊びで経験したことがあるものは何ですか。 (該当する番号全てに○表示)	① すごろく　② たこ上げ　③ 綱引き ④ 相撲　⑤ はごいた　⑥ コマ回し ⑦ 盆踊り　⑧ 将棋　⑨ 花札 ⑩ かるた　⑪ ベーゴマ　⑫ 福笑い ⑬ めんこ　⑭ ビー玉　⑮ おはじき ⑯ あやとり　⑰ 折り紙　⑱ 竹馬 ⑲ けんだま　⑳ だるまおとし　㉑ たけとんぼ ㉒ お手玉　㉓ その他(　　　　)
3.あなたは着物(浴衣、甚平、作務衣)を着たことがありますか。	①全く無し　②一生 1-2回　③1年 1-2回 ④行事の時頻繁に　⑤いつも着る
4.다음 중 着物을 입는 경우는 언제입니까? (該当する番号全てに○表示)	①正月　②祖先祭り　③お祭りの日 ④結婚式等家庭行事　⑤成人式等外部行事 ⑥その他(　　　　)

5. 전통行事 중 귀하가 지키고(들어본 경험) 있는 것은 무엇입니까(해당사항 모두 ✓표시)?

구분		① 守る	② 守らない	③ わからない
伝統行事	祖先祭り(神棚祭り)			
	餅負い、餅踏み			
	結婚披露宴 (金婚式、銀婚式、三夜等)			
	墓参り(一回忌、三回忌等)			
	還暦式			
	新年挨拶、年始回り			
	成人式			

	食べた経験	① 있다	② 없다	③ 잘 모르겠다.
伝統 食べ物	納豆			
	梅干			
	漬物			
	味噌汁			
	豆腐			

6. 다음 日本전통(현대)문화예술 중 직접 부르거나 참여해 본 적이 있습니까?

区分		① 있다	② 없다	③ 잘 모르겠다.
伝統 文化	民謡			
	歌舞伎			
	田楽(文楽)			
	能楽(仮面劇)			
現代 文化	ドラマ			
	映画			
	J-POP			

7. 귀하가 한국에 거주하면서 지키거나 현재도 행하고 있는 日本의 대표적인 민속놀이나 축제에 대하여 위에서 생각나는 순서대로 5가지만 써주십시오.

민속놀이: ① ( ) ② ( ) ③ ( ) ④ ( ) ⑤ ( )
축　　제: ① ( ) ② ( ) ③ ( ) ④ ( ) ⑤ ( )

8. 귀하는 한류가 일본인이나 일본사회에 어떤 영향을 주었다고 생각하십니까?(해당사항 ✓표시)

질문항목	전혀 그렇게 생각하지 않음=1, 그렇게 생각하지 않음=2, 보통=3, 그렇게 생각함=4, 매우 그렇게 생각함=5				
한국과 친근감을 느끼게 되었다.	1	2	3	4	5
한국인과 친근감을 느끼게 되었다.	1	2	3	4	5
재한일본인과 친근감을 느끼게 되었다.	1	2	3	4	5
한국상품을 자주 사게 되었다.	1	2	3	4	5

한국인의 친구가 늘었다.	1	2	3	4	5
한국어를 배우고 싶다는 의욕이 높아졌다.	1	2	3	4	5
한국 방문 기회가 증가했다.	1	2	3	4	5
한국과 역사문제에 대한 이해가 깊어졌다.	1	2	3	4	5
재한일본인에 대한 차별의식이 약해졌다.	1	2	3	4	5
한국과 우호관계를 희망하는 분위기가 강해졌다.	1	2	3	4	5
한국 민족의 자긍심을 높여 주었다.	1	2	3	4	5
한국 민족의 이미지를 높여 주었다.	1	2	3	4	5
한국 전통문화나 한민족의 자긍심을 높여 주었다.	1	2	3	4	5
한국 현대문화나 한민족의 이미지를 높여 주었다.	1	2	3	4	5

Ⅲ. 다음은 재한일본인의 문화정체성에 대한 질문입니다(해당되는 곳에 ✓).

질문항목	전혀 그렇게 생각하지 않음=1, 그렇게 생각하지 않음=2, 보통=3, 그렇게 생각함=4, 매우 그렇게 생각함=5				
일본인의 자손(가족)인 것에 긍지를 가지고 있다.	1	2	3	4	5
일본의 역사, 전통문화 등을 이해하려고 노력하고 있다.	1	2	3	4	5
주로 일본인으로 구성된 여러 단체에 적극 참여하고 있다.	1	2	3	4	5
주로 한국인으로 구성된 여러 단체에 적극 참여하고 있다.	1	2	3	4	5
일본(가족)이민 역사에 대해 잘 알고 있다.	1	2	3	4	5
일본의 일원인 것에 자부심을 가지고 있다.	1	2	3	4	5
일본인에 대한 강한 귀속의식을 가지고 있다.	1	2	3	4	5
주변 일본인 및 일본인사회에 대해 자주 이야기한다.	1	2	3	4	5
나는 일본음식을 자주 해 요리해 먹는다.	1	2	3	4	5
나는 더 많은 일본 요리를 배우고 싶다.	1	2	3	4	5
나는 일본 요리를 잘 할 수 있다.	1	2	3	4	5
나는 일본음식이 더 좋다.	1	2	3	4	5
나는 주로 일본 노래를 듣고 부른다.	1	2	3	4	5

나는 일본의 노래와 춤을 많이 알고 있으며 좋아한다.	1	2	3	4	5
나는 일본어로 의사 소통하는데 어려움이 있다.	1	2	3	4	5
나는 일본어를 열심히 배워야 한다고 생각한다.	1	2	3	4	5
나는 일본의 생활예절을 잘 실천하고 있다.	1	2	3	4	5
나는 일본의 생활예절을 잘 알고 있다.	1	2	3	4	5
나는 일본인이라고 생각한다.	1	2	3	4	5
나는 언제든 일본으로 돌아가서 살고 싶다.	1	2	3	4	5
나는 일본문화가 더 중요하다고 생각한다.	1	2	3	4	5
나는 내가 어느 나라 사람인지 잘 모르겠다.	1	2	3	4	5
나는 주로 일본사람들을 만난다.	1	2	3	4	5

IV. 다음은 재한일본인의 문화공동체(네트워크)활동에 관한 질문입니다(해당되는 곳에 ✓).

질문항목	전혀 그렇게 생각하지 않음=1, 그렇게 생각하지 않음=2, 보통=3, 그렇게 생각함=4, 매우 그렇게 생각함=5				
① 한국인단체(학교, 지역사회 등)에서 적극 활동하고 있다	1	2	3	4	5
② 한국에 있는 일본인단체나 조직과 항상 연락하고 있다.	1	2	3	4	5
③ 한국정부는 일본인들이 필요한 정보를 충분히 제공하고 있다.	1	2	3	4	5
④ 향후 일본인이나 기타 여러 단체와 적극 교류하고 싶다.	1	2	3	4	5
⑤ 일본의 인터넷사이트를 자주 사용하고 있다.	1	2	3	4	5
⑥ 재한일본인 간 소통이 가능한 인터넷사이트 구축이 필요하다.	1	2	3	4	5
⑦ 한국의 재한일본인 지원프로그램이나 일본인정책을 잘 알고 있다.	1	2	3	4	5
⑧ 일본인단체나 조직에 자주 참가하고 있다.	1	2	3	4	5
⑨ 참가하고 있는 단체나 조직의 활동에 만족하고 있다.	1	2	3	4	5
⑩ 참가하고 있는 단체나 조직사람들과 자주 만난다.	1	2	3	4	5

⑪ 참가하고 있는 단체나 조직사람들과 매우 친하다.	1	2	3	4	5
⑫ 현재 한국 이민(/유학/사업/기타) 생활에 만족하고 있다.	1	2	3	4	5
⑬ 재한일본인을 위한 한국의 정책이나 지원이 충분하다.	1	2	3	4	5
1. 귀하는 현재 활동(참가)하고 있는 단체나 조직이 있습니까?	① 아니오 ② 예				
2. 현재 재한일본인들과의 모임은 몇 개 입니까?	① 없다 ② 1개 ③ 2개 ④ 3개 ⑤ 4개 이상				
3. 현재 한국인(기타 외국인)들과의 모임은 몇 개 입니까?	① 없다 ② 1개 ③ 2개 ④ 3개 ⑤ 4개 이상				
4. 귀하가 한국에서 소속하고 있거나 활동하고 있는 단체는 무엇입니까?(해당번호 모두✓표시)	① 재한일본인 교류회 ② 지역자치단체 교류회 및 다문화공생센터 등 ③ 공공기관의 클럽활동이나 한국어교실 등 ④ 어린이 유치원과 학교 등의 부모회 ⑤ NPO 등 봉사활동 ⑥ 출신학교 동창회 ⑦ 출신지역 향우회 ⑧ 교회예배나 봉사활동 ⑨ 절이나 기타 종교 활동 ⑩ 학생조직 ⑪ 자영업 및 기업가협회 ⑫ 기타( )				
5. 한국에서 조직이나 단체활동에 참여하지 않는 경우, 그 이유는 무엇입니까?	① 시간이 없음 ② 도움이 안 됨 ③ 별로 참여하고 싶지 않음 ④ 일본인사회 갈등 ⑤ 마땅한 것이 없음				
6. 귀하가 한국에 거주하면서 참가단체나 조직에서 도움을 받은 사람은 누구입니까? (해당번호 모두✓표시)	① 친척과 가족 ② 협회나 단체의 구성원 ③ 동향인 ④ 학교 친구 ⑤ 교회목사나 신부 ⑥ 같은 종교의 동료 ⑦ 회사동료 ⑧ 기타( )				
7. 위의 활동(4번)에서 한국생활에 가장 도움이 되는 활동은 무엇입니까?	(번, 번)				

8. 귀하가 도움 받은 사람(단체나 조직)에 대하여 100점 만점으로 점수를 준다면 몇 점 정도 줄 수 있습니까?	(　　　　　　점)

V. 다음은 재한일본인의 문화변용에 관한 질문입니다(해당되는 곳에 ✓).

질문항목	전혀 그렇게 생각하지 않음=1, 그렇게 생각하지 않음=2, 보통=3, 그렇게 생각함=4, 매우 그렇게 생각함=5				
나는 모국어(일본어)보다 한국어로 글쓰기를 더 잘한다.	1	2	3	4	5
나는 집에서 주로 일본어보다 한국어를 사용한다.	1	2	3	4	5
나는 시를 쓴다면 한국어보다 일본어로 쓰는 것을 더 좋아한다.	1	2	3	4	5
나는 일본인들보다 한국인들과 더 잘 어울린다.	1	2	3	4	5
나는 일본인들보다 한국인들이 나를 잘 이해하는 것 같다.	1	2	3	4	5
나는 일본인들보다 한국인들에게 내 감정을 잘 전달할 수 있다.	1	2	3	4	5
나는 일본인들보다 한국인들과 교제하는 것이 더 편하다.	1	2	3	4	5
나는 직장이나 학교에서 내 친구의 대부분은 한국인들이다.	1	2	3	4	5
나는 주로 일본음악을 자주 듣는 편이다.	1	2	3	4	5
나의 친한 친구들은 대부분 일본인들이 많다.	1	2	3	4	5
나는 일본인들로 구성된 사교 모임에 나가기를 좋아한다.	1	2	3	4	5
나는 한국인들보다 일본인들이 더 평등하게 대해 준다고 생각한다.	1	2	3	4	5
나는 한국인들보다 일본인들과 만나는 것을 더 좋아한다.	1	2	3	4	5
나는 한국인들보다 일본인들과 함께 있을 때 더 편안하다.	1	2	3	4	5
나는 일본인들이 일본인 이외의 사람들과 만나서는 안 된다고 생각한다.	1	2	3	4	5

나는 모국어(일본어)와 한국어로 농담을 할 수 있다.	1	2	3	4	5
나는 모국어(일본어)로 생각한 것처럼 한국어로도 생각할 수 있다.	1	2	3	4	5
나는 일본인 친구와 한국인 친구가 모두 있다.	1	2	3	4	5
나는 일본인이나 한국인 모두가 나를 소중히 여긴다고 생각한다.	1	2	3	4	5
나는 내 주변 한국인이나 일본인들 모두에게 편안함을 느낀다.	1	2	3	4	5
나는 한국인이든 일본인이든 누군가와 교제하는 것이 어렵다.	1	2	3	4	5
나는 가끔 한국인이든 일본인이든 나를 좋아하지 않는다고 생각한다.	1	2	3	4	5
나는 누구도 나를 이해해 주지 않는다고 생각할 때가 자주 있다.	1	2	3	4	5
나는 가끔 누구든 사람들과 소통하는 것이 어렵다고 생각한다.	1	2	3	4	5
나는 가끔 친구 사귀기가 어렵다는 것을 알고 있다.	1	2	3	4	5
나는 가끔 한국인이나 일본인들이 나를 인정해주지 않는다고 생각한다.	1	2	3	4	5
나는 가끔 한국인이나 일본인을 신뢰하기 어렵다고 생각한다.	1	2	3	4	5
나는 종종 한국인들이나 일본인들이 나를 이해하기 어렵다고 생각한다.	1	2	3	4	5
나는 다른 사람들과 함께 있을 때 편안함을 느끼지 못한다.	1	2	3	4	5

※ 한국 생활, 재한일본인 사회 문제점, 희망사항, 향후 전망 등에 대한 귀하의 의견이나 감상 등을 자유롭게 기술해주십시오.( )

◎설문조사에 협력해주셔서 대단히 감사드립니다.

日系人の 民族文化アイデンティティーとネットワークに関する調査票

この質問表は、日系人の伝統的な遊びやお祭りが、日本でどのように行われているのかを調査するために作成されたものです。調査の内容は、今後、日本に居住する日系人の文化共同体とネットワークの構築に大きく寄与するものと思います。 本調査の結果は全て統計処理され、研究目的以外には使用されません。また、調査協力者の身分や名前等の個人情報は匿名で処理され、徹底して保護されます。
色々とお忙しいでしょうが、少しの間、調査にご協力いただければ幸いです。

2013年 2月
全南大学校 世界韓商文化研究団 林永彦
連絡先: yimye@hanmail.net(T. 010-9883-2428)

Ⅰ. あなた自身に対する質問です(該当する部分に ✓)。

1. 性別 ① 男性 ② 女性	2. 年齢(満 才)
3. 学歴	① 小学校卒業 ② 中学校卒業 ③ 高校卒業 ④ 専門大学卒業 ⑤ 大学卒業 ⑥ 大学院卒業 ⑦ その他( )
4. 職業・勤務形態	① 学生 ② 自営業 ③ 販売サービス ④ 工場・機能労務職 ⑤ 建設労働 ⑥ 事務管理・専門職 ⑦ 専業主婦부 ⑧ 家事労働・無職 ⑨その他( )
	① 正規職員 ② 契約・派遣職員 ③ 非正規・臨時従業員 ④ パート・アルバイト ⑤ その他( )
5. 宗教	① キリスト教(プロテスタント) ② キリスト教(カトリック) ③ 仏教 ④ イスラム教 ⑤ 無宗教 ⑥ その他( )
6. 出身国に関して	① 出生地 ( ) ② 現在の居住地 ( ) ③ 現在の居住地への移住時期 (年)
7. 居住理由	① 家族同伴 ② 家族や子女教育 ③ 就職や職場関連 ④ 現地住民と結婚 ⑤ ここでの出生 ⑥ その他( )
8. 滞在期間	(合計 年 ヶ月)
9. 国籍	① ブラジル ② 日本 ③ その他( )
10. 年収(家族全体)	① 200万円 以下 ② 200~400万円 ③ 400~600万円 ④ 600~800万円 ⑤ 800~1000万円 ⑥ 1000万円以上 ⑦その他( )
11. 家族経済	現在、家族の中で何人が働いていますか?(名)

12. 法的地位 (滞在資格)	① 国籍取得者　② 永住者　③定住者 ④短期滞在者　⑤ その他(　　　)
13. 結婚可否	① 既婚　② 未婚　③ 離婚　④ 死別　⑤ その他 (　　　)
14. 世代区分	① 1世　② 1.5世　③ 2世　④ 3世　⑤ その他(　　　)

II. 日系人の民俗生活に関する質問です(該当する部分に ✓)。

1. あなたの家庭で守っている日本伝統行事は次のどれですか。 (該当する番号全てに✓表示)	① お正月(元旦)　② 節分　③ ひな祭り ④ 端午の節句　⑤ 七夕　⑥ 七五三参り ⑦ 年末　⑧ 仲秋(お盆)　⑨ 冬至 ⑩ 成人式　⑪ その他(　　　)
2. 次は日本の伝統遊びです。あなたは次の日本伝統遊びで経験したことがあるものは何ですか。 (該当する番号全てに✓表示)	① すごろく　② たこ上げ　③ 綱引き ④ 相撲　⑤ はごいた　⑥ コマ回し ⑦ 盆踊り　⑧ 将棋　⑨ 花札 ⑩ かるた　⑪ ベーゴマ　⑫ 福笑い ⑬ めんこ　⑭ ビー玉　⑮ おはじき ⑯ あやとり　⑰ 折り紙　⑱ 竹馬 ⑲ けんだま　⑳ だるまおとし　㉑ たけとんぼ ㉒ お手玉　㉓ その他(　　　)
3. あなたは着物(浴衣、甚平、作務衣)を着たことがありますか。	① 全く無し　② 一生 1－2回　③ 1年 1－2回 ④ 行事の時頻繁に　⑤ いつも着る
4. 次の中で着物を着る場合はいつですか。 (該当する番号全てに✓表示)	① 正月　② 祖先祭り　③ お祭りの日 ④ 結婚式等家庭行事　⑤ 成人式等外部行事 ⑥ その他(　　　)

5. 次の日本の伝統行事の中で、あなたが守っている(聞いたことのある)どれですか(該当事項全てに ✓)。

区分		① 守る	② 守らない	③ わからない
伝統行事	祖先祭り (神棚祭り)			
	餅負い、餅踏み			
	結婚披露宴 (金婚式、銀婚式、三夜等)			
	墓参り (一回忌、三回忌等)			
	還暦式			
	新年挨拶、年始回り			
	成人式			

	食べた経験	① ある	② ない	③ よくわからない
伝統 食べ物	納豆			
	梅干			
	漬物			
	味噌汁			
	豆腐			

6. 次の日本の伝統(現代)文化芸術の中で、あなたが直接歌ったり参加したりしたことはありますか。

区分		① ある	② ない	③ よくわからない
伝統 文化	民謡			
	歌舞伎			
	田楽(文楽)			
	能楽(仮面劇)			
現代 文化	ドラマ			
	映画			
	J-POP			

7. あなたが日本で守っていたり、現在も行う日本の代表的な伝統遊びやお祭りに対して、上から思いつく順序に5つだけ書いてください。

伝統遊び: ① (　　　) ② (　　　) ③ (　　　) ④ (　　　) ⑤ (　　　)
お祭り　: ① (　　　) ② (　　　) ③ (　　　) ④ (　　　) ⑤ (　　　)

8. 韓流はブラジルや日系人社会にどのような影響を与えたと思いますか(該当する部分に ✓)。

質問項目	全くそう思わない=1, そう思わない=2, ふつう=3, そう思う=4, とてもそう思う=5				
韓国に親近感を感じるようになった。	1	2	3	4	5
韓国人に親近感を感じるようになった。	1	2	3	4	5
在日コリアンに親近感を感じるようになった。	1	2	3	4	5
韓国の商品をよく買うようになった。	1	2	3	4	5

韓国人の友達が増えた。	1	2	3	4	5
韓国語を習いたいという意欲が高まった。	1	2	3	4	5
韓国訪問の機会が増加した。	1	2	3	4	5
韓国と歴史問題に対する理解が深まった。	1	2	3	4	5
在日コリアンに対する差別意識が弱まった。	1	2	3	4	5
韓国と友好関係を望む雰囲気が強くなった。	1	2	3	4	5
韓民族の自尊心を向上させた。	1	2	3	4	5
韓民族のイメージを向上させた。	1	2	3	4	5
韓国伝統文化に対する理解と自尊心を向上させた。	1	2	3	4	5
韓国の現代文化に対する理解とイメージを向上させた。	1	2	3	4	5

III. 次は、日系人の文化的アイデンティティーに対する質問です(該当する部分に ✓)。

質問項目	全くそう思わない=1, そう思わない=2, ふつう=3, そう思う=4, とてもそう思う=5				
日本人の子孫(家族)であることに誇りをもっている。	1	2	3	4	5
日本の歴史、伝統文化などを理解しようと努力している。	1	2	3	4	5
主に日本人で構成された色んな団体に積極的に参加したい。	1	2	3	4	5
主に日系人で構成された色んな団体に積極的に参加したい。	1	2	3	4	5
日本(家族)の移民の歴史についてよく知っている。	1	2	3	4	5
日本の一員であることに誇りをもっている。	1	2	3	4	5
日本人に対する強い帰属意識をもっている。	1	2	3	4	5
日本人および日本人社会についてよく話をする。	1	2	3	4	5
わたしは日本料理をよく作って食べる。	1	2	3	4	5
わたしはもっと多くの日本料理を習いたい。	1	2	3	4	5
わたしは日本料理が上手い。	1	2	3	4	5
わたしは日本料理が(ブラジル料理よりも)もっと好きだ。	1	2	3	4	5
わたしは主に日本の歌を聴き、歌う。	1	2	3	4	5
わたしは日本の歌と踊りをたくさん知っているし、好きだ。	1	2	3	4	5
わたしは日本語で意思疎通をするのが難しい。	1	2	3	4	5

わたしは日本語を熱心に習わないといけないと思う。	1	2	3	4	5
わたしは日本の生活マナーをしっかり実践している。	1	2	3	4	5
わたしは日本の生活マナーをよく知っている。	1	2	3	4	5
わたしは日本人だと思う。	1	2	3	4	5
わたしはいつでもブラジル(南米)に帰って暮らしたい。	1	2	3	4	5
わたしは日本文化が(ブラジル文化よりも)もっと重要だと思う。	1	2	3	4	5
わたしは自分が何人なのかよく分からない。	1	2	3	4	5
わたしは主に日本人に会う。	1	2	3	4	5

IV. 次は、日系人の文化共同体(ネットワーク)活動に関する質問です(該当する部分に ✓)。

質問項目	全くそう思わない=1, そう思わない=2, ふつう=3, そう思う=4, とてもそう思う=5				
日本人の団体(学校、地域社会等)で積極的に活動している。	1	2	3	4	5
日本にいる日系人団体や組織と常に連絡を取っている。	1	2	3	4	5
日本政府は日系人が必要な情報を十分に提供している。	1	2	3	4	5
今後、日本人やその他様々な団体と積極的に交流したい。	1	2	3	4	5
日本のインターネットサイトをよく使っている。	1	2	3	4	5
日系人同士の疎通が可能なインターネットサイトの構築が必要だ。	1	2	3	4	5
日本の日系人支援プログラムや日系人政策をよく知っている。	1	2	3	4	5
日本人団体や組織によく参加している。	1	2	3	4	5
参加している団体や組織の活動に満足している。	1	2	3	4	5
参加している団体や組織の関係者とよく会う。	1	2	3	4	5
参加している団体や組織の関係者ととても親しい。	1	2	3	4	5
現在、日本での移民(留学/事業/その他) 生活に満足している。	1	2	3	4	5
日系人のための日本の政策や支援は十分だ。	1	2	3	4	5
1. あなたは積極的に活動(参加)している団体や組織がありますか?	① いいえ。　② はい。				
2. 現地の日本人との集まりはいくつ参加していますか?	① ない　② 1つ　② 2つ ③ 3つ　④ 4つ以上				

3. 現地の日系人(その他の外国人)との集まりはいくつ参加していますか?	① ない ② 1つ ② 2つ ③ 3つ ④ 4つ以上
4. あなたが日本で所属や活動をしている団体はどこですか?(該当する番号全てに ✓)	① 日系人交流会 ② 地域自治団体交流会および多文化共生センターなど ③ 公共機関のクラブ活動や日本語教室など ④ 幼児の幼稚園と学校などの父兄会 ⑤ NPOなどのボランティア活動 ⑥ 出身学校同窓会 ⑦ 出身地域の県人会 ⑧ 教会の礼拝やボランティア活動 ⑨ お寺やその他宗教活動 ⑩ 学生組織 ⑪ 自営業および企業家協会 ⑫ その他(　　　)
5. 日本で組織や団体活動に参加しない場合、その理由は何ですか?	① 時間がない ② 助けにならない ③ あまり参加したくない ④ 日本人社会との葛藤 ⑤ 参加したいところがない
6. あなたが参加する団体や組織でお世話になっている人は誰ですか?(該当する番号全てに ✓)	① 親戚と 家族 ② 協会や団体の構成員 ③ 同郷人 ④ 学校の友達 ⑤ 教会の牧師や神父 ⑥ 同じ宗教の同僚 ⑦ 会社の同僚 ⑧ その他(　　　)
7. 上の活動(4番)で、日本生活に最も役立つ活動は何ですか?	(　　番,　　番)
8. あなたがお世話になった人(団体や組織)に対して、100点満点で点数をつけるとしたら何点ぐらいですか?	(　　　点)

V. 次は、日系人の文化変容に関する質問です(該当する部分に ✓)。

質問項目	全くそう思わない=1, そう思わない=2, ふつう=3, そう思う=4, とてもそう思う=5				
わたしは日本語よりもポルトガル語(スペイン語)でより上手に文章を書く。	1	2	3	4	5
わたしは家で主に、日本語よりもポルトガル語を使用する。	1	2	3	4	5
わたしは詩を書くとき、日本語よりもポルトガル語で書くのがより好きだ。	1	2	3	4	5
わたしは日本人よりも日系人とより親しい。	1	2	3	4	5
わたしは日本人よりも日系人の方が、わたしをよく理解していると思う。	1	2	3	4	5
わたしは日系人よりも日本人の方が自分の感情を上手く伝達することができる。	1	2	3	4	5
わたしは日系人よりも日本人と付き合うのがより気が楽だ。	1	2	3	4	5
わたしの職場や学校にいる友達の大部分が日本人です。	1	2	3	4	5
わたしは主にブラジル(中南米)の音楽を聴く。	1	2	3	4	5
わたしの親しい友達は日系人だ。	1	2	3	4	5
わたしは日系人で構成されたプライベートな集まりに行くのが好きだ。	1	2	3	4	5
わたしは日本人よりも日系人の方がより平等に接してくれると感じる。	1	2	3	4	5
わたしは日本人よりも日系人に会うのがより好きだ。	1	2	3	4	5
わたしは日本人よりも日系人と一緒にいるとき心が落ち着く。	1	2	3	4	5
わたしは日系人が日系人以外の人々と会ってはならないと思う。	1	2	3	4	5
わたしは母国語(日本語)のように、ポルトガル語で冗談を言うことができる。	1	2	3	4	5
わたしは母国語(ポルトガル語)で考えるように、日本語でも考えることができる。	1	2	3	4	5
わたしは日本人の友達と日系人の友達が両方いる。	1	2	3	4	5
わたしは日本人や日系人の両方が、わたしを大事にしてくれていると思う。	1	2	3	4	5
わたしは周りの日系人や日本人の両方に安心を覚える。	1	2	3	4	5

わたしは日系人であっても日本人であっても、誰かと付き会うのが難しい。	1	2	3	4	5
わたしは日系人であっても日本人であっても、わたしのことを好きではないと思う。	1	2	3	4	5
わたしは、誰であってもわたしのことを理解することはできないと思う。	1	2	3	4	5
わたしは時々、誰であっても人と疎通することが難しいということを知った。	1	2	3	4	5
わたしは時々、友達付き合いが難しいということを知った。	1	2	3	4	5
わたしは時々、日系人や日本人がわたしを認めてくれないと思うことがある。	1	2	3	4	5
わたしは時々、日系人や日本人を信頼するのは難しいと思う。	1	2	3	4	5
わたしはたまに日系人や日本人がわたしを理解できないと思った。	1	2	3	4	5
わたしは他の人々と一緒にいる時、気を許すことができないでいると思う。	1	2	3	4	5

※ 日系人の日本生活、日系人社会の問題点、希望事項、今後の展望等に対するあなたの意見や感想を自由に記述してください。(　　　　　　　　　　　　　　　　　　　　　　　)

◎本調査に協力していただきまして どうもありがとうございました。

| 찾아보기 |

(ㄹ)

(ㅁ)

(ㅂ)

(ㅅ)

ㅇ

(ㅈ)

(ㅊ)

(ㅋ)

(ㅌ)

(ㅍ)

(ㅎ)

(기타)